곽선희 목사 설교집

67

일체의 비결을 배운 사람

곽선희 지음

계몽문화사

머리말

'복음은 들음에서'—이는 진리이며 우리의 경험입니다. 하나님께서 우리에게 주신 복 가운데 가장 큰 복은 말씀을 주신 것입니다. '말씀이 육신을 입어서 오신 것'입니다. 말씀을 주셨고 들을 수 있게 하셨고 마음문을 열고 받아 믿게 하신 것, 참 놀라운 은혜입니다.

말씀은 단순한 지식이 아닙니다. 추상적인 이론이 아닙니다. 말씀은 선포되는 하나님의 계시적 능력인 것입니다. 말씀의 권능, 그 능력을 알고 체험하면서 비로소 '말씀 안에서 태어나는 생명적 기적'이 나타나게 됩니다. 오늘도 그 말씀이 증거되고 새롭게 선포되고 있습니다. 설교가 곧 말씀입니다. 성령의 역사와 함께 끊임없이 이루어지는 생명의 역사입니다. 이 선포되는 말씀, 증거되는 진리를 통하여 구원의 능력은 항상 새로워집니다. 말씀 안에서 새 생명이 탄생하고 말씀 안에서 영혼이 소생하며, 그 큰 능력 안에서 우리는 강건해집니다. 우상을 이기는 능력의 사람으로 성장해가는 신비롭고 놀라운 사건을 강단에서 늘 경험하고 있습니다.

여기에 또다시 설교말씀을 모아 책자로 내어놓습니다. 예수소망교회 강단을 통하여 하나님께서 우리에게 주신 말씀입니다. 이제 그 말씀을 책자로 엮어 내어놓음으로써 우리가 시간과 공간을 초월하여 개별적으로 하나님을 만나게 되는 '말씀의 역사'에 귀중한 방편이 되고자 합니다. 책자라는 그릇에 담긴 이 말씀들은 읽는 자의 마음 안에서 또다른 '말씀의 신비한 기적'을 낳게 되리라 확신합니다.

한 시간 한 시간의 설교를 위하여 간절히 기도해주신 모든 성도들과 이 책자를 출간하기까지 수고해주신 여러분께 진심으로 감사를 드립니다. 그리고 또다시 영광을 오직 하나님께 돌리면서……

곽 선희

곽선희 목사

장로회 신학대학 졸업
프린스턴 신학석사
풀러신학 선교신학박사
인천제일교회 목사
장로회 신학대학 교수 역임
숭의여자전문대학 학장 역임
서울장로회신학교 교장 역임
소망교회 원로목사
예수소망교회 동사목사

곽선희 목사 설교집 제67권

일체의 비결을 배운 사람

인쇄·2024년 3월 15일
발행·2024년 3월 20일
지은이·곽선희
펴낸이·김정수
펴낸곳·계몽문화사
등록일·1993년 10월 11일
등록번호·제2016-2호
전화·(02)995-8261
정가·23,000원
총판·비전북 / (031)907-3927
ISBN 978-89-89628-50-7　03230

일체의 비결을 배운 사람

중보자의 중보기도

이튿날 모세가 백성에게 이르되 너희가 큰 죄를 범하였도다 내가 이제 여호와께로 올라가노니 혹 너희를 위하여 속죄가 될까 하노라 하고 모세가 여호와께로 다시 나아가 여짜오되 슬프도소이다 이 백성이 자기들을 위하여 금 신을 만들었사오니 큰 죄를 범하였나이다 그러나 이제 그들의 죄를 사하시옵소서 그렇지 아니하시오면 원하건대 주께서 기록하신 책에서 내 이름을 지워 버려 주옵소서 여호와께서 모세에게 이르시되 누구든지 내게 범죄하면 내가 내 책에서 그를 지워버리리라 이제 가서 내가 네게 말한 곳으로 백성을 인도하라 내 사자가 네 앞서 가리라 그러나 내가 보응할 날에는 그들의 죄를 보응하리라 여호와께서 백성을 치시니 이는 그들이 아론이 만든 바 그 송아지를 만들었음이더라

(출애굽기 32 : 30 - 35)

중보자의 중보기도

　구약성경 창세기 13장에는 참으로 아름다운 인간관계를 보여주는 장면이 하나 나옵니다. 창세기 12장에서부터 시작된 이야기입니다. 하나님께서 75세가 된 아브라함을 갈대아 우르에서 부르십니다. 그때 여러 말씀이 없으셨고, 딱 한 마디를 하십니다. "고향을 떠나라. 네 친척과 네 고향을 떠나라. 익숙한 곳, 안정된 곳을 떠나라. 그리고 모험의 길로 가라. 내가 지시할 땅으로 가라." 어디로 가라시는 것인지, 그 지명은 없습니다. 그냥 떠나라고만 말씀하십니다. 히브리서는 이렇게 말씀합니다. "아브라함이 갈 바를 알지 못하고 떠났다." 하나님께서 떠나라고 하시니, 그냥 떠났습니다. 하나님의 말씀에 순종하여 떠난 것입니다. 막연한 길입니다. 사흘 길을 갔습니다. 얼마 뒤에 하나님께서 이렇게 말씀하십니다. "이 땅을 너와 네 후손에게 주마." 그래서 아브라함이 가나안 땅을 차지하게 됩니다. 이것이 아브라함의 믿음이요, 아브라함의 순종이었습니다. 아브라함이 고향을 떠날 때 그의 조카 롯도 따라나섭니다. 믿음이 있는 것도 아니었고, 무슨 특별한 생각과 이념이 있었던 것도 아닙니다. 그저 아브라함 삼촌이 좋으니까 따라나선 것입니다. '삼촌이 가신다니까 나도 간다.' 이런 마음으로요. 그래서 롯도 갈대아 우르를 떠나 아브라함과 함께 가나안 땅으로 갑니다.

　하나님께서 이 두 사람에게 복을 주시어서 소와 양이 넘치게 번성하였습니다. 재산이 많아졌습니다. 나중에는 너무 많아져서 도저히 감당할 수 없을 지경이 되었습니다. 그래서 두 사람은 세간을 두 가정 몫으로 각각 나눕니다. 아브라함과 롯이 함께하던 것을 둘로 나누어 이제는 아브라함은 아브라함대로, 롯은 롯대로 각기 자기 몫을 갖게 된 것입니다. 그때의 장면이 너무나 아름답습니다. 아브라함은 삼촌입니다. 주도자입니다. 또, 모든 것의 주인입니다. 그러므로 얼마든지 이렇게 할 수 있습니다. "내가 이렇게 할 테니, 너는 저렇게 해라." 당연히 아브라함이 어른이고 주도자니까요. 하지만 아브라함은 이렇게 말합니다. 이 자체에도 많은 신학적 의미가 들어 있습니다. "네가 우하면 나는 좌하리라. 네가 좌하면 나는 우하리라. 네가 선택해라." 그 마음속에 무엇이 있었겠습니까? 아브라함은 이렇게 생각했을 것으로 여겨집니다. '난 동쪽으로 가든지 서쪽으로 가든지, 세상에서 잘살고 못 살고에는 별 관심이 없어. 어디를 가든지 하나님과 함께하면 되는 거니까. 하나님께서 나와 함께하시면 되는 거니까. 그 지정학적 문제는, 그 풍요 문제, 경제적 문제는 나와 상관이 없어.' 그래서 아브라함은 "네가 선택해라. 네가 우하면 나는 좌하고, 네가 좌하면 나는 우하리라" 한 것입니다. 이렇게 해서 두 사람이 갈라서게 됩니다. 그때 롯은 선택합니다. 그 내용이 창세기 13장 10절에 있습니다. "이에 롯이 눈을 들어 요단 지역을 바라본즉 소알까지 온 땅에 물이 넉넉하니 여호와께서 소돔과 고모라를 멸하시기 전이었으므로 여호와의 동산 같고 애굽 땅과 같았더라." 물이 넉넉하고, 초원이 많고, 그래서 에덴 동산 같더라, 여호와의 동산 같더라—그래서 그쪽을 택합니다. 아브라함은 조금도 주저 없이 허락합니다. "그래라. 네 마음대로 가져라." 롯은 지금 풍요와 번영을 본 것입니다. 풍요, 번영, 평등을 보았습니다. 그러나 롯이 보지 못한 것이 있습니다. 성경은 분명히 말씀합니다. 소돔 사람들은 악하더라—그들의 도덕성을 보지 못했습니다. 그래서 성경은 말씀합니다. 점점 소돔과 고모라 땅으로 옮겨갔더라—롯은 풍요와 번영만 본 것입니다. 그 백성의 도덕성, 그들의 신앙과 종교성은 보지 못했습니다. 풍요와 번영만 보고, 그냥 끌려가서 소돔과 고모라 사람이 되어버리고 맙니다. 이것이 성경의 이야기입니다. 그들은 큰 죄인이었습니다.

여러분, 이걸 잊지 말아야 합니다. 나라가 튼튼하게 되려면 물론 자본, 지식, 기술, 열정 등이 다 필요합니다. 그러나 눈에 보이지 않는 것도 있습니다. 바로 도덕성입니다. 기술도 좋고, 자본도 좋습니다. 지식도 좋습니다. 그러나 도덕성이 없습니다. 여러분은 어떻게 보십니까? 사람을 어떻게 보십니까? 민족의 운명을 어떻게 보십니까? 자본과 기술로 이루어지는 것이 아닙니다. 도덕성이 무너지면 다 깨지는 것입니다. 양심을 버리면 다 무너지는 것입니다. 이걸 잊지 말아야 합니다. 권력? 아무것도 아닙니다. 도덕성을 잃어버리면 그대로 썩어버리고 맙니다. 그대로 무너진다는 것을 우리가 압니다. 그런고로, 롯이 선택한 것은 풍요와 번영뿐이었습니다. 그 속의 도덕성을 보지 못했습니다. 이스라엘 백성이 애굽에서 나와 광야에서 살아가는데, 요샛말로 하면, 경제문제는 없습니다. 경제문제, 정치문제…… 아무것도 없습니다. 모두 하나님께서 책임져주십니다. 하늘에서 만나를 내리시어 이스라엘 백성을 먹이시고, 반석을 쳐 물을 내게 하셔서 그들을 먹이십니다. 이스라엘 백성들의 광야생활을 한마디로 말하면 자유와 여유입니다. 그들은 지금도 하나님께서 주시는 것을 누리면서 살아가고 있습니다.

그런데, 하나님께서는 그 기간에 도덕성과 신앙의 훈련을 하려

고 하십니다. "경제문제, 정치문제는 아무 걱정 하지 마라. 단 너희
들의 마음속에 도덕성, 신앙의 문제를 바로 훈련하라." 이것이 광야
생활입니다. 광야교회의 모습입니다. 그러나 불신앙의 역사가 이루
어집니다. 돈이 없어서 망하는 것이 아닙니다. 양심이 없어서 망하
는 것입니다. 기술이 없어서 망하는 것이 아닙니다. 도덕성을 버리
면 개인도, 나라도, 세상도 다 망하는 것입니다. 그것이 오늘 우리가
보고 있는 세상입니다. 불신앙의 죄로 말미암아 하나님의 진노가 임
합니다. 그것이 구약 역사의 전부입니다. 죄로 인해서 망합니다. 도
덕성으로 인해서 망합니다. 부도덕으로 인해서, 불신앙으로 인해서
망합니다.

　　오늘본문의 말씀은 더더욱 상징적으로 대표적 의미가 있습니
다. 이스라엘 백성이 광야생활을 하면서 금 우상을 섬깁니다. 말이
됩니까. 신학적으로 자세히 연구해보면, 더 깊은 의미가 있습니다.
모세가 하나님의 사람 아닙니까. 하나님의 사람이 시내 산에 올라가
서 40일을 지냅니다. 백성들이 볼 때 모세는 죽은 것 같습니다. 저
시내 산에 올라가서 물도 없이 40일을 살 사람이 없습니다. 그런데
도 무려 40일 동안 모세는 내려오지 않았습니다. 그때 사람들이 생
각하는 것입니다. '아이고, 모세는 죽었구나! 지도자 모세는 없어졌
구나! 그러면 누가 우리를 인도할까?' 그래서 저들이 고민한 뒤에
아론 앞에 모여서 아우성을 칩니다. 신앙적으로 흔들리는 것입니다.
그렇게 근본적으로 흔들리고 있을 때 아론이 지혜를 내어 만든 것이
바로 금우상, 금송아지였습니다. 애굽에서 섬기던 대표적인 우상 아
닙니까. 애굽은 농업국가기 때문에 송아지가 의미가 있었습니다. 이
제 아론과 이스라엘 백성들이 그렇게 금송아지를 만든 다음에 하는

말이 신학적으로 매우 중요합니다. "우리가 하나님을 믿었는데, 하나님은 보이지 않고, 모세를 따라왔는데, 모세도 어디 갔는지 모르겠고, 그러니까 이제는 그저 하나님도 버리고, 모세도 버리고, 우상이라도 섬깁시다." 이것이 아닙니다. 우상을 만들어놓고 나서 하는 말입니다. 성경말씀은 이렇습니다. "이것이 너희를 애굽에서 인도해내신 여호와 하나님이시다." 이것은 엄청난 죄가 되는 말입니다. 하나님을 버리고 나서 우상을 섬긴 것이 아닙니다. 하나님 자체를 우상화한 것입니다.

오늘도 우리는 이걸 잊지 말아야 합니다. 많은 하나님의 사람들이 하나님을 섬기고, 하나님 앞에 기도하고, 열심히 애를 쓰고 있습니다. 그러나 신학적으로 잘 살펴보면, 하나님을 우상화하고 있는 것입니다. 왜 그럴까요? 내 마음에 안 드니까요. 내 마음에 들도록 보이지를 않으니까요. 그래서 그렇게 보이도록, 볼 수 없는 하나님이 보이도록, 만질 수 없는 하나님을 만질 수 있도록 하나님을 우상화한 것입니다. 하나님을 버린 다음 우상을 섬긴 것이 아닙니다. 하나님 자체를 우상화한 것입니다. 엄청난 죄입니다. 하나님의 거룩함에 도전하는 큰 죄입니다. 하나님께서 진노하셨습니다. 이들이 목이 곧은 백성이로다─하나님께서 말씀하십니다. "다 진멸하고, 너와 네 후손에게 복을 주어서 다시 큰 민족을 이루게 하여 요단강을 건너가게 해주마. 하지만 모세는 면하게 해주마. 넌 아니니까." 그러나 모세는 아니다─이것이 오늘본문의 내용입니다. 하나님께서 크게 진노하십니다. 이때 모세가 하나님 앞에 나타나서 중보자의 모습으로 중보의 기도를 합니다.

이스라엘 백성들, 당연히 망해야 합니다. 그러나 그들은 구원받았습니다. 그들 스스로가 회개해서, 그들 스스로가 바로 서서 구원을 받은 것이 아닙니다. 바로 중보자 때문입니다. 온 백성이 회개하고 돌아와야 하고, 재를 쓰고 회개해야겠지만, 거기까지는 가지 못하더라도 우선 중보자가 있으면 사는 것입니다. 예레미야 5장에 이런 말씀이 있습니다. "너희는 예루살렘 거리로 빨리 다니며 그 넓은 거리에서 찾아보고 알라 너희가 만일 정의를 행하며 진리를 구하는 자를 한 사람이라도 찾으면 내가 이 성읍을 용서하리라(1절)." 이 얼마나 중요한 말씀입니까. 여러분이 잘 아시는 대로, 소돔과 고모라는 죄 때문에 망했습니다. 그래서 그곳이 지금 우리가 보는 사해 바다가 된 것입니다. 큰 심판이 있었던 것입니다. 그러나 아브라함은 그 조카 롯을 위해서 중보기도를 합니다. "하나님, 여기에 하나님을 찾는 사람 50명이 있으면 어떻게 하시겠습니까? 40명이 있으면 어떻게 하시겠습니까? 아니, 10명이 있으면 어떻게 하시겠습니까?" 하나님께서 말씀하십니다. "10명만 있어도 소돔과 고모라를 용서하리라." 그러나 그 10명이 없었습니다. 사실 롯은 이미 타락한 사람입니다. 가만히 보면 롯은 전혀 구원받을 사람이 못 됩니다. 그러나 성경은 분명히 말씀합니다. "아브라함을 보시고, 아브라함의 기도를 들으시고, 아브라함을 생각하사 롯을 구원하셨다." 중보자 아브라함—하나님께서는 바로 이 중보자를 찾으시는 것입니다.

오늘 이스라엘 백성이 이렇게 범죄하였습니다. 당연히 죽어 마땅하고, 이 광야에서 쓰러져버려야겠지만, 그렇게 되지 않았습니다. 모세가 있었거든요. 이것을 잊지 말아야 합니다. 온 백성이 회개하고 돌아와야 합니다. 그런데, 그렇게 하지 못하더라도 중보자가 있으면 됩니다. 아우구스티누스는 젊었을 때 마니교에 취하여 방탕하

게 살았습니다. 몸만 방탕했던 것이 아닙니다. 철학적으로도, 종교
적으로도 방탕했습니다. 그렇게 타락했을 때 어머니가 그를 위해서
간절히 기도합니다. 마침내 아우구스티누스가 회개하고 돌아와서
참 그리스도인이 됩니다. 아우구스티누스는 이렇게 말합니다. "기도
하는 어머니가 있는 자식은 절대로 망하지 않는다." 아우구스티누스
는 죽어 마땅합니다. 그러나 그 어머니의 중보기도가 아우구스티누
스를 구원합니다. 이것이 중요합니다. 온 백성이 잘못된다 하더라도
여기 앉은 여러분이 하나님 앞에 중보적 존재가 되고, 중보적 기도
를 할 수 있으면 여러분을 보아서 하나님께서는 이 백성에게 내리신
진노를 거두실 것입니다. 우리에게는 중보자가 필요합니다. 지금 이
시기에는 중보자의 기도가 필요합니다.

　오늘 본문에서 모세가 하나님 앞에 기도합니다. 자세히 읽어보
면, 구절구절 귀중한 말씀입니다. 출애굽기 32장 11절입니다. "여호
와여 어찌하여 그 큰 권능과 강한 손으로 애굽 땅에서 인도하여 내
신 주의 백성에게 진노하시나이까." 어찌하여 주의 백성에게 진노하
시나이까—이스라엘은 본디 죄인입니다. 애굽에서 430년 동안 노
예 생활을 했습니다. 우상을 섬기는 애굽에서 태어난 사람들입니다.
이 사람들은 본질적으로 죄인입니다. "이 사람들을 열 가지 재앙을
통해 구원하시고서 어찌하여 진노하시나이까? 애굽에서 태어나고,
우상과 함께 살았고, 그 문화 속에 살았고, 죄악 가운데 산 사람들
입니다. 본디가 죄인입니다. 어찌하여 진노하시나이까?" 모세의 말
한마디가 너무나 중요합니다. 주의 백성에게, 주께서 구원하신 주
의 백성에게 어찌하여 진노하시나이까—그런가 하면, 12절에는 더
귀중한 말씀이 있습니다. "어찌하여 애굽 사람들이 이르기를 여호

와가 자기의 백성을 산에서 죽이고 지면에서 진멸하려는 악한 의도로 인도해 내었다고 말하게 하시려 하나이까." 그러니까 이런 것입니다. "이스라엘을 광야에서 진멸하시려고 인도해내셨다고 하게 하시려나이까? 애굽 사람의 조소와 비난을 받으려고 하십니까? 하나님께서 요란하게 인도하시더니, 광야에서 다 죽여버리셨다, 죽이려고 인도해내셨다고 하게 하시렵니까? 이러면 하나님의 체면이 뭐가 됩니까? 하나님의 이름은 뭐가 되는 것입니까? 여호와의 이름이 이렇게 되면 크게 손해 아닙니까. 이 백성이 문제가 아닙니다. 여호와의 이름이 문제입니다. 거룩한 이름이 이렇게 훼손됩니다. 어찌하여 진노하시나이까?" 성경은 또 말씀합니다. "주의 종 아브라함과 이삭과 이스라엘을 기억하소서 주께서 그들을 위하여 주를 가리켜 맹세하여 이르시기를 내가 너희의 자손을 하늘의 별처럼 많게 하고 내가 허락한 이 온 땅을 너희의 자손에게 주어 영원한 기업이 되게 하리라 하셨나이다(13절)." 그러니까 이런 말씀입니다. "하나님, 우리는 다 부족합니다. 하나님께서 우리 조상에게 약속하셨습니다. 아브라함과 이삭과 야곱에게 약속하지 않으셨습니까. 하나님의 약속, 하나님의 언약은 영원합니다. 그것이 흔들려서야 되겠습니까. 그 아브라함에게 하신 약속을 기억하시옵소서." 이것이 모세의 기도입니다. 가장 귀한 말은 마지막에 있습니다. 오늘본문 33절입니다. "여호와께서 모세에게 이르시되 누구든지 내게 범죄하면 내가 내 책에서 그를 지워버리리라." 그러니까 이런 말씀입니다. "하나님, 이 백성은 죽어 마땅합니다. 멸망 당해야 마땅합니다. 그러나 그리 하시려거든 제 이름을 지워버려주시옵소서." 하나님께서 말씀하십니다. "누구든지 범죄하면 그 이름을 지워버리리라." "예, 그렇습니다. 제 이름을 지워버려주십시오." 무슨 뜻입니까? "저는 구원받고 싶지 않습니다. 이 백성이 망한 것을 보면서 살고 싶지 않습니다. 하나님께서는 저를 통하여 다시 새 민족을 인도해주시겠다고 하시지만, 바라지 않습니다. 이 백성이 만약 망하고 심판을 받는다면, 저는 백성과 함께 죽을 것입니다. 저만 구원받는 것, 원치 않습니다." 이것이 중보자의 마음입니다. 제 이름을 지워주시기 바랍니다—로마서 9장에서 우리는 사도 바울의 위대한 간증을 듣습니다. 이스라엘 백성을 위한 간절한 소원을 듣습니다. 복음의 소원을 품고 있는 이스라엘 백성들, 도저히 안 되겠는 것입니다. "만일 구원받지 못한다면, 주여, 제 이름을 지워버려주시옵소서. 저는 이스라엘 백성과 함께 갈 것입니다." 여러분, 이걸 잊지 말아야 합니다. 중보자의 기도는 하나님과 그 백성과 함께합니다. 자신도 함께 죄인이라고 고백합니다. "다 제 책임입니다. 함께 벌을 받겠습니다." 대신 죽을 수 있는 의는 없습니다. 대속할 수 있는 의가 내게 있는 것이 아닙니다. 중보자의 간절한 소원은 함께 죽는다는 믿음입니다.

제2차 세계대전 때 이런 일이 있었습니다. 아주 재미있는 일화입니다. 어느 비행단의 단장이 그 비행단의 한 장교가 실수를 저질렀다는 소문을 들었습니다. 그래서 단장은 그 장교에게 메시지를 보냈습니다. '귀하는 어젯밤에 장교클럽에서 과음하여 큰 실수를 저질렀다지? 다시는 그런 일이 없도록 하라.' 비행단장이 연대장에게 이렇게 메시지를 보낸 것입니다. 그러자 바로 이 비행단의 대대장이 단장님을 찾아가 말했습니다. "단장님, 그 장교가 술집에서 술을 마실 때 그 자리에 저는 없었습니다." 그러니까 단장님이 빙그레 웃으면서 하는 말입니다. "나도 알아. 그러나 자네 부하가 그 자리에서 술을 마시고 난동을 피웠으면 자네가 한 거나 마찬가지야." 여러분, 자신이 어떻게 했느냐고 묻지 마시기 바랍니다. 중보자의 마음은 그런 것이 아닙니다. 자식이 타락했을 때 그 부모가 자기는 아니라고 하겠습니까. 이 백성이 타락했습니다. 나는 아니라고 하겠습니까. 이 백성이 우상을 섬깁니다. 나만은 아니라고 하겠습니까. 이것은 중보자의 마음이 아닙니다. 우리에게는 저들을 구원할 만한 의가 없습니다. 그러나 함께 죽을 수 있는 권리는 있습니다. 이것이 중보자의 마음입니다. 저들이 죄인입니까? 내가 죄인입니다. 자식이 죄인입니까? 부모가 죄인입니다. 백성이 죄인입니까? 그리스도인이 죄인입니다.

도덕성을 상실하면 믿음도 지혜도 능력도 다 무너집니다. 지금 우리가 눈앞에 당한 이 현실에 대해서 비판만 하지 맙시다. 그 모든 것 속에 내가 해야 할 도리가 있습니다. 그들을 구원하고 인도할 만한 능력이 내게는 없습니다. 그러나 나는 중보자가 되어야 하고, 중보기도를 드려야 합니다. 이 중보기도가 하나님 앞에 상달할 때 죄악 가운데 있는 이 백성이 구원받게 될 것입니다. 모세의 거룩한 기도가 우리들 속에 있고, 그 모세의 기도를 통하여 하나님께서 이스라엘 백성을 구원하신 것처럼, 오늘 우리가 이 백성을 구원하고, 하나님께서 우리의 중보기도를 들으시고, 이 백성에게 내리신 진노를 거두실 수 있도록, 거룩한 역사가 이 아침 우리 가운데 있게 되기를 바랍니다. △

그 주인의 궁극적 관심

예수께서 그들 앞에 또 비유를 들어 이르시되 천국
은 좋은 씨를 제 밭에 뿌린 사람과 같으니 사람들이
잘 때에 그 원수가 와서 곡식 가운데 가라지를 덧뿌
리고 갔더니 싹이 나고 결실할 때에 가라지도 보이거
늘 집 주인의 종들이 와서 말하되 주여 밭에 좋은 씨
를 뿌리지 아니하였나이까 그런데 가라지가 어디서
생겼나이까 주인이 이르되 원수가 이렇게 하였구나
종들이 말하되 그러면 우리가 가서 이것을 뽑기를 원
하시나이까 주인이 이르되 가만 두라 가라지를 뽑다
가 곡식까지 뽑을까 염려하노라 둘 다 추수 때까지
함께 자라게 두라 추수 때에 내가 추수꾼들에게 말하
기를 가라지는 먼저 거두어 불사르게 단으로 묶고 곡
식은 모아 내 곳간에 넣으라 하리라
(마태복음 13 : 24 - 30)

그 주인의 궁극적 관심

성도 여러분, 운동경기 관전하는 것을 좋아하십니까? 현장에 나가서 밤새도록 응원하고 환호하며 경기를 관전하는 것, 좋아하십니까? 축구든 배구든 권투든, 운동경기를 관전하는 방법에 두 가지가 있습니다. 하나는 현장에 나가서 보는 것이고, 다른 한 가지는 현장에는 못 나가더라도 나중에 영상으로 보는 방법입니다. 어떤 때는 밤을 새워가며 보기도 합니다. 아주 흥분하여 열심히 응원하면서 보는 사람들도 있습니다. 제가 아는 목사님 한 분은 권투 시합을 보면서 너무 열심히 응원하다가 그만 심장마비로 세상을 떠났습니다. 이렇게 운동경기를 보는 데는 현장에서 직접 관전하거나, 실시간으로 중계방송을 마음 졸이며 보고 듣는, 두 가지의 방법이 있습니다. 또 하나는, 아무리 조급해도 현실의 시간은 그냥 보내고, 그다음 날쯤 경기 결과를 다 알고 나서 재방을 보는 방법이 있습니다. 재방을 보면 마음이 느긋합니다. 누가 졌는지 이겼는지, 그 결과를 이미 다 알고 있으니까 여유 있게 볼 수 있는 것입니다. 저는 재방을 선호하는 쪽입니다. 실시간으로 보면서 흥분하고 난리 칠 거 뭐 있습니까. 다 지나간 다음, 이튿날 아침에 여유 있게, 이겼으면 이긴 대로, 졌으면 진 대로 그 결과를 다 알고서 경기를 재방으로 보는 것입니다. 여기에 아주 중요한 의미가 있습니다. 끝을 미리 알고 현재를 본다, 결과를 다 알고 현실을 본다, 궁극적인 결과, 그 종국을 다 알고 현재를 본다—이 얼마나 중요한 일입니까.

어느 목장에 양들이 많았습니다. 한데, 이 목장 주인의 마음속

에는 괴로운 일이 있었습니다. 한겨울을 지날 때 산에 있는 여우와
늑대들이 내려와서 양을 몇 마리씩 물어가는 일이었습니다. 이 때문
에 그는 늘 마음이 아팠습니다. 어느 날 이 목장 주인이 지혜를 내었
습니다. 한 솜씨 좋은 사냥꾼을 부른 것입니다. 그래 근방에 있는 산
속의 늑대와 여우를 다 죽여버리게 하였습니다. 그리고 마침내 안심
했습니다. '아주 깨끗하게 이제는 문제가 없다.' 이러고 편안하게 그
겨울을 지내려고 했지요? 그런데, 이게 웬일입니까. 나중에 보니까
많은 양이 얼어 죽었습니다. 왜였겠습니까? 늑대와 여우가 와서 양
을 잡아먹으려고 으르렁대면 이 양들은 그걸 피하려고 그 추운 겨울
에 계속 움직였던 것입니다. 그러다 보니 운동이 되어서 양들이 건
강했는데, 늑대와 여우가 없어지고 나니까 양들이 게을러져서 다 얼
어 죽었다는 것입니다. 이 얼마나 중요한 진리를 우리에게 말해주는
이야기입니까.

　유진 오닐이라는 유명한 그리스도인 극작가가 있습니다. 그가
쓴 특별한 책이 한 권 있습니다. 「나사로가 웃었다」입니다. 성경에
보면, 예수님께서 나사로를 사랑하셨습니다. 요한복음 11장 3절은
이렇게 기록합니다. "사랑하시는 자가 병들었나이다." 그러니 서둘
러 가서 고쳐주셔야겠는데, 예수님께서는 그러지 않으셨습니다. 그
렇게 예수님께서 지체하시는 동안에 나사로가 죽었습니다. 장례식
까지 마쳤습니다. 그다음에야 예수님께서 이 집에 찾아오십니다. 마
르다와 마리아가 울면서 맞이합니다. "예수님께서 여기 계셨더라면
제 오라버니가 안 죽었을 텐데요." 이런 얘기까지 하면서요. 이제 예
수님께서 나사로의 무덤을 찾아가십니다. 그리고 죽은 지 나흘이나
된 나사로를 향해서 "나사로야, 나오라!" 하십니다. 죽은 나사로가

살아 나옵니다. 굉장한 기적입니다. 굉장한 사건입니다. 심지어 어떤 분은 이렇게도 말합니다. "이 사건 때문에 예수님께서 십자가에 돌아가실 수밖에 없었다." 이런 능력을 행하시는 분을 살려두고는 그 옛날에 가야바는 존재할 수 없었다는 것입니다.

이 사건을 두고 극작가는 이런 생각을 했습니다. '죽었다 살아난 나사로는 장차 어떤 일생을 살았을까?' 궁금할 것도 없습니다. 나사로는 웃었습니다. "내가 죽어보니 별것 아니더라. 다 살아보니까 별것 아니더라." 그래서 나사로는 그다음 죽을 때까지 여유만만하게, 아주 세상을 낙관적으로 살았다는 것입니다. 사람은 죽습니다. 그것만 알아도 지혜가 됩니다. 죽었다 살아납니다. 이것을 알고 나면 어떻게 되겠습니까? 여유만만한 것입니다. 이걸 잊지 말아야 합니다. 결과를 미리 안다는 것, 궁극적 종말을 미리 알고, 믿고, 확신하고 산다는 것은 놀라운 지혜와 능력과 생명력이 된다는 것을 우리가 알아야 합니다.

오늘본문에 보면, 예수님께서 간단한 비유로 우주적 진리를 우리에게 말씀하십니다. 늘 그렇듯이 오늘본문은, 아주 간단하지만, 이 속에서 무궁무진한 진리를 말씀합니다. 문제의 초점은 주인의 관심사입니다. 이 농부의 궁극적 관심이 어디에 있느냐는 것입니다. 농부의 관심은 농사에 있고, 좋은 곡식에 있고, 알곡에 있습니다. 그러나 본문에서 간단하게 지적하는 많은 문제가 있습니다. 많은 사람은 가라지를 봅니다. 곡식이 있고, 가라지가 있습니다. 많은 사람은 가라지를 생각합니다. 주인에게 말합니다. "가라지를 싹 뽑아버릴까요?" 주인은 말합니다. "가만두어라." 이때 주인의 관심은 어디에 있습니까? 바로 곡식입니다. 좋은 곡식에다 관심을 두고 있는 것입니다. 이것이 주님의 마음입니다. 우리는 조급합니다. "악인을 깨끗이 제거하면 될까요?" "가라지를 싹 뽑아버리면 될까요?" 이것이 우리의 마음이지만, 주인은 그렇지 않습니다. 우리는 악인을 제거하려는 인간적인 노력을 많이 봅니다. 그 하나가 바로 혁명입니다. 혁명을 통해서 부정을 시정하고, 악을 제거하고, 불의를 깨끗하게 하고, 세상을 정결케 하려고 합니다. 그래서 혁명사상이 나오는 것이고, 심지어는 신학에까지도 영향을 미칩니다. 그래서 '혁명신학'이라는 것이 있습니다. 이 신학의 뿌리로 돌아가 보면, 핵심은 아주 간단합니다. 독일의 히틀러가 온 유럽을 점령하여 혼돈으로 몰아넣으면서 유대 사람 6백만 명을 죽입니다. 그리고 많은 기독교인을 핍박합니다. 이제 세상이 이러다 어떻게 될지 모를 정도가 되었습니다. 그런 단계에 있을 때 기독교인들, 특별히 젊은 신학자들이 모여서 걱정합니다. 본회퍼가 그 대표자입니다. '안 되겠다. 저 히틀러, 저걸 제거해야겠다.' 그때 유명한 비유를 듭니다. "여기에 버스가 있다. 많은 사람이 이 버스를 타고 있는데, 버스 운전기사가 술에 취해 있다. 그래서 버스를 이리 몰고, 저리 몰고 하면서 많은 사람을 치어죽인다. 그때 이 버스에 탄 사람들이 앉아서 기도만 하면 되겠느냐? 당장 버스기사를 끌어내어야지. 이것이 그리스도인의 정신이 아니겠느냐!" 이렇게 해서 시작한 것이 '혁명신학'입니다.

그래 저 히틀러만 제거해버리면 세상은 조용해질 줄 알았습니다. 하지만 그렇지 않았습니다. 우리는 때때로 악을 제거함으로써 선을 도모하려고 합니다. 사람으로 보더라도, 여러분 개인으로 보더라도 다 단점이 있고, 장점이 있습니다. 그런데, 우리는 때때로 단점에 대해서 너무 많은 신경을 씁니다. '나는 게으르고, 나한테는 이러

저러한 단점들이 많다.' 그러면서 자기 자신의 단점을 극복해보려고 몸부림을 칩니다. 안 됩니다. 오히려 장점을 살려서 그 장점을 극대화할 때 단점이 사라집니다. 이걸 잊지 말아야 합니다. 우리에게는 좋은 습관도 있고, 나쁜 습관도 있습니다. 여러분 스스로도 잘 알고 있습니다. 자기가 가지고 있는 나쁜 습관을 이겨보려고 일생을 몸부림쳐도 못 고칩니다. 그러면 어찌해야 하겠습니까? 선한 습관을 키워야 합니다. 선한 습관을 극대화할 때 나쁜 습관은 스스로 사라집니다. 내 속에 있는 악을, 내 속에 있는 불의를 빼버리려고 나 스스로 몸부림을 치면 율법주의에 빠지게 됩니다. 오히려 주의 은총에 감사하며, 선한 습관에 응답하며, 선한 습관을 키워가면 나쁜 습관은 스스로 사라집니다. 이걸 잊지 말아야 합니다. 그런데, 사람들은 그저 악한 사람, 악한 것, 단점, 흑점, 불의한 점에 초점을 맞추고, 그렇게 몸부림을 치며 한평생을 잘못 살아갑니다. 그런 생을 많이 볼 수 있습니다. 교육학적으로도, 사회학적으로도 오늘본문은 매우 중요한 말씀입니다. 단점을 제거해서 장점을 살리겠다는 생각은 잘못된 것입니다. 오히려 선한 일, 장점, 착한 마음을 키우고, 착한 행실을 할 때 비로소 모든 불의한 일들이 내게서 사라질 것이라는 말씀입니다.

오늘분문으로 다시 돌아가 봅니다. 주인의 관심은 곡식에 있습니다. 이에 농부들이 말하기를 "가라지를 빼버릴까요?" 합니다. 주인은 말합니다. "가만두어라." 왜입니까? "그걸 뽑으려다가 곡식까지 뽑아버릴까 저어하노라." 솔직히 말하면, 가라지 열 개보다 곡식 하나가 더 중요하기 때문입니다. 이것을 알아야 합니다. 여러분, 농사를 지어보셨습니까? 저는 스무 살에 고향을 떠났는데, 그 전에 농사를 많이 지어보았습니다. 김도 많이 매어봤습니다. 김을 맬 때 가라지처럼 보이는 것을 쑥 뽑아보면, 아닙니다. 가라지하고 곡식은 뿌리가 다릅니다. 뽑아서 눈으로 확인해보니 아닌 것입니다. 그럴 때 얼마나 아쉬운지 모릅니다. 예수님께서는 얼마나 농사를 지어보셨는지 모르겠지만, 이걸 알고 계셨습니다. 가라지를 제거하려다가 좋은 곡식까지 뽑아버릴 수 있기 때문에 함부로 아무거나 뽑으면 안 된다, 이것입니다. 좀 더 확실히 말하면, 가라지 열 개보다 곡식 하나가 더 중요하기 때문에 여기에 관심을 두신 것입니다. 좋은 점, 장점, 선한 사람, 하나님의 사람, 은총의 사람이 더 소중하기 때문에 예수님께서는 "그만두어라!" 하고 말씀하신 것입니다. 왜입니까? 주인의 관심은 착한 사람에 있습니다. 곡식에 있습니다. 의인에게 있습니다. 하나님의 자녀에게 있습니다. 하나님의 자녀 한 사람이 더 소중합니다. 그렇기에 예수님께서는 이렇게 말씀하십니다. "그만두어라. 함께 두라." 아주 신비로운 말씀입니다. 가라지와 곡식을 함께 두라, 선한 자와 악한 자를 함께 두라, 좋은 사람과 나쁜 사람을 함께 두라…… 때로는 참 이해하기 어려운 부분이기도 합니다. 그러나 여기에 하나님의 능력이 있고, 하나님의 지혜가 있고, 하나님의 신비로운 사랑이 있습니다. "함께 두라." 때로는 우리에게 역경이 있습니다. "역경을 함께 두라." 고통이 있습니다. "고통 가운데 함께 두라." 왜입니까? 그것이 하나님께서 우리를 사랑하시는 방법이기 때문입니다. "악한 자와 선한 자, 좋은 사람과 나쁜 사람, 게으른 사람과 부지런한 사람을 함께 두라." 때로는 이해가 안 됩니다. 그러나 하나님의 능력 속에서 보면, 하나님의 선하시고 귀한 성경책을 보면, 모든 역사가 그렇게 이루어집니다. 함께 두어서 이루어지는 것입니다.

여러분이 너무나 잘 아는 요셉의 이야기가 있습니다. 요셉이 17
살 때 노예로 팔려 갑니다. 13년 동안 애굽에 가서 무지하게 고생합
니다. 억울하게 감옥에도 갇힙니다. 그러나 그로부터 13년 뒤에 그
는 애굽의 총리대신이 됩니다. 그리고 애굽에 형님들을 불러옵니다.
형님들이 그의 앞에 와서 부끄럽고 두려운 나머지 얼굴을 들지 못하
고 벌벌 떨고 있을 때 요셉이 뭐라고 합니까? "형님들, 저를 팔아먹
었다고 너무 괴로워하지 마세요. 하나님께서는 당신들의 악을 선으
로 바꾸사 그 일로 말미암아 제가 여기 있잖습니까." 여러분, 이것이
바로 오늘본문에 대한 해답입니다. 가라지가 있어야 한다는 것입니
다. 그것이 성경이 말씀하는 진리입니다. 이 가라지 같은 사건이 우
리 눈앞에 있습니다. 아니, 있어야 합니다. 이것이 하나님의 능력과
지혜와 역사입니다. 이걸 잊지 말아야 합니다. 그래서 관심을 주인
과 같이 항상 알곡에 두고, 선하심에 두고, 합동하여 이루시는 주의
능력에 두어야 합니다. 자질구레한 악조건들에 대해서 비난할 것 없
습니다. 이것이 바로 주님께서 주시는 말씀입니다.

아우구스티누스는 유명한 말을 합니다. '악인은 선인에게 인내
와 온유를 가르치고, 선인은 악인에게 회개를 가르친다.' 악한 사람
이 있으므로 하나님의 사람들은 온유와 인내를 배웁니다. 특별히
오늘본문의 결론을 보십시오. "추수 때까지 그저 두라." 추수 때까
지―우리는 그 시간을 초조하게 여깁니다. 그것이 언제입니까? 주
님께서 정하신 시간입니다. "추수 때까지 그저 두라." 그런데, 이상
한 것은 오늘본문 그대로입니다. "가라지를 먼저 거두어 불에 사르
라." 그렇습니다. 이상하게도 가라지를 보면 자랄 때는 훨씬 알곡보

다 잘 자랍니다. 똑같은 모양으로 자랍니다. 더 충실하게 자랍니다. 맨 마지막에 이삭이 나올 때 보면 가라지가 먼저 나옵니다. 가라지 이삭이 먼저 나와서 고개를 듭니다. 그것을 환히 알 수 있습니다. 그래서 예수님께서 말씀하십니다. "가라지를 먼저 거두어 불사르라. 심판할 것이다. 그리고 알곡만을 맞이하게 될 것이다." 선한 곡식을 사랑하십니다.

하나님께서는 알곡을 사랑하십니다. 택하신 백성을 사랑하십니다. 당신의 자녀를 극진히 사랑하십니다. 그러나 현실에서는 가라지와 함께 두십니다. "그때까지 기다리라." 거기에 하나님께서 우리에게 원하시는 인내가 있습니다. 온유함이 있습니다. 불평하지 말 것입니다. 원망하지도 말 것입니다. 하나님의 큰 능력을 봅니다. 모든 환난과 고통 속에서, 시련 속에서 역사하시는 하나님의 능력을 봅니다. 하나님의 사랑을 봅니다. 하나님의 궁극적 관심은 당신의 백성을 구원하시는 것입니다. 선한 일과 악한 일이 함께 있습니다. 불평하지 말 것입니다. 시편에서는 여러 곳에서 말씀합니다. "악인의 형통을 부러워하지 마라. 시기와 질투, 하지 마라." 왜입니까? 하나님께서 다 때가 되면 제거하실 테니까요. 오늘은 오늘대로 필요해서 존재하는 것입니다. 선악이 함께하는 세상입니다. 초조하고 불안합니다. 여기에서 우리의 믿음을 재정비해야겠습니다. 초조해하지도 말고, 불안해하지도 말 것입니다. 또다시 하나님의 사랑을 확인하고, 하나님의 능력과 지혜를 기다리는 조용한 믿음을 재정비해야 할 것입니다.

저는 미국에서 공부하는 동안, 여름방학이 되면 YMCA에서 경영하는 청소년 캠프에 회목으로 갔던 일이 있습니다. 아주 넓은 솔

밭 속에 '파인 채플'이라고, 소나무를 베어버리고, 잔디를 깔아놓고
만든 교회가 있습니다. 건물은 없지만, 소나무로 둘러싸여 있어서
'파인 채플'입니다. 거기에는 강단이 있고, 오르간도 있습니다. 그
래 거기서 조용하게 아침저녁으로 예배를 드립니다. 그 입구도 소나
무로 꽉 차 있는데, 길이 죽 길게 나 있습니다. 들어가는 입구에 있
는 큰 간판에는 이렇게 쓰어 있습니다. 'Be still and know that I am
God.' 조용하여 내가 하나님 됨을 알라—미국 아이들, 굉장히 떠듭
니다. 말 잘 안 듣습니다. 그렇게 자유롭게 떠드는 아이들이 채플에
들어갈 때 그 글귀를 한 번 보는 것입니다. 조용하여 내가 하나님 됨
을 알라—그렇게 딱 한 번 읽고 나서는, 예배를 마치고 나올 때까지
조용합니다. 그걸 보고 제가 참 재미있는 일이라고 생각했습니다.

　　우리 신앙에 중요한 상징적 의미가 있습니다. "조용하여 내가
하나님 됨을 알라." 이 얼마나 중요한 말씀입니까. 이스라엘 백성
이 애굽에서 나와 홍해를 건너가기 전에 그 앞에 섰을 때입니다. 바
야흐로 앞에는 홍해가 있고, 뒤에서는 애굽 군대가 쫓아옵니다. 다
들 "아, 이제는 죽었다!" 하고 원망할 때 모세를 통하여 주신 하나님
의 말씀이 있습니다. "조용하여 내가 하나님 됨을 알라." 이 얼마나
귀중한 말씀입니까. 주인의 관심은 구원에 있습니다. 주인의 관심
은 하나님의 백성에게 있습니다. 하나님의 백성을 하나님의 백성 되
게 하시고, 온전하게 하시고, 큰 역사를 이루게 하시기 위하여 있어
야 할 모든 일들이 있는 것입니다. 하나님께서 하시는 일에 토를 달
지 맙시다. 이의를 제기하지 맙시다. 조용하여 내가 하나님 됨을 알
라— △

한 어린이가 드린 예물

그 후에 예수께서 디베랴의 갈릴리 바다 건너편으로 가시매 큰 무리가 따르니 이는 병자들에게 행하시는 표적을 보았음이러라 예수께서 산에 오르사 제자들과 함께 거기 앉으시니 마침 유대인의 명절인 유월절이 가까운지라 예수께서 눈을 들어 큰 무리가 자기에게로 오는 것을 보시고 빌립에게 이르시되 우리가 어디서 떡을 사서 이 사람들을 먹이겠느냐 하시니

(요한복음 6 : 1 - 15)

한 어린이가 드린 예물

1960년대 초에 저는 인천제일교회에서 시무했습니다. 그때는 전쟁 직후였기 때문에 아주 혼란스럽고 다들 가난했습니다. 그리고 동시에 베이비붐 시대였습니다. 그래서 어느 가정이나 어려운 형편에 집은 작고 허술한데, 아이들은 또 많았습니다. 어떤 집에 가 보면, 방 하나에 어린아이가 여덟 명이나 있습니다. 어디를 가나 어린아이들이 많았습니다. 교회 주일학교에도 어린아이들이 그만큼 많이 모이던 때였습니다. 그렇게 경제적으로나 사회적으로 어려운 처지에들 있었지만, 집집이 방문해서 보면 천진난만한 어린아이들이 있었습니다. 그 어린아이들은 참으로 천사 같고 예쁘게 보였습니다. 심방을 가서 그 어린아이들을 둘러 앉혀놓고 여러 가지로 재미있는 이야기꽃을 피울 수 있었습니다.

그때 저는 하루에 평균 잡아 스물네 가정을 심방했습니다. 다 판잣집들이니까 그냥 이 집 심방하고 그 옆집, 그리고 그다음 옆집…… 이렇게 줄줄이 심방을 하였습니다. 그러면서 그 어린아이들을 통하여 그 가정의 행복을 보았고, 어린아이들과 어른들하고 이야기하는 걸 보면서 많은 것을 배우고 깨달았습니다. 그때 주고받은 말을 여러분도 한번 상상해보시기 바랍니다. 아주 예쁜 아이가 있는데, 부모가 그 아이를 보면서 전부 자기를 닮았다고 좋아하는 것입니다. 그저 예쁜 건 자기 닮았다고 하고, 나쁜 건 저쪽 닮았다고 합니다. 그래서 아버지 닮았다 그러면 아버지가 좋아하고, 엄마 닮았다 그러면 엄마가 좋아합니다. '모두가 자기 닮았다고 하고 싶어 하는구나!' 하는 느낌을 받았는데, 그 가운데 특별한 집이 하나 있었습니다. 아버지가 예쁜 아이를 안고 하는 말입니다. "너는 제발 나같이 못난 아비를 닮지 마라. 착하디착한 너희 어머니를 닮아라." 이 말 한마디를 듣고 그 옆에 있던 어머니가 울었습니다. '저 남편이 못된 사람인 줄 알았는데, 그래도 그 마음속에 진실한 양심이 있구나! 아내를 위하는 마음이 있구나!' 이런 생각을 해서 그런지, 이 말 한마디에 그 부인이 우는 것을 보고 많은 것을 생각했습니다.

여러분, 어린이는 천사처럼 예쁘게 태어납니다. 자라면서 듣고, 보고, 느끼고, 생각하고, 체험합니다. 그러면서 몸도 자라고, 생각도 자라고, 가치관도 자라고, 믿음도 자라면서 성장해 나갑니다. 문제는 표본입니다. 무엇을 듣느냐에 따라서 달라지는 것입니다. 어린이는 마치 하얀 종이와도 같습니다. 거기에다 누가 어떻게 색을 칠하느냐에 따라서 달라지는 것입니다. 우리는 그 깨끗하고 천사 같은 마음에 상처를 입힐 때가 너무나 많습니다. 무엇을 듣고, 무엇을 보고, 무엇을 느끼고 사느냐—이것이 얼마나 중요한지 모릅니다. 특별히 요즘 그런 논문들이 많이 나옵니다. 사람은 한 살에서 네 살까지의 일을 무의식중에 기억한다는 것입니다. 네 살 전의 일은 잘 기억하지 못합니다. 하지만 네 살 이전의 기억은 잠재의식이 됩니다. 네 살 전에 본 것, 마음속에 심어집니다. 네 살 전에 들은 것, 가슴속에 각인됩니다. 그래서 심리학자들은 말합니다. 한 살에서 네 살, 그 사이에 아버지와 어머니가 다투고, 서로 큰소리를 내고, 아버지가 어머니를 때리고…… 이런 모습을 보면, 그 기억이 나중에는 사라진 것 같아도 잠재의식 속에 남아 있기에 그 아이는 절대로 좋은 가정을 이룰 수 없다, 이것입니다.

　얼마나 무서운 이야기입니까. 그러니까 우리 어린아이들에게 좋은 것을 보여주고, 좋은 것을 들려주고, 좋은 느낌을 주고…… 이렇게 살아가도록 분위기를 만들어 가야 한다는 말씀입니다. 그러나 우리가 심리학적으로 하는 말, 제일 중요한 말이 하나 있습니다. 사람이 배우는 데는 모델링이 필요하다는 것입니다. 모델링에는 표본이 필요한데, 이 표본에는 두 가지가 있습니다. 바로 사랑과 증오입니다. 사람은 사랑하면서 배웁니다. 사랑하면서 사랑하는 사람을 닮아갑니다. 사랑하는 사람을 기뻐하면서 배워갑니다. 자꾸 닮아갑니다. 나도 모르게 닮아가는 것입니다. 또 하나는, 미워하면서 배운다는 것입니다. 미워하면서도 자기도 모르게 같이 따라가는 것입니다. 잠재의식 속에서 점점 배워가는 것입니다. 이래서 하나의 인격을 이루게 됩니다. 얼마나 비참한 이야기입니까. 좋은 이야기는 들은 바가 없습니다. 나쁜 이야기만, 욕설만 들었습니다. 그리고 좋은 것을 본 적이 없습니다. 그러면 그 어린이가 나중에 어떻게 좋은 사람이 되겠습니까. 이것이 오늘의 현실입니다. 사랑하면서 배우는 것입니다. 아니, 미워하면서 배우는 것입니다. 이것이 더 무섭습니다. 그런데 여러분, 누가 자식을 향해서 나를 닮으라 할 수 있겠습니까.

　사도 바울은 그의 편지에서 이렇게 말합니다. "내가 그리스도를 본받는 자 된 것 같이 너희는 나를 본받으라." 그리스도를 본받아야 할 것입니다. 또, 그리스도를 본받는 것 같이 본받아야 할 것입니다. 그런데, 이스라엘 사람들에게서는 이 귀중한 진리를 잘 지켜가고 수호하고 있는 것이 그의 특징입니다. 마태복음 19장 13절에 잠깐 나타납니다. 예수님께서 어느 마을에 가셨을 때 어머니들이 자녀를 데리고 예수님께 나아왔습니다. 그렇게 예수님 앞에 가까이 와서 그들이 무엇을 어떻게 했습니까? 여기서 이스라엘 사람들의 전통적인 방법이 나옵니다. "저분을 보라. 저분을 존경하라. 저분을 배우라. 저분을 사랑하라." 그리고 그 어른께 "이 어린아이에게 손을 얹으시고 복을 빌어주세요!" 하고 간청합니다. 그래서 귀한 손님이 그 마을에 오면, 어머니들이 동리 아이들을 다 데리고 나와서 그 어른을 뵙도록 분위기를 만듭니다. 이것이 바로 이스라엘 사람입니다.

이러한 이스라엘 사람의 가정교육에는 근본 교리가 두 가지 있습니다. 하나가 경건이고, 또 하나가 존경입니다. 경건과 존경―하나님을 경외하는 본을 보여야 합니다. 내가 기도하고, 자녀들을 위해서 기도하고, 함께 기도하고, 내가 경건한 생활을 하면서, 내가 교회에 나가면서 함께하고, 내가 열심히 새벽기도 나가면서 자녀들에게 본을 보이는 것입니다. 경건의 본, 이 모델링이 중요합니다. 그다음에는 사람을 존경하는 것입니다. 그러기 위해서는 특별히 존경할 만한 사람을 존경해야 합니다. 그래서 오늘본문에서 예수님께서 이 마을에 오시니, 어머니들이 아이들을 데리고 와서 뭐라고 이야기했습니까? "저 어른을 보라. 저분을 본받아라. 저분을 존경해라." 이것입니다. 이것이 교육입니다. 긴 말이 필요 없습니다. 말로 되는 것이 아닙니다. 경건과 존경, 바로 이것을 가르쳐야 합니다. 특별히 옛날에는 랍비들이 이 마을 저 마을을 심방했습니다. 랍비가 이 마을에 딱 들어오면, 온 동리 아이들을 다 데리고 와서 이렇게 가르칩니다. "봐라, 랍비다. 하나님의 종 랍비가 여기에 있다. 저분을 봐라. 저분을 높여 보라. 저분을 존경하라. 저분의 말씀을 들어라." 이렇게 가르치는 것입니다. 이게 얼마나 중요한 것인지 모릅니다.

제가 자랄 때 어머니가 우리 목사님들을 얼마나 존경하셨는지,

언젠가 한번은 이런 일이 있었습니다. 제가 집에 밤늦게 들어갔더니, 아버지가 혼자 계셨습니다. 그래 제가 "어머니는 어디 가셨어요?" 하니까 우리 아버지 하시는 말씀입니다. "너 엄마, 뭐 맛있는 음식 한 가지 했다고 그것 들고 목사님 댁에 갔다." 그다음 말씀이 중요합니다. "네 엄마가 목사님만큼 나를 위하면 내가 열녀문을 세워준다." 그렇게 우리 아버지가 질투하시는 모습을 보았습니다. 이런 분위기입니다. 그렇게 어머니가 목사님을 존경하시니까 제가 목사가 된 것입니다. 이걸 잊지 말아야 합니다. 경건하고, 사람을 존경하고, 어른을 존경하고, 하나님의 종을 높이는 분위기를 만드는 것입니다. 이것이 가정교육에서 최고의 길임을 잊지 말아야 합니다. "저분을 닮아라. 저분을 본받아라. 저분의 말씀을 들어라."

오늘분문에는 예수님께서 5천 명을 먹이신 기적에 대한 이야기가 있습니다. 이 이야기는 네 개의 복음서에 다 나옵니다. 마태복음 14장, 마가복음 6장, 누가복음 9장, 요한복음 6장입니다. 이 중요한 사건을 네 복음서가 다 기록하고 있습니다. 떡 다섯 개와 물고기 두 마리로 5천 명을 먹이신 이야기입니다. 그런데, 이것을 조금 더 신학적으로 생각하면 재미있는 말씀이 여기 있습니다. 다른 데는 '떡 다섯 개와 물고기 두 마리'라고 기록되어 있습니다. 요한복음에는 '보리떡'이라고 나옵니다. 그리고 물고기도 헬라어로 그냥 '익투스'입니다. 이것은 일반적으로 '물고기'라는 말입니다. 큰 물고기를 말합니다. 그러나 여기서 말하는 것은 익투스가 아닙니다. '옵사리온'입니다. 기가 막힌 말씀입니다. 바닷가에서 어부들이 물고기를 잡아서 그물로 거둬들이는데, 큰 것은 바구니에 넣고, 아주 작은 것은 다시 바다에 던집니다. 치어를 키워서 나중에 잡아야 하기 때문입니

다. 그런데, 문제는 그 중간 크기의 것입니다. 가지고 가기에는 좀
그렇고, 다시 바다에 집어넣기는 아깝습니다. 그래서 그런 물고기를
그냥 모래밭에다 버립니다. 그게 바짝 말라지면 가난한 사람들이 와
서 주워갑니다. 이것이 옵사리온입니다. 가장 가난한 사람들이 바닷
가에 가서 어부들이 내버린 것, 말라빠진 것, 주워온 것―그런 물고
기입니다. 오늘 요한복음에 나오는 떡은 보리떡인데, 이는 가장 가
난한 사람들이 먹는 것입니다. 물고기는 익투스가 아니고 옵사리온
입니다. 그것은 가장 가난한 사람들이 주워다 먹는, 바로 그 물고기
입니다. 둘 다 가장 가난한 사람들의 식량입니다.

그런데, 문제는 이 물고기를 어린아이가 가지고 왔다는 것입니
다. 어린아이가 가지고 왔다―여기서 이런 생각을 해봅니다. 이때 5
천 명이 모였다는데, 그 5천 명이 들에 있다면, 예수님께서 말씀하
실 때 그들 가운데 과연 몇 사람이나 그 말씀을 들었겠습니까? 우리
교회는 스피커 시설이 잘되어 있습니다마는, 맨손으로 들에 나가서
말씀을 전하면, 아무리 좋은 곳에 있다고 하더라도, 육성만으로는 3
백 명이 다 잘 듣기 어렵습니다. 그러니까 5천 명 가운데 그 나머지
사람들은 멀리서 '아, 저기 예수님께서 계시는구나!' 하고 생각할 뿐
이지, 잘 보이지도 않고, 잘 들리지도 않습니다. 이걸 알아야 합니
다. 그러니까 여기서 지금 이 어린아이와 이 어린아이를 데리고 온
어머니는 예수님께 가까이 다가간 것입니다. 다른 사람과 상관없이
가까이 간 것입니다.

특별히, 오늘본문의 '5천 명'은 여자와 어린이를 제외한 수효입
니다. 그러니까 당시에는 어린아이나 여자들은 아예 헤아리지도 않
았습니다. 그렇게 많이 오지도 않았겠지만, 굳이 세지도 않았던 것

입니다. 한마디도, 그들은 계산에 넣지도 않을 만큼 소외당한 사람들이었던 것입니다. 그러나 이 둘은 예수님 가까이에, 사람들 맨 앞에 가 있었습니다. 그러다가 떡에 대한 이야기가 나오니까 안드레가 이 어린아이를 데리고 예수님께로 갑니다. 그리고 보리떡 다섯 개와 말라빠진 물고기 두 마리를 예수님께 드립니다. 이것은 무엇을 말합니까? 이 어머니는 예수님께 어린아이를 가까이 데리고 갔습니다. 앞으로 간 것, 그 행동이 예배고 경배입니다. 존경입니다. "쳐다보라. 저분이 메시아시다. 저분이 랍비시다. 저분이 하나님의 아들이시다." 그래서 이 어린아이를 예수님 앞으로 가까이 데리고 갔더니, 마침내 이런 기회가 온 것입니다. 그리고 예수님께서 떡을 찾으시니, 그 보리떡과 물고기를 드렸습니다. 이것은 아마도 이 어머니와 이 어린아이의 합작일 것입니다. 예수님께서 이 두 가지, 보리떡 다섯 개와 물고기 두 마리를 손에 딱 받아드십니다. 성경에 보면 너무나 귀한 말씀이 있습니다. '유카리스토스', 곧 '축사'를 하셨습니다. 저는 궁금합니다. 예수님께서는 이 보리떡을 받아드시고 뭐라고 기도하셨을까? "하나님이시여, 기적을 나타내사 5천 명을 먹이게 하여주소서." 이러셨을 것 같잖아요? 모르겠습니다. 성경에는 그에 대한 기록이 없습니다. 예수님께서는 단지 축사하시고 감사기도를 드리셨을 뿐입니다. "하나님, 감사합니다. 이 어린아이가 이것을 제게 주었습니다. 이 귀한 것을 제게 주었습니다." 하늘을 우러러 축사하셨습니다. 유카리스토스, 감사기도입니다. 그랬더니 기적이 나타나서 5천 명이 먹었습니다.

이 얼마나 놀라운 이야기입니까. 이 어린아이의 소박한 보리떡 다섯 개를 손에 드시고, 하늘을 우러러 감사하시는 예수님의 모습—가장 위대한 기도는 감사기도입니다. 가장 능력이 있는 기도도 감사기도입니다. 5천 명 앞에서 떡 다섯 덩이? 이는 한심한 것입니다. 그러나 어린아이가 자기 먹으려고 가져왔던 것을 예수님께 드릴 때 예수님께서 그걸 받으시고, 흡족하시어 하늘을 우러러 감사기도를 하십니다. 그 감사기도로 능력이 나타납니다. 어린아이를 주께로 인도하는 것, 얼마나 중요합니까. 그리고 그 5천 명, 그 많은 사람 가운데서 이 어린아이와 어머니는 예수님께 가까이 나아가 그 앞에 섰습니다. 그리고 예수님을 보았습니다. 예수님을 우러러보았습니다. 여기서 이 같은 놀라운 역사가 나타납니다. 어린아이를 예수님께로 인도하는 것, 얼마나 중요합니까. 자녀 교육에는 별다른 도리가 없습니다. 요새 교육학이다, 유아교육이다, 하며 난리를 치지만, 도리가 없습니다. 다 수포로 돌아갑니다. 중요한 것은 경건과 존경입니다. 하나님을 경외하는 것, 기도하는 법을 가르치고, 사람을 존경하고, 어른을 존경하고, 랍비를 존경하는 것이 중요합니다. 존경이 없는 사람은 인격이 무너진 사람임을 잊지 말아야 합니다.

오늘본문에 나타난 것은 계시적 사건입니다. 이는 갈릴리 언덕에서 있었던 사건이지만, 5천 명 앞에서 있었던 귀한 사건입니다. 요한복음 6장에서는 '커다란 성찬식'이라고 설명합니다. 여기에 하나님 아들의 능력이 나타나 있고, 하나님의 말씀이 있고, 하나님의 말씀과 우리 사이의 관계가 어떠하다는 것을 잘 설명해주고 있습니다. 큰 기적은 작은 예물을 통해서 이루어집니다. 정성스러운 예물, 어린아이가 드린 그 작은 예물—하지만, 주님께서는 그 작은 예물을 받으시고, 하늘을 우러러 감사의 기도를 하십니다. 그때 기적이 나타납니다. 오늘도 작은 것을 손에 들고 감사의 기도를 할 때 거기에 기적이 있습니다. 즐겨드리는 예물, 감사함으로 드리는 예물, 거기에 기적이 있습니다. 어린이를 주께로 인도한 이 어머니의 마음이 얼마나 귀중한지 모릅니다. 그리고 이 어머니는 어린아이가 주님 앞에 가까이 가서 예수님을 쳐다보게 합니다. 그리고 예수님 앞에 나아가 자기에게 있는 소중한 것을 그 예수님께 즐겨 드렸습니다. 아마도 그렇게 드릴 때는 예수님 잡수시라고 드렸을 것입니다. 그러나 이를 통하여 큰 역사가 나타납니다.

여러분, 우리도 지금 우리 미래를 생각할 때 젊은이를 생각하고, 우리 어린이를 생각하고, 그들을 통해 전개될 미래를 걱정합니다. 요새 스마트폰이니 뭐니 해서, 많은 젊은이가 보아서는 안 될 것을 너무 많이 보고, 들어서는 안 될 것을 너무 많이 듣습니다. 그래서 그들의 마음이 헝클어집니다. 그 심령이 엉망이 되어버렸습니다. 이제 무엇으로 이를 막을 수 있겠습니까. 오직 말씀, 경건, 존경, 그리고 즐겨 드리는 헌신, 깨끗한 마음…… 이런 것들을 가르쳐야 합니다. 이런 것들을 본받아야 합니다. 그리할 때 5천 명을 먹이시는 하나님의 큰 역사가 오늘도 나타날 것입니다. △

내 말을 네 마음에 두라

아들들아 아비의 훈계를 들으며 명철을 얻기에 주의하라 내가 선한 도리를 너희에게 전하노니 내 법을 떠나지 말라 나도 내 아버지에게 아들이었으며 내 어머니 보기에 유약한 외아들이었노라 아버지가 내게 가르쳐 이르기를 내 말을 네 마음에 두라 내 명령을 지키라 그리하면 살리라 지혜를 얻으며 명철을 얻으라 내 입의 말을 잊지 말며 어기지 말라 지혜를 버리지 말라 그가 너를 보호하리라 그를 사랑하라 그가 너를 지키리라 지혜가 제일이니 지혜를 얻으라 네가 얻은 모든 것을 가지고 명철을 얻을지니라 그를 높이라 그리하면 그가 너를 높이 들리라 만일 그를 품으면 그가 너를 영화롭게 하리라 그가 아름다운 관을 네 머리에 두겠고 영화로운 면류관을 네게 주리라 하셨느니라

(잠언 4 : 1 - 9)

내 말을 네 마음에 두라

여러분, 지난 주간에 신문을 보고 아마 깜짝 놀라셨을 것입니다. 저도 충격을 받아 한동안 말을 할 수가 없었습니다. 너무나 끔찍한 사건 기사가 우리의 마음을 놀라게 했습니다. 중국에서 어머니를 산 채로 매장한 패륜적인 사건이 있었는데, 다행히도 그 어머니는 사흘 뒤에 구출되었습니다. 3일 동안이나 매장당했던 그 어머니가 굴속에서 구출되는 장면을 텔레비전으로 볼 수 있었습니다. 옛날 우리나라에도 전설로 전해지는 '고려장'이라는 것이 있지요? 나이 많은 분이 병 걸리고, 치매 걸리고, 그래서 모시기 어려워지면, 더는 돌봐드릴 수가 없으니까 깊은 산속에 업고 가서 버리고 돌아오는 것입니다. 그러면 그 노인분은 거기에서 그대로 굶다가 생을 마치게 되는 것입니다. 이것이 고려장입니다. 예전에 제 할머니가 저에게 이 고려장 이야기를 수없이 해주셨습니다. 아마도 고려장 같은 것 하지 말라는 뜻으로 그러셨던 것 같은데, 제가 알아듣든 못 알아듣든 저를 앉혀놓으시고서 재미있는 옛날이야기인 양 고려장 이야기를 해주셨습니다. 그 이야기가 제 뇌리에 깊이 새겨져 있습니다.

어떤 아들이 어머니를 고려장 하려고 지게에 실어 업고 깊은 산속으로 올라갑니다. 어머니로서는 돌아오고 싶어도 도저히 돌아올 수 없을 만큼 아주 험한 산을 높이 올라갑니다. 그런데, 가는 도중에 보니까 어머니가 뒤에서 계속 나뭇가지를 딱딱 꺾어서 던지고, 또 꺾어서 던지고 계신 것입니다. 그래서 아들이 그 어머께 여쭤보았습니다. "어머니, 아니, 지게에 이렇게 실려 가시면서 나뭇가지는 왜 자꾸 꺾으십니까?" 그러자 어머니가 하는 말입니다. "이 산이 너무 깊어서 네가 돌아갈 때 길을 잃어버릴까봐 나뭇가지 꺾은 걸 표적 삼아 무사히 집에 돌아가도록 하려고 그런다." 이 이야기를 듣고 그 아들이 깊이 회개하고, 다시 어머니를 업고 집으로 돌아왔답니다. 이 이야기를 저희 할머니가 저에게 백 번도 넘게 해주셨습니다.

부모와 자식은 천륜이라고 합니다. 하늘이 맺어준 인연이라는 것이지요. 원하건 원하지 않건, 하늘이 맺어준 인연입니다. 여기서 꼭 한 가지 알아야 할 것이 있습니다. 자녀를 향한 어버이의 마음은 가장 거룩하고, 가장 선하다는 것입니다. 이걸 잊지 말아야 합니다. 이 마음은 창조주를 닮은 가장 거룩한 속성입니다. 부모의 교훈은 때로 잘못될 수도 있지만, 그 본질이 선한 것이라는 사실을 잊지 말아야 합니다. 방법은 잘못될 수 있어도 동기는 분명합니다. 그 마음 깊은 곳의 그 간절한 동기는 선한 것임을 잊지 말아야 합니다. 그것은 하나님 아버지의 속성입니다. 부모는 자식을 사랑합니다. 사랑하면서 주는 교훈입니다. 그리고 말없는 가운데 교훈이 있습니다. 이 묵시적 교훈이 중요합니다. 아마도 설명을 좀 더 한다면 자녀들이 쉽게 이해할 수 있을 텐데, 부끄러워서 다하지 못하고 그저 결론만 말하기 때문에 자녀들의 마음을 아프게 하는 것 같습니다. 부모는 자녀를 사랑합니다. 부모님이 잔소리를 하시지요? 그러나 마음속에는 이런 묵시가 담겨 있는 것입니다. "나처럼 살지 말아라. 나는 잘못 살아서 후회가 많다. 그러니 너는 나처럼 살지 말아라." 그래서 부모가 자녀에게 공부하라고 말할 때 그것은 그냥 공부하라는 말이 아닙니다. 공부하라는 말은 짧지만, 그 뒤에 가슴으로 하는 긴 말이 있습니다. "내가 공부 안 해서 후회가 많다. 바르게 살아라. 내가 바

르게 살지 못한 것으로 말미암아 한이 있다." 이것을 감추고 이야기
하는 것입니다. 묵시적 사건입니다. 그러니까 부모님의 그 많은 잔
소리는 알고 보면 자기가 자기보고 하는 말입니다. 자기가 옛날 일
을 후회하면서, 뉘우치면서 지금 간절하게 부탁하는 것입니다. "제
발 너는 나같이 후회하는 인간이 되지 말아다오." 이런 부탁입니다.
여러분, 공부하라는 이 소중한 한마디가 그렇게 싫습니까? 부모님
으로서는 엄청난 의미를 담아서 이런 잔소리를 하시는 것입니다.

　부모님은 지혜롭습니다. 왜입니까? 많은 세월을 살았기 때문
입니다. 아마도 종종 쓸데없는 말을 하지요? "내가 다시 태어난다
면……" 할 수도 없는 것이지만, 이런 말을 입버릇처럼 합니다. "다
시 태어난다면 이렇게 살지 않을 것이다." 무엇을 말하는 것입니까?
많은 경험 속에서 정리된 교훈을 주고 있는 것입니다. "제발 내가 하
는 후회를 너는 하지 말아다오. 내가 한 실패를 너는 하지 말아다
오." 이런 마음으로 안타깝게 주는 애끊는 교훈인데, 이걸 거절해서
야 되겠습니까. 그리고 부모님의 교훈에는 언제나 종말론적 의미가
있습니다. "내가 오늘 이렇게 말하지만, 다음에 또 네게 할 말이 있
을는지 모르겠다. 이것은 마지막 말이다." 언제나 유언으로서 종말
론적인 의미가 담겨 있음을 잊지 말아야 합니다. 오늘본문에서 솔로
몬 왕이 지혜를 말합니다. 아버지가 자기에게 한 말을 되새기며, 또
자녀에게 말하고 있는 것입니다. "내 말을 네 마음에 두라." 무슨 말
입니까? 기억할 만한 지식이 아니라는 뜻의 말입니다. "가슴으로 받
아라. 토를 달지 마라. 기쁜 마음으로 받아라. 감사한 마음으로 받아
라." 그러니까 이것입니다. "내 말을 네 마음에 두라."

　저는 1951년 6·25전쟁 때 고향을 떠나 홀몸으로 아무것도 없이

성경책 하나 달랑 들고 백령도로 나왔습니다. 그래 군대에 입대하고, 한 10년 동안 홀로 생활했습니다. 제가 어렸을 때는 아버지 어머니의 잔소리를 많이 들었습니다. 더구나 아버지가 무슨 말씀을 하실 때는 토를 달면 안 됩니다. 그냥 "네!" 해야지, 뭐라고 했다가는 벼락이 떨어집니다. "부모의 말에는 토를 다는 게 아니야!" 이러시니까요. 따라서 그저 이래야만 합니다. "예, 알았습니다. 그렇게 하겠습니다." 저는 이 잔소리가 싫었습니다. 그런데, 제가 피난을 나와서 군대생활을 하다가 종종 어려운 일을 만나면 그때마다 아버지의 그 잔소리가 그리웠습니다. "아버지가 옆에 계시면 얼마나 좋을까?" 그래 아버지께 한마디 여쭤보고 싶은데, 그럴 수가 없었습니다.

여러분, 들을 수 있을 때 들어야 합니다. "내 말을 네 마음에 두라. 머리에 두는 게 아니라, 기억되는 게 아니라, 가슴으로 받아라. 느낌으로 받아라. 그리고 억지로 받지 말고 감사함으로 받아라. 내 말을 기쁜 마음으로 받아라. 내 말을 네 마음에 두라." 그리고 솔로몬은 다시 말합니다. "아버지가 내게 가르쳐주시기를 지혜를 얻으라 하셨다." 솔로몬의 지혜는 아버지로부터 온 것입니다. 솔로몬은 스물한 살에 왕이 됩니다. 그야말로 철없을 나이에 왕이 된 것입니다. 얼마나 답답했겠습니까. 그런고로, 그는 아버지를 생각합니다. 그래 하나님 앞에 이렇게 기도합니다. "지혜로운 마음을 주세요." '레브 쉐미드'라는 히브리 말이 있습니다. 여기서 '레브'는 '마음'이라는 뜻이고, '쉐미드'는 '듣는다'라는 뜻입니다. 그래서 '지혜로운 마음'이라고 번역하는데, 직역하면 '듣는 마음'입니다. "하나님, 듣는 마음을 주세요." 이게 옛날 번역으로는 'hearing heart'였습니다. 새로운 번역은 'understanding mind'입니다. 같은 말입니다. "잘 듣는 마음을 주세요." 이것이 지혜입니다.

　여러분, 어떤 말이라도 잘 들어보십시오. 지혜가 나옵니다. 그 속에서 지혜가 솟아오릅니다. 듣는 자세가 중요합니다. 그래서 심지어 요새는 심리학적으로 이런 말도 합니다. '인간관계에서 가장 성공적인 사람은 누구냐? 서로 말할 때 상대방이 즐겁게 자기 지혜를 말하게 하는 사람이다.' 내가 무슨 말을 들을 때 말을 하자마자 "그만하자. 쓸데없는 소리 하지 마라!" 하면 되겠습니까. 그저 이래야 합니다. "옳은 말씀입니다. 아, 그렇구먼요." 그리고 잘 들으십시오. 그러면 말하는 사람이 신바람이 납니다. 이것이 인간관계의 성공입니다. 상대방이 말을 하도록 하는 것입니다. 즐거움으로 말하게 하는 것입니다. 말하고 기뻐하게 하는 것입니다. 이것이 성공입니다. 내 말을 남에게 전하는 것이 아니고, 남의 말을 잘 듣는 것이 지혜입니다. 잘 들어서 간직하고, 심지어는 말하는 사람의 마음을 기쁘게 해줍니다. 이런 관계가 참 중요한 것입니다.

　내게 경험이 없어도 듣는 마음이 있어서 경험한 자의 이야기를 잘 새겨들으면 내가 경험한 것이 됩니다. 내 나이 스물한 살밖에 안 되었지만, 파란만장하게 산 아버지 다윗 왕의 이야기를 잘 들었기 때문에 솔로몬은 스물한 살에 벌써 사십, 오십이 된 사람의 지혜를 얻을 수 있었던 것입니다. 이걸 잊지 말아야 합니다. 다윗은 살면서 많은 고난을 당한 사람입니다. 그러나 솔로몬은 유약한 어린아이 같은 사람으로, 편안하게 왕자로 태어났습니다. 그런 그에게 무슨 지혜가 있었겠습니까. 아버지의 말씀을 잘 귀담아들어서 그 많은 경험과 경륜이 다 자기 것이 되고, 지혜가 된 것입니다. 그래서 솔로몬은 말합니다. "지혜를 얻어라. 그리고 버리지 마라. 절대로 지혜를 팔아

먹지 마라. 지혜와 바꿀 수 있는 것은 없다. 지혜를 사랑해라." 그뿐입니까? "지혜를 품어라." 지혜가 성품화되어야 합니다. 내 성품이 되어버리는 것입니다. 다윗이 파란만장했던 생애를 통해 얻은 지혜가 이제 그 아들 솔로몬에게로 이어집니다. 그래서 솔로몬은 지혜의 왕이 될 수 있었던 것입니다. "지혜의 근본은 부모님의 말씀이다. 그 말씀을 잘 듣는 데로부터 지혜가 오는 것이다." 그렇게 오늘본문은 말씀하고 있습니다.

저는 종종 어려워질 때마다 늘 그 옛날에 듣던 이야기, 다 잊어버렸지만, 그 아버지의 교훈을 생각해봅니다. 제가 우리 후배들한테 늘 제가 가지고 있는 이 수첩을 자랑삼아 보여줍니다. 어떤 사람은 이것을 사진으로 찍어가기도 했습니다. 이 수첩에다가 아버지가 저에게 전해주신 교훈을 다 써놓았습니다. 해마다 수첩을 바꿀 때면 그것을 다 옮겨적습니다. 그때마다 한 번씩 복습을 하는 셈입니다. 여기에 써놓은 이 많은 것들은 아버지께서 가만히 앉아서 교훈하신 것이 아닙니다. 오고 가시면서, 일을 하시면서 한마디씩 하신 것을 들었는데, 그것들이 자꾸만 새록새록 생각나서 써놓은 것입니다. 얼마나 중요한지 모릅니다. 참으로 중요합니다. 더욱이 이 가운데서 크게 덕 본 일도 한 번 있었습니다. 여러분이 아시는 대로, 1977년에 제가 소망교회를 개척하고, 그 3년 뒤에 예배당을 지었습니다. 그러고 나서 4년밖에 안 되었을 때인데, 그 예배당이 꽉 차서 증축을 해야 했습니다. 한데, 당시에 증축을 해야 할지, 아니면 아예 헐어버리고 신축을 해야 할지, 말들이 많았습니다. 제가 지금도 아예 신축할 것을 잘못했다고 생각하기도 하지만, 아무튼 그때는 증축하기로 했습니다. 그랬는데, 또 반대하는 사람들이 있었습니다. 격렬히 반대합니다. 그래 제가 그분들께 성전 증축하는 것을 왜 반대하느냐고 물었더니, 증축하면 얼마 안 가 교인이 늘어서 또 증축해야 할 터인데, 그러면 이 예배당을 도대체 몇 번이나 더 지을 셈이냐고 반대하는 것이었습니다. 그냥 반대하는 것도 아닙니다. 아주 많은 반대운동을 했습니다. 그래 제가 그 증축하는 일을 계속 밀고 나가야 하나, 말아야 하나, 하고 아주 고민을 많이 했습니다. 그러는 가운데 우리 아버지의 교훈이 딱 생각났습니다. "개는 짖어도 기차는 간다." 우리 아버지가 가르쳐주신 것입니다. 개는 짖어도 기차는 간다—그래서 제가 하나 더 붙였습니다. "기차는 가야 한다." 그리고 밀어붙였습니다. 그래서 이겼습니다. 나중에는 그 반대하던 분들이 아주 부끄러워졌습니다. 여러분, 우리 아버지는 별일 없이, 아주 쉽게, 그저 이렇게 하신 말씀이지만, 그것이 제게는 중요한 교훈이었습니다. 잊지 말아야 합니다. 부모님의 교훈을 잘 받아 간직하면 그 생에서 얻은 지혜가 곧 내 것이 된다는 말입니다.

영국의 정치적 영웅인 처칠 경의 생을 축하하면서 많은 사람이 책을 썼습니다. 특별히 처칠을 처칠 되게 한 스승, 유치원 선생님으로부터 대학교수까지 처칠 경을 가르친 사람들을 다 모아서, 처칠은 이런 분들로 말미암아 처칠이 되었다고 하는 내용을 담은 책을 그들이 썼습니다. 그래 그 책을 가져다가 처칠 경에게 주었습니다. 처칠 경이 그 책을 다 읽어보고 나서 이랬답니다. "아, 중요한 선생님을 하나 빼놓았구먼!" 그래 물었지요. "아, 어떤 분이 빠졌습니까?" "그분은 바로 내 어머니야. 여기 선생님들이 많이 있지만, 그분들보다 우리 어머니가 내게는 최고의 스승이야." 이것, 유명한 말로 전해지고 있습니다.

메리 파이퍼 교수의 「The Shelter of Each Other」라는 저서가 있습니다. 이 책에서 그는 이런 명언 한마디를 합니다. '노인에 대한 사랑은 곧 자기 자신의 미래에 대한 사랑이다.' 여러분, 내가 노인을 어떻게 대했습니까? 내가 노인이 되었을 때 그대로 받게 될 것입니다. 내가 어떻게 효도했습니까? 그것을 그대로 내가 받게 된다는 이야기입니다. 효(孝)는 '듣는 마음'입니다. 여러 가지로 설명할 것 없습니다. 조용하게 듣고, 내게 말씀하시는 바를 기쁘게 받아들여야 합니다. 내게 말씀하시는 분의 마음을 기쁘게 해드려야 합니다. 이것이 바로 오늘본문의 말씀입니다. "내 말을 네 마음에 두라." 부모님의 말씀을 내 마음에 두면 그것이 곧 부모님께 효도하는 것입니다. 부모님을 기쁘게 해드리는 것이지요. '효는 약속이 있는 계명'이라고 성경은 분명히 말씀합니다. 효는 반드시 이 세상에서도 그 복이 따릅니다. 약속과 축복이 있는 계명입니다. 성경을 죽 보면, 여러 곳에서 부모님께 효도한 자에게 주시는 축복이 계속 이어지는 것을 볼 수 있습니다.

오늘 다시 한번 생각해야 합니다. 효는 대물림합니다. 효자가 효자를 낳습니다. 내가 효자가 될 때 내 자식이 효자가 됩니다. 지혜는 대물림합니다. 내가 지혜를 받을 때 지혜가 자자손손 이어지는 것입니다. 축복은 지혜로부터 옵니다. 축복은 물질이 아닙니다. 가장 큰 축복의 근원은 효의 덕이며, 그것이 가정에서 이어질 때 자자손손 복을 주시는 것을 우리는 너무나도 확실하게 보고 있습니다. 오늘 주시는 말씀을 깊이 마음에 새깁시다. 내 말을 네 마음에 두라—우리에게 주시는 교훈입니다. △

그리스도의 향기

내가 그리스도의 복음을 위하여 드로아에 이르매 주 안에서 문이 내게 열렸으되 내가 내 형제 디도를 만나지 못하므로 내 심령이 편하지 못하여 그들을 작별하고 마게도냐로 갔노라 항상 우리를 그리스도 안에서 이기게 하시고 우리로 말미암아 각처에서 그리스도를 아는 냄새를 나타내시는 하나님께 감사하노라 우리는 구원 받는 자들에게나 망하는 자들에게나 하나님 앞에서 그리스도의 향기니 이 사람에게는 사망으로부터 사망에 이르는 냄새요 저 사람에게는 생명으로부터 생명에 이르는 냄새라 누가 이 일을 감당하리요 우리는 수많은 사람들처럼 하나님의 말씀을 혼잡하게 하지 아니하고 곧 순전함으로 하나님께 받은 것 같이 하나님 앞에서와 그리스도 안에서 말하노라

(고린도후서 2 : 12 - 17)

그리스도의 향기

　아주 믿기 어려운 사건이 한 번 신문에 난 적이 있습니다. 어떤 사람이 부산에 살았는데, 좋은 개를 한 마리 키워서 잘 훈련하여 물건을 사 오는 심부름을 시켰습니다. 돈을 넣은 장바구니를 개한테 물려서 가게로 보내면, 이 개가 가서 가게 주인이 물건을 담아준 장바구니를 다시 입에다 꼭 물고서 집으로 돌아오는 것입니다. 이렇게 개가 장바구니를 입에 물고 다니면서 심부름을 곧잘 했습니다. 그러다가 주인이 대구로 이사를 오게 되었습니다. 이 주인은 자기가 대구로 이사 왔다는 사실을 깜박 잊어버리고 어느 날 개에게 예전과 똑같은 심부름을 시켰습니다. 그 뒤로 개는 사흘 동안이나 돌아오지 않았습니다. 그러고 있는데, 부산에 있는 가게에서 전화가 왔습니다. 그 주인의 개가 부산의 그 가게에 왔다는 것이었습니다. 그 개가 사흘 길을 걸어가서 예전에 심부름을 가던 그 가게에 도착했던 것입니다. 놀라운 이야기 아닙니까. 개는 자기 냄새를 좇아서 갔던 길을 되돌아옵니다. 여기저기 돌아다니면서 자기 냄새를 사방에다 묻히는 것입니다. 그래 그 냄새를 맡으면서 돌아오는 것입니다. 그런고로 길을 잃지 않습니다.
　개의 코는 사람의 코보다 4백 배나 더 예민하다고 합니다. 놀라운 사실입니다. 불가사의한 일입니다. 모든 물건에는 냄새가 있습니다. 모든 사람에게도 각기 독특한 냄새가 있습니다. 놀라운 것은 몸에서 나는 냄새가 아닙니다. 마음에도 냄새가 있습니다. 그래서 시기와 질투와 악한 마음이 냄새로 나타납니다. 착한 마음, 사랑하는 마음도 나타납니다. 이것을 개가 압니다. 그래서 여러분이 길을 가는데, 개가 여러분을 보고 짖거든 회개하시기 바랍니다. 저놈이 내 도덕성을 알아보고 있다, 이것입니다. 냄새는 두루두루 퍼집니다.

참 재미있는 이야기입니다. 제가 미국에서 공부하고 있을 때 오래전부터 아는 어떤 교인이 한번은 저를 저녁에 초대한 적이 있습니다. 기숙사에서 허구한 날 그저 양식만 먹다가 그렇게 초대를 받아서 한식을 먹게 되면 그거 정말 꿀맛입니다. 그래서 반가운 마음으로 차를 몰고 그 동네를 찾아갔습니다. 한데, 그만 깜박 그 집의 번호를 잊어버렸습니다. 미국에는 집집이 큰 번호가 붙어 있습니다. 그 번호를 보고 집을 찾게 되어 있는 것입니다. 바로 그 번호를 잊어버린 것입니다. 그래서 '어떻게 하는 게 좋을까? 다시 돌아가야 하나?' 하다가 '아, 그럴 것 없다!' 하고 저는 일단 그 동네로 갔습니다. 그리고 창문을 열어놓고 차를 운전하면서 그 동네를 빙빙 돌았습니다. 그랬더니, 김치 냄새가 나는 집이 있지 않겠습니까. 그래서 그 집을 찾아 들어갈 수 있었습니다. 그래서 제가 이런 생각을 했습니다. '개가 따로 없구나. 내가 개다.'

여러분, 그저 언제나 우리의 냄새를 한번 생각해보아야 합니다. 결국은 내가 착하게 사는 것만이 문제가 아니고, 내가 만나는 사람이 나를 어떻게 대하느냐가 중요합니다. 내가 만나는 사람들이 다 나를 반기거든 내게서 풍기는 냄새가 좋은가보다, 하고 생각하게 될 것입니다. 하지만, 이상하게도 나를 만나는 사람들이 다 나를 안 좋은 감정으로 대하거든 그분 나무랄 것 없습니다. 내게서 이상한 냄새가 나고 있기 때문입니다. 이상한 악취가 나기 때문에 이런 결과가 오는 것입니다. 사람이 화를 내는 것은 잘못입니다. 그러나 그 사람을 화나게 만드는 것은 더 큰 잘못입니다. 이걸 잊지 말아야 합니다.

언젠가 제게 한 부부가 상담을 청해온 적이 있습니다. 서로 부부싸움을 하다 하다 도무지 해결이 나지를 않아서 사무실로 저를 찾아온 것입니다. 그런데, 거기에서까지 계속 부부싸움을 하는 것입니다. 그걸 제가 보았습니다. 문제는 남편이 아내를 때렸다는 것입니다. 부인은 그거 하나를 가슴에 품고 이 남자가 몰상식하게 자기한테 손찌검을 했다고 분해하는 것이었습니다. 듣다 못해 제가 마지막에 그 부인한테 물어보았습니다. "한 가지 물어봅시다. 이 남편분이 손찌검하기 직전에 부인은 남편분한테 뭐라고 말했습니까?" 그랬더니, 그 부인이 "죽여라!" 그랬답니다. 그래 제가 이랬습니다. "죽이라고 했는데, 죽이지 않고 때리기만 했으니, 착한 사람 아닙니까." 그러면서 빨리 집으로 돌아가라고 했습니다.

상대방을 화나게 하는 것, 문제입니다. 요새도 살인사건이 많이 일어나지 않습니까. 가만히 보면, 그 사건 마지막에 딱 한 마디, 나를 무시했다는 것이 있습니다. 자기를 화나게 했다는 것입니다. 물론 우선은 화가 난 사람이 잘못이지만, 그로 화가 나게 만든 사람은 어떻게 되는 것입니까? 하나님께서는 바로 그쪽을 심판하고 계십니다. 이걸 잊지 말아야 합니다. 내가 만나는 모든 사람에게 웃음을 주고, 기쁨을 주고, 화목을 줄 수 있으면 그것이 바로 향기라는 것입니다. 향기는 몸에서 나는 것입니다. 그러나 이상하게 나를 만나는 사람이 다 나를 거칠게 대하고, 뭔가 좋지 않다면 something wrong, 무엇인가 많이 잘못되고 있는 것입니다. 냄새는 퍼집니다. 냄새는 남습니다. 냄새는 배어듭니다. 영향력이 있는 것입니다. 그래서 생명력을 주기도 하고, 아주 불쾌하고, 마지막에는 절망을 주기도 합니다.

어린아이들이 아직 어릴 때, 그러니까 네 살 전에는 엄마를 기뻐하고, 알아보고, 어머니만 보면 좋아하고, 어머니하고만 같이 있으려고 하고, 어머니 품에 안기려고만 합니다. 우리가 흔히 말하기를, 아이가 어머니를 알아본다고 합니다. 그러나 아닙니다. 어머니를 알아보는 것은 눈이 아닙니다. 냄새입니다. 아이는 어머니의 냄새가 좋은 것입니다. 어머니의 냄새에 가까이 가면 아이는 마음이 평안해집니다. 냄새가 중요한 것입니다. 그런데, 문제는 어머니의 마음이 평안할 때는 좋은 냄새가 나지만, 어머니가 무슨 일로 말미암아 속상해할 때는 그렇지 않다는 것입니다. 그 상태에서 아이들을 대하면 아이들과 좋은 관계가 되지 못합니다. 또한, 그 순간 어머니의 젖을 먹으면 아이는 설사를 합니다. 그러니까 좋은 관계를 맺으려면 먼저 좋은 냄새가 풍기는 분위기를 만나야 합니다. 어머니의 냄새는 가장 향기롭고, 가장 평안함을 주는 냄새입니다. 문제는 냄새가 그 마음에서 난다는 것입니다. 사랑이 있을 때는 사랑의 향기가 있습니다. 그러면 기분이 좋습니다. 요새 흔히 말하는 대로, 힐링 효과, 치유 효과가 있는 것입니다. 힐링할 수 있는 효과가 있다, 이것입니다. 그런가 하면, 증오와 좋지 못한 마음이 있다면, 불쾌감이 있다면, 이것은 많은 사람의 마음에 병을 줍니다. 나약함을 줍니다. 절망을 줍니다. 이걸 잊지 말아야 합니다. 좋은 냄새를 풍기는 그리스도인이 되어야 하겠다, 이 말입니다.

오늘본문의 이야기는 미리 조금 설명을 들어야 알 수 있는 말씀입니다. 냄새가 있는데, 이 사람에게는 생명에 이르는 냄새요, 저 사람에게는 사망에 이르는 냄새라고 되어 있습니다. 역사적인 배경을 보면, 옛날에는 전쟁이 많았습니다. 그것도 칼로 베고, 창으로 찔러서 피를 내는 것이기 때문에 전쟁은 아주 무섭게 살육적입니다. 전쟁에서 이긴 군대가 말을 타고 돌아올 때 개선장군이 맨 앞에 서서 영광을 누리며 만세를 부르고 돌아옵니다. 바로 그 개선장군 뒤에는 큰 마차가 따르고, 그 마차에는 큰 향로를 둡니다. 큰 향로를 만들고, 거기에다 향불을 피우는 것입니다. 그러면 뽀얗게 연기가 올라옵니다. 향을 왜 피우는 것입니까? 사실 이것은 전쟁에서 흘린 피비린내를 제거하기 위한 것입니다. 또한, 군인들의 마음속에는 살기가 있습니다. 지금까지 그냥 찌르고 베던 사람들이기 때문에 눈에 무서운 핏기가 있습니다. 그래서 저들의 마음을 순화시키기 위해서 향로를 피우는 것입니다. 그러니까 전쟁에 이긴 사람들, 또 전쟁에 가담했던 군인들은 이 향내가 얼마나 좋겠습니까. 향내를 맡으면 기분이 좋습니다. 살기등등하던 사람들의 마음이 평안해지기도 하고, 화평한 마음을 가지고 기쁨과 환희로 만세를 부르면서 돌아옵니다. 승리를 만끽하고 즐기면서 돌아옵니다. 그런데, 그때 바로 뒤에는 패전군이 따라옵니다. 전쟁에서 진 노예들이 끌려오는 것입니다. 그리고 전리품들이 따라옵니다. 이 사람들은 이제 머지않아 처형될 것입니다. 그런고로, 이 향로에서 피어나는 냄새가 승리한 사람들에게는 생명의 냄새요, 아주 기분 좋은 냄새지만, 저 뒤에 오는 포로들에게는 사망에 이르는 냄새입니다. 성경은 바로 이것을 말씀합니다. 똑같은 냄새인데도 이 사람에게는 생명에 이르는 냄새고, 저 사람에게는 사망에 이르는 냄새입니다.

그런데, 이 냄새에는 심판의 요소가 있습니다. 같은 냄새인데도 이 사람에게는 생명에 이르는 냄새고, 저 사람에게는 죽음에 이르는 냄새입니다. 강한 생명력이 있는 이 냄새는 말이 없습니다. 말이 필요가 없는 것입습니다. 그러면서도 이 냄새가 주는 효력은 엄청난 것입니다. 심판적입니다. 예수님께서 세상에 와 계실 때 제자들과 함께 이 마을 저 마을을 다니시면서 많은 사람을 만나십니다. 하지만, 더러운 귀신들은 예수님을 만날 수 없었습니다. 예수님께서 가시는 길에는 더러운 귀신이 함께할 수 없었습니다. 그래서 귀신이 예수님 앞에서 소리를 지르며 나가버립니다. 성경을 보면 참 희한하지 않습니까. 그 모든 병자를 예수님께서는 고쳐주셨습니다. 문둥병자든, 귀신 들린 사람이든, 앉은뱅이든, 장님이든, 문둥병자든 예수님 앞에서는 모든 병자가 치유함을 받았습니다. 이것이 예수님의 생명력, 그 향기, 그 냄새입니다. 예수님의 그 거룩한 냄새 앞에 모든 더러운 것들은 다 물러가야 했습니다. 귀신은 물러가야 했고, 병자는 건강해져야 했고, 심지어 죽은 자는 살아나야 했습니다. 나인성 과부 아들의 장례식 때 예수님께서 그곳을 지나가셨는데, 거기에는 시체가 있을 수 없습니다. 그 시체가 살아나는 기적까지 있었습니다. 예수님의 생명력, 그 냄새, 그 강한 냄새는 굉장한 것입니다. 그것이 모든 사람에게 생명을 주고, 모든 사람에게 있는 더러운 것들을 다 물리치고, 어둠을 헤치고 나아가는 장면을 우리가 볼 수 있지 않습니까. 그럼 그리스도를 영접하는 자에게는 역시 기쁨과 소망과 위로와 생명과 용기가 주어지는 것입니다. 그리스도를 환영하는 자에게는 기쁨과 생명력이 되고, 그리스도를 영접할 수 없는 자에게는 사망에 이르는 냄새가 된다, 이것입니다.

그리스도를 영접하는 자에게 언제나 소망이 되고, 그리스도를 영접하는 자는 그 생명력을 받아서 또 자기도 냄새를 전하게 됩니다. 예수님의 제자들은 예수님과 함께 다녔습니다. 오래 다닌 것도 아닙니다. 불과 며칠밖에 안 되었지만, 예수님과 함께함으로 말미암아 그들은 나가서 병자를 고칩니다. 귀신을 내쫓습니다. 놀라운 역사 아닙니까. 생명에 이르는 냄새를 사방에 퍼뜨렸습니다. 이렇게 역사했다는 말입니다. 그런데, 이 가운데도, 여러분 아시는 대로, 당시에 바리새인들, 또 서기관들, 제사장들, 종교 지도자들은 예수님을 못 견뎌 했습니다. 예수님을 영접할 수 없었습니다. 왜 그렇습니까? 예수님을 영접하면 자기가 무너져야 하기 때문입니다. 자기를 세우려고 하다 보니, 성경 여러 곳에서 말씀합니다마는, 시기하고 질투하고 예수님을 모함하여 십자가에 못박습니다. 저들은 예수님의 냄새를 받아들일 수 없었습니다. 예수님의 냄새 앞에서 저들은 심판을 받고, 영영 사망에 이르는 사람들이 되고 말았습니다.

오늘본문은 말씀합니다. "우리는 그리스도의 향기다." 잘 익은 과일처럼 좋은 냄새를 내어서 나도 행복하고, 냄새를 맡는 사람, 내가 만나는 사람마다 기분이 좋습니다. 아주 유쾌한 생명력, 그런 생명력이 넘치는 분이 일을 만드셔야 합니다. 그러나 과일이 썩으면 고약한 냄새를 냅니다. 같은 과일이 잘 익었을 때는 그 향기가 대단합니다. 그러나 썩으면 더러운 냄새를 내고, 또한 많은 사람에게 배탈을 나게 하고, 사망에 이르게 합니다. 여러분, 그리스도인의 향기, 다시 한번 점검해야 하겠습니다. 내게 향기가 있을 뿐만 아니라, 향기가 점점 퍼져 나가고 있습니다. 말도 거짓말을 할 수가 있습니다. 행동도 거짓 행동을 할 수가 있습니다. 하지만 냄새는 거짓말을 안 합니다. 가장 진실한 것은 냄새입니다. 우스운 이야기지만, 아버지가 저녁에 집에 돌아올 때 "야, 땀내 난다!" 하면, 아이들이 이럽니다. "아이, 술 냄새! 아이 담배 냄새!" 냄새는 거짓말을 못 합니다. 이것은 속일 수가 없습니다. 그런고로, 우리 그리스도인에게서는 향기로운 냄새가 나야 합니다. 말이 없어도 냄새가 풍기는 것이 중요합니다.

바이런 케이티가 「나는 지금 누구를 사랑하는가」라는 책을 썼습니다. 이 책에서 그는 말합니다. '우리 사람들이 가질 수 있는 최고의 향기는 사랑이다.' 그 사랑은 어떤 것이 되어야 합니까? 딱 두 가지입니다. 하나는 조건 없이 주는 사랑입니다. 우리는 조건이 너무 많습니다. 이래야 한다, 저래야 한다, 인사가 없다, 뭐가 없다? 아닙니다. 알아준다, 못 알아준다? 아닙니다. 조건 없는 사랑만이 향기입니다. 또 하나는, 지금 모습 그대로 사랑하는 것입니다. 공부를 잘해야 사랑한다? 아닙니다. 못해도 사랑합니다. 착하게 살아도 사랑합니다. 아니, 착하지 못해도 그대로 사랑하는 것입니다. 그 모습 그대로, 현재 모습 그대로를 받아들이면 됩니다. 이것이 향기입니다. 향기는 스스로 비판하지 않습니다. 가리지 않습니다. 그대로 퍼져나갑니다. 이걸 잊지 말아야 합니다. 말보다 먼저 냄새가 있습니다. 표정이 있습니다. 그런가 하면, 분위기가 있습니다. 행위보다 먼저 진실한 것이 냄새입니다. 인격입니다. 내가 그리스도의 향기가 되기 위해서는 내가 계속 그리스도께 붙어 있어야 합니다. 그리스도와 가까이해야 합니다. 말씀을 묵상해야 합니다. 주야로 하나님의 말씀을 묵상하고, 그리스도와 가까이할 때, 계속 가까이할 때 알게 모르게 벌써 그 거룩한 덕이 내게 와서 나를 동화시키고 성화시켜서 거룩한 냄새를 나타내게 한다는 말입니다. 여러분, 어려운 일이 있습니까?

더 많이 기도해야겠습니다. 좋지 않은 소식을 듣고 있습니까? 하나
님의 말씀을 더 많이 묵상해야겠습니다. 그리스도께로 가까이 가서
그 냄새가 내 몸에 배도록, 내 성품이 되도록, 내 인격이 되도록, 그
래서 나를 만나는 사람들이 그리스도의 향기를 맡을 수 있도록, 나
를 만나는 사람들이 그리스도를 볼 수 있도록, 나를 만나는 사람들
이 그리스도로 말미암아 기뻐하도록 살아가야 한다는 말입니다.

갈라디아 1장 23절에 이런 말씀이 있습니다. "다만 우리를 박해
하던 자가 전에 멸하려던 그 믿음을 지금 전한다 함을 듣고 나로 말
미암아 하나님께 영광을 돌리니라." 사도 바울은 예수를 핍박했습니
다. 그러나 이제는 변해서 그리스도의 복음을 전합니다. 그리스도를
핍박하던 자가 이제는 복음을 전합니다. 이 말을 듣고 모든 사람이
하나님께 영광을 돌리니라—나를 아는 사람, 그리스도를 알고 나와
만나는 사람이 하나님께 영광을 돌리는 나의 행동을 보고, 나와 함
께 교제하면서 그리스도의 향기를 체험할 수 있도록, 그 향기가 충
만한, 그 향기가 가득한, 그런 그리스도인의 생을 살아가야 합니다.
성경은 우리에게 말씀합니다. "우리는 그리스도인의 향기다. 우리는
그리스도의 냄새다." △

자랑할 것이 없는 사람

그러나 내가 이것을 하나도 쓰지 아니하였고 또 이
말을 쓰는 것은 내게 이같이 하여 달라는 것이 아니
라 내가 차라리 죽을지언정 누구든지 내 자랑하는 것
을 헛된 데로 돌리지 못하게 하리라 내가 복음을 전
할지라도 자랑할 것이 없음은 내가 부득불 할 일임이
라 만일 복음을 전하지 아니하면 내게 화가 있을 것
이로다 내가 내 자의로 이것을 행하면 상을 얻으려니
와 내가 자의로 아니한다 할지라도 나는 사명을 받았
노라 그런즉 내 상이 무엇이냐 내가 복음을 전할 때
에 값없이 전하고 복음으로 말미암아 내게 있는 권리
를 다 쓰지 아니하는 이것이로다
(고린도전서 9 : 15 - 18)

자랑할 것이 없는 사람

　세계적인 문호 톨스토이의 「살아갈 날들을 위하여 공부하라」라는 유명한 유작이 있습니다. 이 책의 주제는 간단합니다. 첫째는, 자기 자신에 대하여 정직하라는 것입니다. 우리에게 고민이 있는 것은 자기가 자기한테 거짓말을 하기 때문이라는 것입니다. 그래서 자기 자신에 대하여 정직하라고 합니다. 계속 살피고, 정직을 새롭게 하라는 것이 그의 교훈입니다. 둘째는, 스스로 죄인임을 인정하라는 것입니다. 자기 의를 내세우는 동안 우리는 언제나 또 한 번 거짓말을 하고 있는 것이기 때문입니다. 죄인임을 인정하라―하나님 앞에 내가 죄인임을 인정하는 것이 우리가 마지막으로 해야 할 일이다, 이것입니다. 셋째는, 그러면서도 자기 존재의 가치를 인정하라는 것입니다. 지금까지 살아온 것도 존재의 가치가 있었기 때문이고, 오늘 아무 일도 할 수 없을 것처럼 생각해도 지금 살아 있는 것은 살아야 할 이유가 있기 때문이라는 것입니다. '하나님 앞에 존재의 가치가 있음을 인정하라. 쓸모가 있다는 걸 인정하라. 내가 해야 할 일이 있다는 걸 인정하라.' 이렇게 교훈하고 있습니다.

　자기 존재의 가치는 교만하지 않고 숨겨진 자기 자랑입니다. 마음속에 조그맣게 있습니다. 이것이 없으면 존재가치도 없는 것입니다. 자기만 알 수 있는 자기 자랑이 가슴에 있는 것입니다. 있어야만 합니다. '그래도 나는 이런 사람이다. 그래도 나는 이만큼 할 수 있다. 나는 이만큼 귀중한 존재다.' 이런 자기 존재 의식이 마음속에 있습니다. 이 자랑이 무너지든가, 짓밟혀지든가, 깨지든가 하면 몸부림을 치게 됩니다. 견딜 수가 없는 것입니다.

영국의 유명한 극작가 조지 엘리엇(George Eliot)은 우리 인간에게는 다섯 가지 감옥이 있다고 가르치고 있습니다. 그러니까 이는 보이지 않는 감옥 속에 내가 갇혀 있다는 것입니다. 첫째가 '자기 자랑의 감옥'입니다. 자기를 너무 사랑하는 것입니다. 극단적으로 자기중심적으로 살려고 하는 자기 사랑의 감옥에서 헤어 나오지 못하고 있습니다. 그러니까 밖을 볼 수가 없습니다. 둘째는 '걱정 근심의 감옥'입니다. 쓸데없는 걱정을 많이 합니다. 생각하면 다 불필요한 걱정입니다. 우리가 하는 걱정의 99퍼센트는 할 필요가 없는 걱정입니다. 그런데도 많은 걱정을 합니다. 그 감옥 속에 갇혀 있는 것입니다. 셋째는, 지나치게 지나간 일들만 생각하는 '향수의 감옥'입니다. '현재는 어렵고, 옛날이 좋았지. 그때가 좋았지.' 이렇게 생각하는 것입니다. 다 지나간 일인데, 그 옛날을 생각하는 향수, 그 감옥 속에 갇혀 있다는 것입니다. 넷째는, 다른 사람을 부러워하는 '선망의 감옥'입니다. "나는 불행한데 남은 행복하고, 나한테는 어려운데 남에게는 쉬운 것 같아요. 나는 힘들게 살아가는데, 남들은 다 쉽게 사는 것 같아요." 그래서 다른 사람을 부러워합니다. 이런 선망의 감옥 속에 딱 갇혀 있습니다. 마지막 다섯째는, 삶을 사랑하지 못하는 '증오의 감옥'입니다. 삶 자체를 소중히 여기지 못하고 항상 자기 자신에 대하여 절망하고, 자기 자신을 증오하는 감옥에서 헤어나지 못하는 것이 인간이라고 그는 평가하고 있습니다.

오늘본문을 자세히 살펴보면, 사도 바울은 그의 존재가치를 설명하면서 3단계의 중요한 말씀을 우리에게 전해줍니다. 그의 간증이며 생활철학이자 가치관으로, 우리에게 주는 교훈입니다. 첫째 단계로, 바울 사도는 옛날에 자랑하던 것을 예수를 믿으면서 다 버렸습니다. 그는 빌립보서에서 이렇게 말합니다. "나는 이스라엘 족속이요, 히브리인 중에 히브리인이요, 바리새인이요, 교회를 핍박하였고, 베냐민 지파요." 이게 다 무엇을 말하는 것입니까? 베냐민 지파라는 것은 왕족이라는 뜻입니다. 더 특별히, 이스라엘 족속이라는 것은 선민이라는 뜻입니다. 여러 가지 자랑을 말합니다. 그러나 예수를 아는 지식이 가장 고상함으로 말미암아 이것들을 다 버렸다고 말합니다. 3단계로 버렸습니다. 먼저, 해로 여겼습니다. 전에 유익하던 것인 줄 알았는데, 이제는 해로운 것입니다. 이런 자랑은 해로운 것이라고 여겼습니다. 둘째로, 잃어버렸습니다. 기억에서 깨끗이 지워버렸습니다. 셋째가 중요합니다. 분토와 같이 여겼습니다. 헬라어로는 '똥'이라고 그랬습니다. 이상하게 그 말은 발음이 한국말하고 헬라말이 같습니다. '똥'입니다. 이것을 고상하게 '분토'라고 했습니다. 옛날에 좋아하던 것과 선망하던 것을 다 버렸습니다. 그리스도를 앎과 함께 다 버렸다—가치관의 혁명입니다. 이것이 바로 중생입니다. 이것이 사도 바울의 존재의 출발입니다.

그리고 둘째 단계가 있습니다. 아주 신비로운 것입니다. 로마서 7장에 보면, 사도 바울이 자기 인생관에 대해서 기막힌 이야기를 합니다. 자기 얼굴을 보지 못하는 로마 사람들에게 편지를 하면서 이방의 사도, 위대한 사도 바울이 이렇게 자기소개를 합니다. 나는 이런 사람이요, 하고 소개하는 것입니다. "오호라, 나는 곤고한 사람이로다. 원하는 선은 행할 수 없고, 원치 않는 죄만 지으면서 사는 사람이다. 원함은 내게 있으나, 선을 행함은 없노라." 헬라어로는 '탈라이 포로스 에고 안트로포스'입니다.

제가 신학을 공부할 때는, 공부하는 것도 중요하지만, 하나님 앞에서의 경건생활에 늘 부족함이 많았습니다. 기도하고, 바르고, 정결하고, 거룩하게 살아야 하는데, 지금은 목사가 되기 위해서 준비하는 시간인데, 이래서는 안 되는데, 부지런하고 정직하게 바로 살아보려고 했지만, 잘 안되었습니다. 그래서 저는 이 로마서 7장 24절에 나오는 사도 바울의 "오호라, 나는 곤고한 사람이로다!"라는 말씀의 헬라말인 '탈라이 포로스 에고 안트로포스'를 크게 써서 공부하는 책상 앞에 딱 써 붙였습니다. 그래 놓고 제가 몇 년 동안 그것을 바라보면서 공부한 일이 있습니다. "나는 곤고한 사람이로다. 원함은 내게 있으나, 행한 것은 없노라." 이렇게 갈등하는 자기 모습을 보았습니다. 사도 바울의 "나는 곤고한 사람이로다!"라는 말씀의 뜻은 '불쌍한 사람'입니다. 곧, '비참한 사람'이라는 뜻입니다. '구제불능인 사람'이라는 뜻입니다. 자기 자신에 대한 말입니다. 나는 곤고한 사람이로다—이 평가가 대단히 중요합니다.

그런가 하면, 오늘본문에서는 또 다른 깊이의 진실을 엿볼 수 있습니다. 3단계의 사도 바울의 자기 가치관입니다. 분명히 자랑은 있습니다. 고린도전서 9장 15절도 말씀합니다. "누구든지 내 자랑하는 것을 헛된 데로 돌리지 못하게 하리라." '내게 자랑이 있다. 그리스도께 대한 충성, 진실, 거룩함, 누구도 따라올 수 없는 주님께 대한 충성이 여기 있다. 나는 자랑이 있다'라고 인정하는 것입니다. 그러나 오늘본문에 오묘한 말씀이 있습니다. 두고두고 읽어보십시오. 오묘한 간증입니다. 깊은 곳에서 하는 신앙간증입니다. '자랑할 것이 없노라. 자랑은 있지만, 자랑은 없노라.' "내가 그리스도를 위해서 한 일이 많습니다. 교회도 세우고, 선교도 하고, 그 어느 사도보다 더 큰 일을 했지만, 자랑할 것이 없습니다. 왜냐하면, 다 부득불한 것이었기 때문입니다. 그래서 내가 만일 복음을 전하지 않으면 내게 화가 있을 것입니다."

여러분, 바울답지 않습니다. 어찌 그럴 수 있습니까. 이것은 깊은 미스터리입니다. 이것은 바울만이 아는 미스터리입니다. 깊은 체험이 아니고서는 이해할 수 없는 말씀입니다. "내가 복음을 전하지 아니하면 내게 화가 있을 것이다." 대단한 말씀 아닙니까. 그 위대한 사도 바울의 마음속에 어찌 이런 일이 있었다는 말입니까? 어찌 이런 마음이 있었다는 말입니까? 헤아리기 어려울 만큼 놀라운 말씀입니다. 사도 바울은 다메섹에서 예수님을 만납니다. 예수 믿는 사람을 핍박하던 사람을 예수님께서 꽉 붙드시어 포로를 만드셨습니다. 그에게 의견을 묻지 않으셨습니다. "바울아, 아나니아를 만나라. 네가 할 일을 말하리라." 이렇게 딱 말씀하십니다. 사도 바울에게 일체의 변명이나 의견을 묻지 않으셨습니다. 하나님께서는 그냥 일방적으로 말씀하셨습니다. 사도 바울을 바울 되게 하셨고, 하나님의 사람을 이방인의 사도로 만드셨습니다. 예수를 핍박하던 사람을 예수를 전하는 사람으로, 교회를 핍박하던 사람을 교회를 세우는 사람으로 만들어버리셨습니다. 그렇게 해서 바울은 일평생을 살아갑니다. 그리스도의 포로가 되었습니다. 강권으로 포로가 된 것입니다. 그런데, 그는 이것은 은혜로 된 것이라고 말합니다. 사도 바울에게 은혜의 개념은 그런 것입니다. 은혜는 감상이 아닙니다. 지식이 아닙니다. 감정이 아닙니다. 사도 바울에게 은혜는 바로 그대로가 능력입니다. 거절할 수 없는 능력입니다. 이것이 사도 바울의 은혜의 개념입니다.

그래서 고린도전서 15장 10절에서 이렇게 말합니다. "나의 나 된 것은 은혜로 된 것이니 내게 주신 그의 은혜가 헛되지 아니하여 내가 모든 사도보다 더 많이 수고하였으나 내가 한 것이 아니요 오직 나와 함께 하신 하나님의 은혜로라." '나는 은혜의 포로가 되어 살았다. 은혜를 배반할 수가 없었다. 아니, 배반하면 안 된다. 배반하면 화를 당할 것이다'라고 그는 느낀 것입니다. 그리고 그 은혜 앞에, 은혜에 끌려, 은혜를 따라서 한평생을 삽니다. 사도 바울은 은혜의 포로인 자기 자신에 대해서 고백합니다. 은혜는 곧 능력이었습니다. 지식이나 감상이 아닙니다. 거절할 수 있는 역사가 아닙니다. 은혜 자체가 능력이고, 은혜의 포로가 되어서 하나님의 사람으로 일생을 살았다—결코 은혜를 벗어날 수 없었습니다. 만일에 벗어나면 저주를 받을 것이라고 느꼈습니다. 제가 생각해봐도 그렇습니다. 사도 바울이 어떻게 예수를 믿은 사람입니까. 은혜받은 사람 아닙니까. 그러니 은혜를 배반하면 죽어 마땅합니다. 저주를 받아 마땅합니다. 그것이 바울 자신의 자기 존재의식이었다는 말입니다. 은혜를 능력으로 받아들였습니다. 감정이 아닙니다. 기분이 아닙니다. 지식이 아닙니다. 은혜는 그대로가 능력입니다. 결코 벗어나지 못합니다. 만일 벗어난다면 저주를 받을 것이라고, 자신에게 화가 있을 것이라고 생각했습니다.

여러분, 우스운 이야기 같지만, 제게는 심각한 이야기입니다. 제가 미국에서 공부하고 있을 때의 일입니다. 아주 힘들었습니다. 많은 숙제를 하고, 많은 과제를 해야 했습니다. 그야말로 정신이 없었습니다. 그렇게 공부하느라고 열심히 애를 썼지만, 영어도 부족하고, 전혀 다른 분위기 속에서 공부하는 것이 너무나 힘들었습니

다. 그때 제 사랑하는 친구가 제게 편지를 했습니다. 저는 편지를 하
지도 않지만, 편지가 오는 일도 없는데, 우편 박스에 편지가 한 장
와 있었습니다. 그것을 꺼내서 보니까 이원설 박사로, 제 사랑하는
친구가 보낸 편지였습니다. 이원설 박사는 제 고향친구인데, 이 양
반이 어떻게 주소를 알고 저에게 편지를 보내온 것입니다. 깜짝 놀
라서 무슨 좋은 이야기를 하려나 하고 편지를 딱 뜯어보았더니, 딱
한 줄이었습니다. '공부는 머리로 하는 것이 아니라, 엉덩이로 하는
것이라오.' 끝. 요 한마디만 썼습니다. 공부는 엉덩이로 하는 것이
다―생각해보니까 맞는 이야기였습니다. '정말 일어서고 싶고, 좀
쉬고 싶지만, 엉덩이를 붙이고 있어야지, 떠나면 안 되는 거야. 공부
는 엉덩이로 하는 거야.' 이런 생각이 들었습니다.

여러분, 그렇지 않습니까. 저는 그 편지를 들고 생각해보았습니
다. 그 친구도 마찬가지지만, 저도 북한에서 중고등학교를 다녔으
니, 제가 무슨 영어를 하겠습니까. 저는 남쪽에 와서도 중고등학교
를 다닌 일이 없습니다. 그런데, 하나님의 은혜로 어찌어찌 공부를
하여 토플시험에서 600점을 받았고, 프리스턴 신학교에 갈 수 있게
되었습니다. 기적입니다. 아무리 생각해도, 지금 생각해도 기적입니
다. 그렇게 해서 장학금을 받았고, 미국에서 비행기 표까지 보내주
어서 그것을 받아 미국에 가서 공부를 했으니, 이런 은혜가 어디 있
습니까. '만일 내가 공부를 게을리한다면 저주받아 마땅하지. 죽어
마땅하지. 어떻게 받은 은혜, 어떻게 얻은 기회인데?' 안 그렇습니
까. 은혜로 주어졌는데, 그것에 대하여 마땅한 행위가 있어야 한다
는 것을 잊어서는 안 됩니다.

여러분, 결혼생활을 어떻게 생각하십니까? 어떤 사람이 이것

때문에 아주 많이 고민하고, 혹은 비판할 때 그에게 제가 물어본 일이 있습니다. 한평생을 살면서 '에잇, 이혼해버리자!' 하는 생각 해본 적이 없었느냐고요. 그러자 "여러 번 했지요!" 합니다. 그래서 "왜 안 했어요?" 하고 물으니, 대답이 이랬습니다. "못 했지요." 그렇습니다. 용기가 없었던 것입니다. 그리고 그럭저럭 살다보니 열녀가 된 것입니다. 아주 잘 산 것처럼, 거룩하게, 깨끗하게 산 것처럼 말씀하지 마십시오. 거짓말하지 마십시오. 여러 번 헤어질 뻔했잖습니까. 여러 번 깨질 뻔했잖습니까. 그런 것을 하나님의 은혜로 무사히 여기까지 온 것입니다. 이제 와서 오히려 자식들에게 "봐라, 무사하게 살았다. 너희들도 무사하게 살아라!" 하는 것은 거짓말입니다.

여러분, '부득불'이라는 말, 얼마나 중요합니까. 부득불 한 것이기 때문이다—하는 수 없이 한 것이라는 말입니다. Inevitably, 안 하면 안 되기에 한 것입니다. 그러나 이것은 자랑거리가 못 됩니다. 기쁜 마음으로 해야 하고, 감사한 마음으로 해야 하고, 찬송하며 해야 할 일이지, 억지로 해야 할 일이 아닙니다. 하나님의 일을 억지로 해서야 되겠습니까. 그러나 솔직히 공부라는 것을 어디 기쁜 마음으로만 합니까? 재미있어서만 합니까? 억지로 할 때가 있는 것입니다. 죽지 못해서 하는 것입니다. 그러다 보니 여기까지 온 것입니다. '오직 은혜로! 은혜를 배반하면 나는 죽는다. 저주받을 것이다.' 이것이 사도 바울의 마음입니다. 사도 바울의 가슴속 깊은 곳에 이런 마음이 있었습니다. 아주 비밀스럽고 신비로운 것입니다. 심지어 고린도후서 12장에는 이런 말씀도 있습니다. "나는 교만할 수 있는 사람이야. 교만하기 쉬운 사람이야. 교만하면 다 깨지는 거야. 그래서 하나님께서 교만하지 않게 하시기 위하여 내게 육체의 가시, 사탄의 사자를 주셨어. 나는 꼼짝 못 해." 은혜에 대하여 감사하고 있는 것입니다. 이것이 바울의 마음입니다. 사도 바울은 자랑할 것이 없습니다. 마치 구레네 시몬처럼 십자가를 졌습니다. 억지로 졌습니다. 이제 무슨 자랑거리가 있겠습니까. 은혜에 대하여 선택의 여지가 없습니다. 그저 순종하고, 감사하고, 복종할 따름입니다.

고린도전서 9장 27절에서 사도 바울은 말합니다. "내가 나를 쳐서 복종케 한다." 곧 '둘라고고'라는 유명한 말입니다. 이 헬라말의 뜻은 특별합니다. '둘로스'는 '노예'라는 뜻이고, '고고'는 '인도한다'라는 뜻입니다. 다른 말로 하면, '노예를 길들인다'라는 뜻입니다. 멀쩡한 사람을 잡아다가 노예를 만들고, 이 노예를 길들여서 고분고분하게 만드는 것이 '둘라고고'입니다. "내가 예수의 사람이 될 때 거칠고, 교만하고, 오만하고, 거짓되었지만, 이제 주께서는 나를 붙드시어, 노예를 길들이는 것처럼, 내가 나를 쳐서 복종케 하신다." 이렇게 사도 바울은 솔직히 고백하고 있습니다. 그는 그래서 위대한 사도입니다. 오늘본문에서 그는 말합니다. "내가 부득불 한 일이기 때문에, 아니, 부득불 한 일이 많기 때문에 찬송하며, 감사하며, 행복하게 하나님의 일을 한 때도 있었지만, 아니, 억지로 하고, 부득불하고, 할 수 없이 한 때도 있어. 그래서 나는 자랑할 것이 없노라. 나는 자랑할 것이 없노라. 자랑까지도 다 하나님 앞에 반납해버렸다. 나는 자랑할 것이 없노라." 그 마음이 우리가 꼭 하나님 앞에 품어야 할 정직한 마음입니다. △

성령 충만한 사람들

사람마다 두려워하는데 사도들로 말미암아 기사와
표적이 많이 나타나니 믿는 사람이 다 함께 있어 모
든 물건을 서로 통용하고 또 재산과 소유를 팔아 각
사람의 필요를 따라 나눠 주며 날마다 마음을 같이하
여 성전에 모이기를 힘쓰고 집에서 떡을 떼며 기쁨과
순전한 마음으로 음식을 먹고 하나님을 찬미하며 또
온 백성에게 칭송을 받으니 주께서 구원 받는 사람을
날마다 더하게 하시니라

(사도행전 2 : 43 - 47)

성령 충만한 사람들

　성도 여러분, 저는 목회생활을 한 지 한 60년 정도 됩니다. 그동안에 특별히 군선교위원회 이사장을 35년 했습니다. 군인들과 깊은 관계를 맺으면서 목회생활을 한 것입니다. 그 가운데 가장 큰 감동은 합동세례식입니다. 훈련소에 입소한 사람들이 한 주일쯤 지나면 몹시 외로워하고, 고독해하고, 허전해합니다. 그들은 오래 집을 떠나서 지내본 사람들이 아니기 때문입니다. 그런 사람들에게 복음을 전하는 것입니다. 복음을 들은 훈련병들은 훈련소에 입소한 지 한 주일 만에 복음을 듣고, 결심하고, 세례를 받습니다. 제가 직접 가서 집례했던 때도 한 번에 8,300명에게 세례를 베풀었습니다. 이것이 기네스북에 올랐습니다. 지금도 계속해서 한 번에 5천 명, 6천 명씩 세례를 줍니다. 그 사람들을 조사해보면 한 40퍼센트는 지난날 언젠가 한 번쯤 교회에 나갔던 사람들입니다. 그때는 세례를 안 받았는데, 여기 와서야 세례를 받게 된 것이고, 나머지 60퍼센트는 한 번도 교회를 안 다녀본 사람들입니다. 그런 그들이 거기 와서 세례를 받는 것입니다.

　그렇게 세례를 베풀 때 많은 사람이 비난했습니다. 성경도 모르고, 성경공부도 한 번 안 하고, 문답공부도 안 한 사람들, 교리도 모르는 사람들에게 세례를 주는 것이 말이 되냐고요. 시험이라도 좀 보고 세례를 줘야지, 아직 믿음이 없는데 벌써 세례를 주느냐고 말들이 많았습니다. 심지어는 군목들까지 반대했습니다. 그래 제가 되물었습니다. "제가 당신에게 묻겠습니다. 당신은 먼저 결혼하고 나

중에 사랑했습니까? 먼저 사랑하고 나중에 결혼했습니까?" 그랬더니 그들이 이렇게 대답합니다. "아무래도 결혼하고 사랑한 것 같습니다." "그것 봐요! 사랑하고 결혼하려면 죽을 때까지 사랑해도 결혼을 못 해요. 이걸 알아야 해요." 많은 사람이 결혼을 못 하는 이유가 여기에 있습니다. 사랑하고 결혼하려다 못 하는 것입니다. 결혼하고 사랑하는 것입니다. 어느 때, 어느 세월에, 어느 수준에서 다 살아보고도 못 합니다. 이걸 잊지 말아야 합니다.

그래서 결혼하고 사랑하듯이, 세례받고 예수 믿은 것이라고 선포해서 지금도 계속 주말마다 논산훈련소에서 세례를 줍니다. 이거 굉장한 사건입니다. 한 해에 20만 명에게 세례를 줍니다. 지금 한국에서 청년 선교는 이거 하나밖에 없습니다. 여기밖에 더 기대할 데가 없습니다. 그래서 작년에 논산에 훈련소를 짓는데, 6천 명이 들어가는 예배당을 지었습니다. 이걸 지으려고 제가 모금을 맡았는데, 군 선교회 이사장으로서 총 130억 원을 모금해야 했습니다. 이 불황에 130억이라는 거금을 어떻게 모금하겠습니까. 이것이 저의 큰 걱정이었습니다. 그런데, 제가 35년 동안 군 선교를 하면서 그렇게 큰 기적을 본 일이 없습니다. 단 한 번에 230억이 모금되었습니다. 그래서 다 쓰고도 30억이나 남았습니다. 이런 일은 없습니다. 왜 그렇겠습니까? 우리 교인들의 마음속에 이런 이해가 생긴 것입니다. '앞으로 교회는 젊은이를 상대로 선교를 해야 한다. 군 선교밖에 없다.' 이런 분위기가 좍 퍼지니까 그 많은 교회가 도와서 논산훈련소에 훌륭하게 교회를 지었고, 지금도 세례식을 하고 있습니다.

여러분, 다시 한번 생각해봅시다. 사랑하고 결혼합니까, 결혼하고 사랑합니까? 예수 믿고 세례받습니까, 세례받고 예수 믿습니까?

이걸 잊지 말아야 합니다. 결혼식을 가리켜 사회학적으로는 'Public Initiation(공적인 공포)'이라고 말합니다. '우리가 서로 사랑합니다'라는 공포입니다. 이것이 'Public Initiation'입니다. 세례도 마찬가지입니다. '나는 예수를 믿습니다. 예수를 구주로 모십니다. 예수께서 하나님의 아들 되심을 믿습니다.' 이렇게 고백하고 세례받는 것입니다. 그 고백적 의미가 거기에 있고, 그것이 바로 'Public Initiation'이라는 의미입니다. 그런데, 오늘본문을 자세히 보면 해답이 있습니다. 사도행전 2장 37절, 38절에 이런 말씀이 있습니다. "그들이 이 말을 듣고 마음에 찔려 베드로와 다른 사도들에게 물어 이르되 형제들아 우리가 어찌할꼬 하거늘 베드로가 이르되 너희가 회개하여 각각 예수 그리스도의 이름으로 세례를 받고 죄 사함을 받으라 그리하면 성령의 선물을 받으리니." 그리스도인의 4대 조건이 딱 이것뿐입니다.

첫째는 회개입니다. 지난날 우상 섬기던 것, 세상으로 보았던 것을 다 버리고, 회개하고, 메타노이아, 방향을 확 틀어서 하나님께로 돌아오라는 것입니다. 둘째가 세례입니다. 셋째는 믿음입니다. 넷째가 성령입니다. 회개와 믿음과 세례와 성령, 이 네 가지가 기독교인의 본질입니다. 또, 특색입니다. 속성이라고 볼 수가 있겠습니다. 아주 심플합니다. 오늘본문에 이것이 잘 나타나 있습니다. 맨 처음에 오늘성경말씀, 뭐라고 되어 있습니까? 사람마다 두려워합니다. 이 두려움이라는 말에는 특별한 의미가 있습니다. 보통 우리는 무엇을 잘못해서 벌 받을 것을 두려워합니다. 하지만 이것이 아닙니다. 두려움이란 경건을 말합니다. 두려움이란 곧 경건입니다. 전에는 모든 것을 물질로 알았습니다. 세상의 일로 생각했습니다. 하지만 성령을 받는 순간, 신령한 세계에 대한 감각을 갖게 됩니다. 눈을 뜨게 되는 것입니다. 이것은 사람의 일이 아니고, 하나님의 일입니다. 하나님의 손길이고, 하나님의 숨결입니다. 하나님께서 우리와 함께하시는 표적입니다. 이걸 깨닫는 감지력을 갖추게 됩니다. 그러니까 두려움이 있는 것입니다. 아주 신비로운 것입니다. 신비로운 두려움입니다. 모든 것을 물질로 알았는데, 하나님의 세계입니다. 사람의 일인 줄 알았는데, 하나님의 일입니다. 아시겠습니까? 저주받은 줄 알았는데, 하나님의 사랑입니다. 이러한 느낌이 옵니다. 그렇기 때문에 성령을 받으면서 두려운 마음을 갖게 되는 것입니다. 그렇다고 이 두려운 마음으로 말미암아 도망가는 것이 아닙니다. 이 두려운 마음과 함께 하나님 앞에 더 가까이 가게 되는 것입니다. 이것이 성령의 역사입니다.

　예수님께서 제자들과 함께 배를 타고 가시다가 풍랑을 만나십니다. 제자들이 "주여, 우리가 죽게 된 것을 돌아보지 않으십니까?" 하고 물었습니다. 배에 물이 들어오고, 배가 침몰해 갈 때, 저들이 두려움에 떨고 있을 때 저들은 배에서 주무시는 예수님을 깨웁니다. 그러면서 따지고 듭니다. "우리가 죽게 된 것을 안 돌아보십니까?" 그러자 예수님께서 일어나시어 그들을 책망하십니다. "이 믿음이 작은 자여, 어찌하여 믿음이 없느냐?" 그리고 풍랑을 향해 이르십니다. "고요하라!" 그때 풍랑이 고요해집니다. 그걸 보고 제자들은 두려워했습니다. 풍랑을 두려워한 것이 아닙니다. 죽음을 두려워한 것이 아닙니다. 주님의 능력을 두려워한 것입니다. 하나님의 능력이 이렇게 나타난 것을 보고, 저들의 마음속에 경건함, 곧 두려운 마음이 생긴 것입니다. 이보다 더 신비로운 말씀이 있습니다. 예수님께

서 십자가에 돌아가십니다. 그다음에 부활하셨습니다. 예수님께서
부활하실 때 그 부활하신 예수님을 만나는 사람마다, 성경을 자세
히 보면, 뭐라고 말씀합니까? 두려워하더라—아니, 그렇게 비참하
게 죽으신 예수님께서 살아나시다니, 말이 됩니까. 그런데, 십자가
에 죽으신 예수님께서 정말로 부활하시어 우리 앞에 나타나십니다.
그래서 저들은 두려워했습니다. 이 두려움, 어떻습니까? 이것이 바
로 경건이고, 성령의 역사입니다. 성령을 받고 보면, 두려운 마음이
생깁니다. 왜 그렇습니까? 지각이 열리기 때문입니다. 가슴이 열리
기 때문입니다. 그러고 나니, 전부가 하나님의 일입니다. 사람의 일
이 아닙니다. 작은 일 큰 일 할 것 없이, 그 속에 있는 하나님의 역사
를 보는 눈을 뜨게 되는 것입니다. 그리고 두려워하게 되는 것입니
다. 경건, 이것이 성령의 역사의 첫째 반응입니다.

둘째는, 사도들의 가르침을 받았다는 말씀입니다. 사도들의 가
르침을 받았다—이것은 지적 기능에 대한 성령의 역사를 말합니다.
성령을 받는 순간 깨닫게 되었습니다. 그리고 더 깨닫기 위해서, 더
확실하게 알기 위해서 지적으로, 영적 지식으로 새로운 욕망을 갖게
됩니다. 사도들의 가르침을 받았다—아주 중요한 것입니다. 왜 그
렇습니까? 오늘 여기 사건이 있습니다. 기적이 있습니다. 능력이 있
는데, 여기에 대한 성경적 해석이 필요합니다. 성서적으로 이해해
야 합니다. 성경적으로 풀어서 해석되어야, 지적으로 완전히 이해되
어야 그다음에 완전한 신앙이 되기 때문입니다. 가슴만 가지고는 안
됩니다. 가슴이 성령을 받고, 그다음에는 이성이 성령을 받아야 합
니다. 그래서 성경이 합리적으로 이해가 되는 것입니다. 그래서 예
수님께서 하시는 일이라든가, 부활 사건을, 십자가 사건을 특별히

사도 베드로가 설명합니다. 성경에 그와 같이 기록되어 있고, 심지어 가룟 유다의 사건 같은 것은 영 이해가 안 됩니다. 베드로는 말합니다. 성경에서 이미 예언해주셨습니다. 제 갈 곳으로 갔다고요. Biblical Understanding, 성경적 해석을 내려야 합니다. 성경적으로 해석되고 나서야 지적 욕망이 충족되기 때문입니다. 그리고 지적으로 충족되어야 합리적으로 이해됩니다. 이성이 성령을 받아야 가능한 일입니다.

특별히 재미있는 말씀이 사도행전 4장 13절에 있습니다. 사도들에 대해서, 저들이 기탄없이 말함을 보고, 본래 학문 없는 범인으로 알았습니다. 당시에 바리새교인과 제사장들과 지도자들이 볼 때는 베드로와 요한은 갈릴리의 어부였습니다. 그래서 학문 없는 사람들인 줄 알았습니다. 헬라어 원문이 재미있습니다. '아그람마토이'입니다. 여기서 '그람마'는 '글'이라는 뜻인 동시에 '학문'을 뜻합니다. 여기에 반대를 의미하는 접두사 '아'를 붙여서 '아그람마'라고 하면 '글도 못 읽는 사람'이라는 뜻이 됩니다. 요샛말로 하면 '문맹'입니다. "한갓 '아그람마토이'가 어찌 저리 담대하게 말하고, 논리적으로 말하고, 확실하게 말하면서 설교할 수 있을까?" 이렇게 바리새인들이 깜짝 놀랐다는 것 아닙니까. 그러면 생각해야 합니다. '어떻게 이 사람들이 베드로와 요한, 그 아그람마토이, 그 불학무식한 사람들, 학문 없는 사람들에게서 배우겠다는 것인가?' 하지만 바로 그들로부터 배우겠다고 생각했습니다. 그 마음이 귀합니다.

여러분, 성령 받은 사람은 배웁니다. 배우되 누구에게서나 배웁니다. 그런데, 하나님의 사람으로부터 배웁니다. 저는 어렸을 때 받은 경험을 잊지 않습니다. 8·15해방 직후에 우리 교회에서 부흥회를 하는데, 많이들 모였습니다. 월요일 저녁부터 주일 저녁까지 하루에 세 번씩 모였는데, 그야말로 한가득이었습니다. 나중에는 자리가 모자라서 사람들이 강대상 위에까지 올라가 앉아 설교를 들었습니다. 한데, 그때 설교하셨던 분이 목사가 아니고 전도사입니다. 설교할 때마다 그 소리를 합니다. 아주 여러 번 들었습니다. "저는 신학교 간판도 못 봤습니다. 신학대학도 못 나온 사람입니다. 성경학교도 못 다닌 사람입니다. 그냥 어느 교회 집사입니다. 신사참배 문제로 어려울 때 그 신사참배를 반대하다가 감옥에 들어가 7년 동안 무지하게 고생하고 8·15해방 때 나왔습니다." 그가 그 7년 동안 감옥에 있으면서 무엇을 했겠습니까. 성경을 열심히 읽었을 것입니다. 그래서 본인 말로는 성경에 대해서는 자기한테 물어보라고 하더라고요. 7년 동안 성경만 읽었으니까 아주 자신감이 있는 것입니다. 그래서 성경말씀을 줄줄 외우면서 설교했습니다. 아주 은혜가 충만했습니다. 제가 그분을 볼 때마다 생각한 것이 있습니다. 바로 베드로와 요한입니다. 불학무식한 사람들인데, 오늘 이렇게 많은 사람 앞에서 설교하는 모습, 무려 3천 명이 회개하고 세례받는 사건을 보면서 저들이 사도들로부터 배우려고 했습니다. 이 배운다는 마음이 참 중요합니다. 사도들로부터 배우는 것입니다. 바리새교인과 서기관이 아닙니다. 사도들로부터, 예수의 제자로부터 말씀 공부를 하는 것입니다. 이 공부하는 마음이 성령의 역사라는 것을 잊지 말아야 합니다.

그런가 하면, 셋째는, 구제의 역사가 나타납니다. 성령을 받고 보니, 의지 속에, 사람의 마음 깊은 곳에 성령의 역사가 나타납니다. 그래서 4장 32절에 이런 말씀이 있지 않습니까. "한마음과 한뜻이 되어 모든 물건을 서로 통용하고 자기 재물을 조금이라도 자기 것이라 하는 이가 하나도 없더라." 무슨 말씀입니까? 내 물건을 내 물건이라고 하는 자가 없더라, 내 것을 내 것이라고 하는 자가 없더라, 이것입니다. 그것이 성령입니다. 성령을 받는 순간 자기중심적인 욕망이 다 사라집니다. 내 것이 아닙니다. 우리의 것도 아닙니다. 하나님의 것입니다. 내 것이 어디 있습니까? 곧 다 사라질 것입니다. 성령을 받은 사람의 소유욕, 소유 개념은 다릅니다. 내 것이 없습니다. 하나님의 것입니다. 그리고 우리 모두의 것입니다. 이런 마음이 되더라, 이것입니다. 그가 성령 받은 사람입니다. 무서운 집착과 자기중심적 욕망이 깨어져나가는 것입니다.

그래서 마르틴 루터는 이런 말을 합니다. '성령을 받을 때 이성이 성령을 받고, 감성이 성령을 받고, 또 하나, 돈주머니가 성령을 받아야 한다.' 돈주머니가 확 열려야 합니다. 이것을 손에 쥐고 놓지 못하면 아무리 오래 예수 믿어도 믿은 사람 아닙니다. 열어놓아야 합니다. 이것이 바로 성령의 역사입니다. 내 것을 내 것이라고 하는 자가 없더라─우리 모두의 것이라는 것입니다. 유무상통하게 됩니다. 또한, 2장 45절을 보면, 각 사람의 필요에 따라 나누어주었다고 했습니다. 필요에 따라 분배하는 것입니다. 능력에 따라 분배하는 것이 아니고, 필요에 따라 분배하는 것입니다. 일이야 얼마나 했든 말았든 상관없습니다. 그가 누구인지도 묻지 말고 필요한 대로 주어야 합니다. 일용할 양식은 필요한 대로 누구에게나 하나님께로부터 받을 권리가 있습니다. 각 사람의 필요에 따라 나누어주었다─조금 더 깊이 생각하면, 성령 받은 사람은 이제부터 내가 필요한 것도 알지만, 남이 필요한 것에 대한 관심을 기울이게 된다는 뜻입니다. 이것이 내게 필요하면 저 사람에게도 필요할 것 아니겠습니까. 내가 배고프면 다른 사람도 배고플 것 아니겠습니까. 내가 아프면 저 사람도 아플 것 아니겠습니까. 이런 의식을 갖게 된 것입니다. 공동체 의식을 가지게 됩니다. 한 몸이기 때문입니다. 이것이 성령 받은 사람의 마음입니다. 내가 없습니다.

저는 한평생 자랑스럽게 생각하는 것이 있습니다. 제 할아버지 입니다. 할아버지는 늘 불쌍한 사람들을 위해서 돕는 걸 즐거워하셨고, 또 한 해에 한두 번씩 걸인들을 위한 잔치를 베푸셨습니다. 그 배고픈 사람들을 위해서 마당에 천막을 쳐놓고 음식을 만들어주면 오던 사람들, 가던 사람들이 다 와서 먹고 갑니다. 할아버지가 세상을 떠나실 때 제가 그 옆에 있었습니다. 할아버지께서 마지막으로 제 아버지께 말씀하셨습니다. "한 가지 부탁이 있다." "뭔데요?" "마지막으로 거지 잔치 한 번 더 해라." 아버지가 대답하셨습니다. "예, 일주일 동안 하겠습니다." 그래 천막을 쳐놓고, 장례식을 하지 않고, 거지 잔치를 했습니다. 온 면에서 사람들이 와서는 먹고 마시기를 일주일 내내 했습니다. 마지막에 장례식을 할 때는 상여도 쓰지 않았습니다. 관을 그 거지들이 자원해서 메고 묘지까지 갔으니까요. 그 광경을 제가 뒤따라가면서 다 보았습니다. 할아버지의 마지막 부탁, 그 장로님의 부탁은 마지막으로 저 배고픈 사람들 한 끼 좀 넉넉하게 먹도록 해주라는 것이었습니다. 이것이 성령 받은 사람의 마음입니다. 내게 필요한 것만 생각하고, 다른 사람에게 필요한 것은 모른다면, 내가 배고픈 것만 생각하고 남의 배고픈 것은 전혀 모른다면, 그는 성령 받은 사람이 아닙니다. 성령 받은 사람은 필요에 따라 나누어주는 공동체 의식을 갖게 됩니다.

성령 받은 사람들, 그리스도의 마음으로 변화될 때 보시기 바랍

니다. 마음이 변화되었습니다. 지식이 변화되었습니다. 의지가 변화
되었습니다. 그리고 충만하게 될 때 담대해집니다. 충만함이 담대함
으로 이어지는 것입니다. 그리고 감사함으로 이어집니다. 그래 성령
받은 사람은 그 얼굴이 천사의 얼굴과 같이 감사하고, 어떤 때라도
하나님을 찬양하는 모습으로 나타나게 됩니다. 성령 충만한 사람들,
초대교회 사람들을 우리가 본문에서 봅니다. 오늘본문 맨 마지막에
중요한 말씀이 딱 한 마디 있습니다. "주께서 구원 받는 사람을 날마
다 더하게 하시니라(47절)." 우리 모두가 성령 받고 충만할 때 구원
받는 사람이 날마다 더해지고, 교회가 부흥하고 또 부흥하게 될 것
입니다.   △

받은 줄로 믿으라

그들이 아침에 지나갈 때에 무화과나무가 뿌리째 마른 것을 보고 베드로가 생각이 나서 여짜오되 랍비여 보소서 저주하신 무화과나무가 말랐나이다 예수께서 그들에게 대답하여 이르시되 하나님을 믿으라 내가 진실로 너희에게 이르노니 누구든지 이 산더러 들리어 바다에 던져지라 하며 그 말하는 것이 이루어질 줄 믿고 마음에 의심하지 아니하면 그대로 되리라 그러므로 내가 너희에게 말하노니 무엇이든지 기도하고 구하는 것은 받은 줄로 믿으라 그리하면 너희에게 그대로 되리라 서서 기도할 때에 아무에게나 혐의가 있거든 용서하라 그리하여야 하늘에 계신 너희 아버지께서도 너희 허물을 사하여 주시리라 하시니라

(마가복음 11 : 20 - 25)

받은 줄로 믿으라

　이스라엘 사람들에게 전해지는 소중하고 유명한 전설이 있습니다. 모세가 120세 되었을 때의 어느 날, 죽음의 산 비스가에 올라가 하나님께 이렇게 간절히 기도했다고 합니다. "제가 눈이 어두워지기 전에 저로 약속의 땅, 요단강 건너편에 있는 저 가나안땅을 볼 수 있게 해주세요." 하나님께서 바라보게 해주셨습니다. 그래 그가 요단강 건너편에 있는 가나안 땅을 보았습니다. 그는 다시 기도했습니다. "하나님, 감사합니다. 그런데요, 저 혼자서라도 몰래 잠깐 들어가서 가나안땅을 발로 한번 밟고 돌아왔으면 좋겠습니다. 이 소원을 들어주세요." 하나님께서 말씀하셨습니다. "모세야, 너는 나에 대한 믿음을 잃어버렸다. 그러나 나는 너를 용서하였노라. 또, 너는 너 자신에 대한 믿음과 지도력에 대한 믿음도 잃어버렸다. 그러나 그것도 내가 용서하였노라. 그러나 이제 너는 내가 이 백성을 들어 쓰리라는 것을 믿지 않는구나. 지금 범죄하고 흩어져서 불신앙적이고 혼란한 민족이지만, 내가 구원한 민족이고, 내가 이 민족을 통해서 큰 역사를 이루려고 계획하고 섭리하고 있는데, 너는 지금의 현실만 보고 이 백성을 들어 쓰리라고 하는 것과 선택된 백성이라는 것을 믿지 못하고 있구나. 그것만은 용서할 수가 없다. 그래서 너는 가나안땅에 들어가지 못한다." 모세는 선택된 하나님의 사람으로 40년 동안 이스라엘 백성을 인도했지만, 비스가 산에서 가나안 땅을 멀리 바라보기만 하고, 끝내 요단강 건너편에 있는 그 가나안 땅에 들어가지는 못했습니다. 왜입니까? 성경은 불신앙 때문이라고 말씀합니다.

이 백성을 들어 쓰신다고 하는 것을 그는 미처 믿지 못했더라는 것입니다. 이 믿음이 없이는 약속의 땅 가나안에 들어갈 수 없기 때문입니다. 오늘의 혼돈, 오늘의 불신앙, 오늘의 무질서 때문에 하나님의 큰 경륜과 약속이 무너질 수는 절대 없는 것입니다. 이것을 잊어서는 안 됩니다.

히브리서 11장 6절은 너무나 유명한 말씀입니다. "믿음이 없이는 하나님을 기쁘시게 하지 못하나니 하나님께 나아가는 자는 반드시 그가 계신 것과 또한 그가 자기를 찾는 자들에게 상 주시는 이심을 믿어야 할지니라." 믿음이 없이는 하나님께 나아갈 수 없다는 것을 분명히 잊지 말아야 합니다. 누가복음 8장 40절 이하에 보면, 두고두고 생각할 재미있는 말씀이 있습니다. 한 여인이 달려와서 예수님께 뭔가 구하고 싶었습니다. 그런데, 이 사람은 혈루증 환자입니다. 12년 동안 피를 쏟는 병에 걸려서 가정도 이루지 못했고, 가정으로부터 배척받고, 불결한 여자로 취급받아서 마침내 버림받은 여자였지만, 예수님께 와서 병 고침을 받고 싶었습니다. 모든 환자가 와서 "제 눈을 뜨게 해주세요!" 하였고, 문둥병 환자들까지도 "저를 정결케 해주세요!"라고 말할 수 있었습니다. 하지만 이 여자는 여자로서 부끄러운 병인 혈루증을 앓고 있었으니, 감히 뭐라고 할 수 있었겠습니까. 어떻게 감히 예수님 앞에 나와서 "손을 대고 기도하셔서 저를 고쳐주세요!"라고 할 수 있었겠습니까. 그래 이 중요하고 절박한 기회에 여인은 많이많이 생각하다가 몰래 예수님의 옷자락을 만집니다. 옷자락만 만져도 자기 병이 나으리라 믿고, 조용히 뒤로 가서 예수님의 옷자락에 손을 댑니다. 바로 그 순간 퍼뜩 예수님께는 당신의 능력이 빠져나간 것을 아시고 뒤를 돌아보셨습니다. 그리

말씀하셨습니다. "누가 나를 만졌느냐?" 한데, 베드로는 "많은 사람이 이렇게 옹위해서 미는데, 좀 그럴 수도 있지요"라며 심드렁하게 말합니다. 예수님께서 다시 말씀하시십니다. "아니다. 분명히 나를 만진 자가 있느니라. 어쩌다가 옷깃이 스친 게 아니다. 그는 믿음으로 만진 자다. 경건함으로 만진 자다. 그런 자가 있느니라." 그때 이 여자는 스스로 숨기지 못 할 것을 알고, 예수님 앞에 나타나 사실대로 고백합니다. "제가 주님을 만졌습니다." 이에 예수님께서 말씀하십니다. 아주 귀중한 말씀입니다. "딸아, 평안히 가라. 네 믿음이 너를 구원하였으니, 평안히 가라." 그 뒤로 그 여자는 깨끗한 사람이 되었다고 합니다.

여기서 한번 짓궂게 생각해볼까요? 이 여자가 예수를 안 믿었으면 나았을까요? 믿음이 있는 것을 보고 말씀하셨지만, 이 여자가 예수를 믿지 않았다면 어떻게 되었을까요? 저는 이런 생각을 합니다. 예수님께서는 많은 병자를 고치실 때마다 "네 믿음이 너를 구원하였다"라는 말씀을 많이 하셨습니다. 그때마다 생각해봅니다. 믿음이 없었다면 어떻게 되었을까? 그러면 낫지 않았을 것입니다. 좀 더 어려운 신학적인 맥락에서 말하면, 믿음을 주신 것입니다. 믿음을 주시고, 믿음 위에 복을 더하시는 것입니다. 어쨌든 믿음이 없이는 그 능력을 받을 수 없습니다. 그 능력의 효과가 나타날 수 없습니다. "네 믿음이 너를 구원하였으니, 평안히 가라." 얼마나 중요합니까. 믿음은 은사를 받는 그릇입니다.

종교개혁자 마르틴 루터는 '믿음은 하나님의 은혜를 받는 그릇'이라고 아주 구체적으로 말합니다. 우리가 오직 믿음으로 구원을 받지만, 그릇은 준비해야 합니다. 믿음이라는 그릇이 있어야 그 은사를 받을 수 있으니까요. 믿음은 그릇입니다. 좀 더 나아가서는, 그 그릇마저도 하나님께서 주시는 축복이라고 저는 생각합니다. "네 믿음이 너를 구원하였다." 소중한 믿음은 있어야 했습니다. 그래서 능력이 나타날 수 있었다는 사실을 잊어서는 안 됩니다.

오늘본문은 특별히 기도에 대해서 말씀합니다. "기도할 때 믿음을 가져라. 믿고 구하는 것은 다 이루어지리라." 그런데 여러분 생각해보십시오. "사회생활을 하면서 믿음을 가져라. 경제생활을 하면서 믿음을 가져라." 이런 이야기를 하는 것이 아닙니다. "기도하면서 믿음을 가져라." 이것은 좀 다른 이야기입니다. 기도는 하나님 앞에 나아가 하나님과 나와 face to face, 면대면으로 만나는 시간이 아닙니까. 일대일로 만나는 시간입니다. 여러분, 이런 관계를 생각해보십시오. 인격과 인격이 만났습니다. 그런데, 상대방을 의심합니다. 그러면 그 관계가 어떻게 되겠습니까? 일반적으로 하는 말이 아닙니다. 일대일로, 면대면으로, face to face 해놓고, 그런 관계에서 상대방을 의심합니다. 여러분, 이런 경우 당해보셨지요? 딱 둘이 앉아서 이야기를 하는데, 저 사람이 나를 의심합니다. 의심한다는 것을 알고 있습니다. 제가 말을 할까요, 말까요? 제가 이 자리에 앉아 있어야겠습니까? 무슨 이야기를 하겠습니까. 상대방이 믿지 않는데요? 이것은 엄청난 인격적 모독입니다. 두 사람이 인격적으로 만났다면, 대화 중에는 일단 믿어야 합니다. 전적으로 믿을 수 있다면, 좋습니다. 그런데, 반신반의하고, 처음부터 의심한다면, 그것처럼 무서운 모독이 어디 있습니까. 있을 수 없는 일입니다. 그런데, 하나님 앞에 나가서 기도합니다. 지금 일대일로 하나님과 만나고 있습니다. 그리고 하나님을 의심합니다. 이것은 하나님 앞에 무서운 죄가 된다는 것을 잊지 말아야 합니다. 그래서 예수님께서는 이렇게 말씀하셨습니다. "기도할 때 믿음으로 해라. 믿음이 없이는 하나님께 나아갈 수 없다. 믿음이 없이는 하나님을 기쁘시게 해드릴 수 없다." 하나님과 우리의 관계에서 기본적인 자세는 믿음입니다. 전적인 믿음입니다. 이것을 잊지 말아야 합니다.

늘 말씀드립니다마는, 이것은 total acceptance, total dependence, total commitment입니다. 전적으로 수용하고, 전적으로 믿고, 전적으로 헌신하는 믿음으로 대해야만 나와 만나는 분을 기쁘게 해드릴 수 있는 것입니다. 그를 기쁘게 하고서야 응답받을 수 있는 것 아니겠습니까. 그래서 예수님의 말씀은 무슨 사회생활에 대한 이야기가 아닙니다. 하나님 앞에서 하나님의 이름을 부르면서 기도하는 절대적 관계, 종말론적 관계 속에 믿음이 있어야 한다, 이것입니다. 이것은 절대적으로 필요합니다. 그런데, 오늘본문에서 가장 중요한 요절은 "받은 줄로 믿으라"입니다.

예수님의 예를 보겠습니다. 예수님께서 광야에 나가시어 전도하시는데, 5천 명이 모였습니다. 상상해보십시오. 그 넓은 벌판에 5천 명이 모였습니다. 이 사람들이 예수님과 너무나 오랫동안 같이 있다보니, 다 시장했습니다. 예수님께서 말씀하십니다. "다들 이대로 집에 돌아가기는 어려울 것 같구나. 너희가 저들에게 먹을 것을 주라." 제자가 말합니다. "아이고, 먹을 게 하나도 없는데요? 이 사람들을 위해서는 2백 데나리온의 돈을 가지고 식량을 사도 어렵겠습니다. 또, 어느 시간에 가서 음식을 만들고, 어느 시간에 음식을 사서 가져오겠습니까. 아무튼 이것은 어려운 일입니다." 예수님께서 말씀하십니다. "너희가 먹을 것을 주라." 그리고 또 말씀하십니다.

"무엇이 있느냐?" 제자가 대답합니다. "떡 다섯 개와 물고기 두 마리가 여기에 있습니다. 어린아이가 가지고 있는 것입니다." "그래, 가져오라." 이제 5천 명 앞에서 떡 다섯 개를 들어 올리시고 하나님께 기도하십니다. 어떻겠습니까? 우리 같으면 어떻겠습니까? 성경대로 보면, 예수님께서는 "하나님, 이 5천 명을 먹이게 해주세요. 능력을 나타내주세요. 권능을 보여주세요"라고 기도하지 않으셨습니다. 손에 떡을 드시고 "유카리스테사스!"라고 하나님 앞에 감사기도를 드리셨습니다. "하나님, 감사합니다. 이 어린아이가 저 먹으려고 싸온 것을 이렇게 내놓았습니다. 하나님, 감사합니다. 5천 명이 모인 것을 감사합니다. 이들이 지금 배가 고파 간절히 기다리고 있습니다. 감사합니다." 여러분, 감사기도가 먼저입니다. 감사기도를 먼저 할 때 이적이 나타났습니다. 아무리 봐도 어떤 간구를 했다는 말씀이 없습니다. 감사기도에 기적이 나타났습니다. 그런가 하면, 가장 드라마틱하고, 예수님께서 행하신 모든 이적 가운데 가장 클라이맥스, 최고의 이적이 무엇이겠습니까? 바로 나사로를 살리신 것입니다. 죽은 나사로를 살리신 것, 죽은 지 나흘 만에 벌써 썩어 냄새까지 나는 그 무덤을 찾아가시어 돌문을 옮겨놓으시고 "나사로야, 나오라!" 하고 소리를 질러서 죽은 나사로가 살아나옵니다. 이것이 예수님께서 행하신 이적 가운데 가장 높은 수준의 이적이라고 생각합니다. 심지어는 어떤 학자들은 이런 말도 합니다. "이 이적 때문에 예수님께서는 십자기에 죽으셨다." 왜입니까? 소문이 널리 나자, 바리새인들도 예수를 믿고, 서기관들까지도 예수를 믿게 되니, 도저히 막을 길이 없었던 것입니다. 그래서 예수를 질투하고 시기한 나머지 십자가에 못박을 수밖에 없겠다고 생각하며, 나사로를 살리신 사건을 그런 식으로 연결해서 생각하기도 합니다. 아무튼, 죽은 나사로의 무덤 앞에서 "돌을 옮겨놓으라!" 하셔서 옮겨놓았습니다. 그때 예수님께서 기도하십니다. 여러분, 뭐라고 기도해야겠습니까? "하나님, 능력을 나타내주세요. 중요한 시간입니다. 저 죽은 나사로를 살려주세요." 이렇게 기도하는 것이 우리의 보통 생각이지만, 예수님께서는 그러지 않으셨습니다. "하나님, 그 동안 제 기도를 들어주신 것 감사하나이다." 딱 이 한 마디뿐이십니다. 그리고 "나사로야, 나오라!" 하십니다.

"지난날 모든 경우에 제 기도를 들어주신 하나님께 감사합니다." 여기에 응답이 있었습니다. 기적이 나타난 것입니다. 이것을 잊지 말아야 합니다. 이게 다 무엇입니까? 받은 줄로 믿으신 것입니다. 기도하시기 전에 받은 줄로 믿으시고, 벌써 감사하고 계십니다. 예수님께서 말씀하십니다. "기도할 때 의심하지 말라. 그것은 하나님께 대한 큰 욕이 되느니라. 기도할 때 믿어라. 받은 줄로 믿어라." 받은 줄로 믿었다는 것은 과거 역사 속에 있는 응답을 재확인하는 시간입니다. 나는 버려진 줄 알았는데, 그게 아니었습니다. 내가 고난당하는 줄 알았는데, 실은 축복이었습니다. 내가 시련을 겪는 줄 알았는데, 나를 향하신 하나님 최고의 은혜의 기회였다는 것을 이제야 깨닫습니다. 그리 깨닫고 기도할 때 과거에 주신 은혜를 감사하게 됩니다. 벌써 응답하신 것을 감사하게 됩니다. 이것이 받은 줄로 믿는 것입니다. 지금 내가 구하고 있지만, 벌써 주셔서, 넘치도록 주셔서 그것을 깨닫는 시간입니다. 이 깨달음 속에 응답이 있습니다. 지금 내가 답답한 심정으로 기도하지만, 기도하는 시간에 하나님께서 이미 내게 주신 은혜를 생각하게 됩니다. "하나님, 넘칩니다. 감

사합니다." 이것이 응답입니다. "받은 줄로 믿으라." 하나님의 능력
과 하나님의 지혜와 하나님의 사랑이 사건마다에 나타나 있음을 깨
닫는 시간입니다. 이것이 응답입니다.

또 하나는, 미래에 대한 하나님의 약속을 확인하는 시간입니다.
내가 기도할 때 오늘 이후에 될 일을 생각합니다. 죽는 때까지 생각
합니다. 죽은 다음까지 생각합니다. 하나님께서 내게 주신 약속, 미
래에 대한 확실한 약속을 확인하게 됩니다. 그것이 믿어집니다. 또
한, 현재 상황 속에서 이루어지는 모든 일, 답답하고 괴로운 것 같지
만, 하나님의 은혜 가운데 있고, 축복 가운데 있음을 알고, 잘 되는
일일 것이라고, 기도하고 한 일이니까 잘 될 것이라고, 지금 잠깐은
뭔가 잘못되는 것 같지만, 잘 되는 것의 시작일 것이라고 믿으며, 그
렇게 현재 상황을 통해서 주시는 하나님께 대한 기도 응답을 확인하
게 됩니다. 이걸 잊지 말아야 합니다.

저는 중요한 간증이 많이 있는데, 가장 확실한 것 가운데 하나
는 제 어머니가 10년 동안 기도하시고 저를 낳으셨다는 사실입니
다. 어머니는 마흔한 살에 저를 낳으셨습니다. 그런 뒤 저를 하나님
의 종으로 만드시기 위해서 또 열심히 기도하셨습니다. 그리고 6·25
전쟁이 납니다. 저는 집에 있을 수 없었습니다. 이제 집을 떠날 때
어머니는 딱 한마디 하셨습니다. 1951년 1월 13일 새벽이었습니다.
"나는 너를 위해서 할 수 있는 일이 아무것도 없다. 이제 이 성경책
하나 손에 들고 집을 떠나라. 그런데, 멀리 갈 것이다. 반드시 목사
가 되어야 하느니라. 내가 죽는 날까지 너를 위해서 기도할 것이다.
그런고로 너도 새벽에 기도해라." 그런데, 그 응답을 우리 어머니는
보지 못하셨습니다. 제일 궁금한 것이 그것입니다. '내가 목사가 되

어 여기 서울에 있는 것을 우리 어머니가 알고 계실까?' 저는 늘 궁금했습니다. 여러모로 알아보려고도 했습니다. 그런데, 알고 계셨답니다. 그뿐만이 아닙니다. 제가 평양에 갔을 때 그분들이 저를 위해서 제 어머니를 찾아본다고 백방으로 애쓰다가 결국 못 찾고, 마지막에는 무덤이라도 찾는다고 애쓰다가, 맨 마지막에 사망신고서를 가지고 왔습니다. 우리 어머니가 언제 돌아가셨는지, 그 사실이 기록된 사망신고서를 복사해서 가져온 것입니다. 제가 그걸 보고 깜짝 놀랐습니다. 그 열악한 환경 속에서도 어머니는 94세까지 사셨습니다. 그날 제가 고려호텔에 들어가 자면서 하나님 앞에 억지 기도를 했습니다. "어머니, 이 열악한 환경 속에 무엇 하러 94세까지 사셨습니까?" 이렇게 소리를 질렀습니다. 그때 어머니의 음성이 귀에 쟁쟁하게 들려왔습니다. "이놈아, 너를 위해 기도하느라고 오래 살았다!" 여러분, 눈에 보이지 않아도 기도 응답은 있습니다. 현재에 내가 못 보아도 응답은 있습니다. 받은 줄로 믿으라—

여러분, 잊지 말아야 합니다. 그 믿음을 가지고 기도할 때, 그 믿음이 클 때, 그 믿음이 확실할 때 하나님을 기쁘시게 해드릴 수 있는 것입니다. 이것이 하나님께 영광 돌리는 길입니다. 여기에 한 편의 시가 있습니다. 제가 늘 생각하던 것을 한 번 이렇게 써본 것입니다.

주여, 나에게 믿음을 주옵소서.
그 어두운 과거의 쇠사슬에서
온전히 자유케 하신 하나님의 은총을 믿을 수 있게 하옵소서.
주여, 이 캄캄한 세상에서

저 멀리 예비하신 약속의 땅을 바라볼 수 있게 하옵소서.
주여, 내가 주 안에 있고
내가 주의 손 안에 있어
당신의 소중한 존재임을 항상 확인하게 해주시옵소서.

받은 줄로 믿으라—잊지 말아야 합니다. "온 이스라엘 사람들 중에 이만한 믿음을 만나본 일이 없다." 예수님께서 가버나움 제사장에게 하신 말씀입니다. 이만한 믿음, 이런 위대한 믿음—그 믿음을 가지고 하나님 앞에 기도할 때 하나님을 기쁘시게 해드릴 수 있습니다. 그 순간순간 응답받은 자의 환희와 행복을 우리에게 주시는 것입니다. 받은 줄로 믿으라— △

탕자의 신앙고백

또 이르시되 어떤 사람에게 두 아들이 있는데 그 둘째
가 아버지에게 말하되 아버지여 재산 중에서 내게 돌아올
분깃을 내게 주소서 하는지라 아버지가 그 살림을 각각
나눠 주었더니 그 후 며칠이 안 되어 둘째 아들이 재물을
다 모아 가지고 먼 나라에 가 거기서 허랑방탕하여 그 재
산을 낭비하더니 다 없앤 후 그 나라에 크게 흉년이 들어
그가 비로소 궁핍한지라 가서 그 나라 백성 중 한 사람에
게 붙여 사니 그가 그를 들로 보내어 돼지를 치게 하였는
데 그가 돼지 먹는 쥐엄 열매로 배를 채우고자 하되 주는
자가 없는지라 이에 스스로 돌이켜 이르되 내 아버지에게
는 양식이 풍족한 품꾼이 얼마나 많은가 나는 여기서 주
려 죽는구나 내가 일어나 아버지께 가서 이르기를 아버지
내가 하늘과 아버지께 죄를 지었사오니 지금부터는 아버
지의 아들이라 일컬음을 감당하지 못하겠나이다 나를 품
꾼의 하나로 보소서 하리라 하고 이에 일어나서 아버지께
로 돌아가니라 아직도 거리가 먼데 아버지가 그를 보고
측은히 여겨 달려가 목을 안고 입을 맞추니 아들이 이르
되 아버지 내가 하늘과 아버지께 죄를 지었사오니 지금부
터는 아버지의 아들이라 일컬음을 감당하지 못하겠나이
다 하나 아버지는 종들에게 이르되 제일 좋은 옷을 내어
다가 입히고 손에 가락지를 끼우고 발에 신을 신기라 그
리고 살진 송아지를 끌어다가 잡으라 우리가 먹고 즐기자
이 내 아들은 죽었다가 다시 살아났으며 내가 잃었다가
다시 얻었노라 하니 그들이 즐거워하더라
(누가복음 15 : 11 - 24)

탕자의 신앙고백

며칠 전에 어떤 교인이 한 가지 고민을 털어놓았습니다. 전에
는 듣지 못하던 아주 특별한 고민이었습니다. 그의 어머니가 치매로
7년째 요양원에 있는데, 이제는 이 아들도 알아보지 못합니다. 제
가 그 안부를 물어보지 않을 수 없었지요. "어머니는 어떻게 지내세
요?" 그러자 이 아들이 진실하고 아주 솔직하게 특별한 고민을 말합
니다. "우리 어머니, 점점 건강해지십니다." 여러분, 사람이 치매가
되면 더 건강해집니다. 왜요? 아무 걱정이 없기 때문입니다. 그저
먹을 생각밖에 안 합니다. 생각이 단순해집니다. 아들 며느리도 못
알아보지만, 어머니는 건강합니다. 이 건강을 어떻게 평가해야 합니
까? 그래서 이 아들은 "우리 어머니, 점점 더 건강하세요"라고 말하
면서 몹시 고민하는 얼굴이 되는 것을 제가 보았습니다. 이 아들의
고민을 한번 생각해보면 좋겠습니다.

고통에는 세 가지가 있습니다. 철학적으로 잘 분석해보면, 하나
는 동물적 고통이요, 또 하나는 인간적 고통이요, 마지막 하나는 영
적 고통입니다. 먼저, 동물적 고통이란 무엇입니까? 우리는 다 동물
성을 가지고 있습니다. 바로 이 동물적 본능을 가지고 있기에 주어
지는 고통입니다. 그러니까 육신에 주어지는 것입니다. 배고픈 것,
추운 것, 병 든 것, 아픈 것…… 어찌 되었든, 현재 주어지는 고통입
니다. 배고픈 것, 추운 것, 육신이 병들어 아픈 것…… 아주 진실하
고 절실합니다. 이 동물적 본능에서 오는 고통은 대단히 큰 것입니
다. 그래서 이런 옛말이 있습니다. '남의 죽음이 내 감기만 한가.' 내

가 당하는 육체적 고통은 절절한 것입니다. 그 무엇보다도 자신이 느끼는 고통이 더 크다는 것을 의미하는 말입니다.

다음은 인간적 고통입니다. 인간이 가진 이성과 양심, 도덕성에서 주어지는 고통입니다. 그러니까 양심을 거역하여 행동하고 나면, 그 거역한 과거에 대한 현재의 고통이 있는 것입니다. 인간적인 고통입니다. 이것은 아마도 모름지기 동물한테는 없고, 사람만이 느끼는 고통입니다. '그때 그러지 말았어야 했는데…… 아, 그렇게 하지 말았어야 했는데……' 이런 양심의 가책, 곧 이성적인 비판에서 오는 정신의 고통입니다. '그리하지 말았어야 했다. 아, 헤어지지 말았어야 했다. 그때 그런 말을 하지 말았어야 했다. 그렇게 행동하지 말았어야 했다.' 이렇게 과거의 잘못된 이성적 판단이나 양심을 거역한 일에 대한 가책이 오늘, 현재 주어지는 것입니다. 인간적입니다. 이것은 인간만이 갖는 특별한 고통입니다. 그래서 지성인일수록 이런 고통은 더 심합니다. 생각이 많은 사람일수록 이런 고통은 더욱 무겁습니다.

마지막은 영적인 고통입니다. 미래로 향하는 것입니다. '내가 여기까지 왔는데, 앞으로 어떻게 될 것인가? 나의 생은 어떻게 될 것인가?' 좀 더 나아가면, '죽은 다음에는 어떻게 되는 것인가? 도대체 죽음이란 무엇이며, 죽음 다음의 세계는 어떤 것인가?' 하고 고민하는 것입니다. 그리고 지금껏 내가 저질러온 모든 잘못된 일들에 대한 가책이 한꺼번에 다 밀려옵니다. 영적인 고통입니다.

사람들은 누구나 다 이런 세 가지 고통에 시달립니다. 예수님께서 복음을 전하실 때 하시는 말씀입니다. 첫째 말씀은 이것입니다. "회개하라! 천국이 가까이 왔느니라!" '회개'는 '메타노이아'로,

군사용어입니다. '무조건 항복하라'라는 뜻이기도 하고, '등을 돌려서 내게로 돌아오라. 네가 따르던 주군을 버리고, 이제는 내게로 오라'라는 뜻이기도 합니다. 이것은 행동적인 군사용어입니다. 메타노이아―예수님께서 말씀하셨습니다. "회개하라! 천국이 가까이 왔느니라! 천국을 영접하라!" 여러분도 오늘본문에 나오는 이야기를 너무나 잘 아시지요? 오늘본문에서 읽은 바와 같이, 이 아버지에게는 아들이 둘 있습니다. 한데, 둘째아들이 뭐가 못마땅한지 아버지에게 이렇게 말합니다. "아버지, 돌아가실 때 제게 주실 유산을 미리 나누어주세요." 이 자체가 아주 불쾌한 이야기입니다. 저 같으면 안 줄 텐데, 이 아버지는 착해서인지, "그래, 어차피 너희들 것이 될 터이니, 미리 나누어주마!" 하고 나누어주었습니다. 당시 이스라엘의 법에서는 아버지 재산의 3분의 1은 둘째아들에게, 3분의 2는 맏아들에게 가도록 되어 있었습니다. 아무튼 유산을 나누어달라는 아들의 요구를 들어주는 이 아버지는 참 착한 분입니다. 아들한테 "이 나쁜 놈!" 하며 책망하지 않고 순순히 나누어주었으니까요. "어차피 네 것이니까, 언젠가는 네 것이니까, 네 몫을 주마." 이러면서 3분의 1을 딱 잘라 주었습니다. 둘째아들은 이것을 가지고 거기서 그대로 살지 않고, 기다렸다는 듯이 딴 나라로 떠나갑니다. 왜요? 아버지의 간섭이 싫었기 때문입니다. 형님 보기도 싫었습니다. 다시 말하면, 관계성이 싫었던 것입니다. 아버지에게는 아들이고, 형에게는 동생입니다. 이웃사람에게는 이웃입니다. 이런 관계가 싫었던 것입니다. 그래서 그는 이 관계들을 다 끊고 먼 나라로 가버렸다, 이것입니다.

베스트셀러 작가인 레이먼드 조의 「관계의 힘」이라는 책이 있습니다. 이 책에서 그는 말합니다. '인간은 세상에 태어날 때부터 관계

속에 태어난다.' 태어나자마자 아버지가 있고, 어머니가 있습니다. 형제자매가 있고, 이웃이 있습니다. 이런 관계 속에 태어나는 것입니다. '이 관계를 평안하게 받아들이는 사람은 행복하지만, 이 관계를 불만스럽게 여기는 사람은 불행할 수밖에 없다.' 그런고로, 우리 인간은 이런 관계들을 소중히 여겨야 합니다. 부모에 대해서는 자녀이며, 형에 대해서는 동생이고, 아내에 대해서는 남편이고, 남편에 대해서는 아내이고, 이웃에 대해서는 이웃이고…… 이런 관계들을 행복하게 받아들여야 합니다. '이런 관계들이 있음으로 말미암아 행복하다. 형이 있어서 행복하고, 동생이 있어서 행복하고, 가정이 있어서 행복하다.' 이렇게 생각하는 사람이 행복한 사람입니다. 그러나 이 둘째아들은 이런 관계들이 불만스럽고 못마땅했습니다. 그래서 타국으로 가버린 것입니다. 이 자체가 탕자의 길입니다. 관계를 끊으려고 했습니다. 모든 관계를 끊고 살려 했습니다. 이 관계들에서 벗어나는 것을 그는 자유라고 생각했습니다. '이제는 자유다! 내 마음대로다!' 그렇다고 이런 관계들이 어디 완전히 끊어지겠습니까. 어차피 또 다른 관계들 속으로 들어가야 합니다. 어차피 또 다른 낯선 관계들 속에 들어가야 한다는 사실을 잊어서는 안 됩니다. 그래서 그는 탕자가 됩니다. 그래서 부모형제라고 하는 이 중요한 관계들을 다 끊어버리고, 스스로 자유로워졌다고 생각하며, 미련없이 고향을 떠난 것입니다. 그래 이국땅으로 가서 허랑방탕하게 살다가 마지막에는 아주 불쌍한 거지 신세가 되었다고 하는 이야기입니다.

오늘본문에서 이 거지꼴이 된 탕자를 보십시오. 그도 먹고 살아야 하니까, 본능적으로 먹기는 해야 하니까 어떻게 합니까? 그 나라 백성 가운데 한 사람에게 붙여 삽니다. 그래 돼지 치는 데 가서 일꾼

노릇을 하며 삽니다. 그랬는데도 식량이 없어서 돼지가 먹는 쥐엄열매로 배를 채우려고 하는데, 그마저도 없습니다. 정말 아주 절절하게 어려운 고생입니다. 여러분, 고난 가운데 제일 큰 것이 배고픈 고난입니다. 여러분은 얼마나 배고파보셨습니까? 정말 먹을 것이 없어서 배고플 때 오는 그 고통은 특별합니다. 동물은 배가 고프면 배가 아프지만, 사람은 배가 고프면 마음이 슬퍼집니다. 배만 고픈 것만이 아니라, 마음이 슬퍼지면서 아주 어려워지는 것입니다.

전쟁이 터진 이듬해인 1951년에 저는 남쪽으로 피난을 와서 백령도에 있었습니다. 그때의 이야기입니다. 거기는 피난민들만 모여사는 곳으로, 도대체가 먹을 것이 없었습니다. 그때 제가 내리 며칠을 굶었는지는 모르겠는데, 좌우간 배가 너무너무 고팠습니다. 지금도 그때의 기억이 생생합니다. 몹시 추운 겨울, 하루는 우연히 배급소 옆을 지나가는데, 거기에 고구마를 구워서 파는 사람이 있었습니다. 고구마 굽는 냄새가 그야말로 기가 막혔습니다. 도무지 발을 옮길 수가 없었습니다. 그 고구마를 사 먹고 싶었습니다. 하지만 그때 제 주머니에는 아무것도 없었습니다. 심지어 돈까지도 잘 통하지 않던 시절입니다. 그래 보니까 제가 팔뚝에 손목시계 하나를 차고 있었습니다. 지금은 시계가 흔하지만, 옛날에는 온 면을 통틀어 하나밖에 없었습니다. 시계가 아주 귀했습니다. 그런데, 제가 그 귀한 시계를 딱 풀어주었습니다. 그리고 고구마 다섯 개를 받았습니다. 그 따끈따끈한 고구마를 손에 들고 내리는 눈 속에서 감사기도를 하는데, 눈물이 그냥 뚝뚝 떨어지는 것입니다. 그 일을 아직도 잊을 수가 없습니다. 배고픈 경험이 그렇게나 절절한 것입니다.

그러니까 지금 이 탕자는 너무너무 배가 고픈 것입니다. 아주 절박합니다. 돼지나 먹는 쥐엄열매조차 구할 수 없을 만큼 먹을 게 없어서 그는 너무나 배가 고픈 상태입니다. 그제야 탕자는 정신이 들었습니다. 그리고 아버지를 생각합니다. '내 아버지 집은 풍부하고, 내 아버지 집에 있는 그 많은 머슴들도 넉넉히 먹는다. 하지만, 나는 여기서 주려 죽는구나! 나는 여기서 주려 죽는구나!' 후회막급입니다. 이제 탕자는 생각합니다. 뉘우칩니다. 후회합니다. 통곡합니다. 슬퍼합니다. 탄식합니다. 절망합니다. 하지만 이것은 회개가 아닙니다. 뉘우침은 회개가 아닙니다. 후회도 회개가 아닙니다. 한탄도 회개가 아닙니다. 한숨을 쉬고 절망한다고 그게 회개인 것은 아닙니다. 회개는 아버지를 생각하는 것입니다. 아버지 집을 생각하는 마음이 회개입니다. 그리고 아버지 집으로 돌아오는 행동이 회개입니다. 메타노이아—회개는 행동적인 것입니다. 결코 감상적인 것이 아닙니다. 우리는 종종 마음으로 후회하는 것을 회개라고 생각합니다. 좀 어려운 일을 당할 때 울면서 기도하고 그것을 회개라고 말합니다. 아닙니다. 그것은 회개가 아닙니다. 그저 궁상떠는 것일 뿐입니다. 그런 것은 하나님께서도 기뻐하지 않으십니다.

회개는 돌아오는 것입니다. 관계를 회복하는 것입니다. 잘못된 관계를 끊고 바른 관계로 돌아오는 것입니다. 엄격히 말하면, 문자 그대로, 지금 주군으로 섬기는 분을 배신하고 돌아와 새로운 주군을 섬기는 것입니다. 이것이 메타노이아입니다. "회개하라. 하나님 나라가 가까이 왔느니라. 하나님 나라로 마음을 돌려라. 하나님 나라의 사람이 되라." 회개는 행동입니다. 그런데, 우리는 종종 마음으로만 뉘우치면 회개가 된 줄 압니다. 회개를 정신적인 것으로 생각하는 것입니다. 걱정하면 회개고, 뉘우치면 회개고, 후회하면 회개

입니까? 아닙니다. 그런 것은 아무리 해봐도 소용없습니다. 행동해
야 합니다. 다시 돌아가야 합니다. 모든 어려움을 무릅쓰고 다시 원
점으로 돌아가는 것입니다. 회개는 관계를 회복하는 데 있는 것입니
다. 이것이 회개라는 것을 잊지 말아야 합니다.

그런데, 오늘 이 탕자에게는 특별한 신앙고백이 있습니다. "아
버지와 하늘에 죄를 범했나이다." 하나님이라는 말이 나옵니다. 아
버지와 하나님—아버지만이 아닙니다. "하늘과 아버지께 죄를 지었
다." 이렇게 탕자가 하나님께로 돌아오는 것을 볼 수 있습니다. 긍정
적인 사고를 하며 아버지께 돌아가겠다고 하면, 이것은 큰 용기입니
다. 그랬다면 지난날을 부정해야 하고, 큰소리를 치면서 집을 나올
때의 그 용기와 자존심을 다 버려야 하고, 그저 아버지 앞에 나아가
무릎을 꿇어야 하고, 형님 앞에 가서 무릎을 꿇어야 하고, 갖은 굴욕
을 다 참아야 합니다. 이런 일들을 다 각오하고 있는 것입니다. 이런
행동이 거기에 있는 것입니다. 이 아들이 돌아오는데, 아버지가 반
겨줍니다. "내 아들이 죽었다 살았고, 내 아들을 잃었다 얻었노라!"
지금 아버지는 너무나 마음이 기쁘고 좋습니다. 그러나 형은 다릅니
다. 형은 따집니다. "아버지의 재산을 창기와 함께 먹어버린 저놈을
왜 환영하시는 것입니까?" 율법적입니다. 당연한 이야기입니다. "창
기와 함께 먹어버린 저놈을 왜 아버지는 환영하십니까?" 이렇게 말
합니다. 그럴 것입니다. 탕자는 그걸 각오해야 합니다. 그걸 받아들
일 수 있어야 합니다. 굴욕도 멸시도 다 받아들여야 하는 것입니다.

오늘본문을 보면, 탕자는 그 모든 것을 미리 다 생각한 것 같습
니다. "아버지, 제가 하늘과 아버지께 죄를 지었기 때문에 저를 아
들이라 부르지 마십시오. 저는 아들 자격이 없습니다. 그런고로 저

를 머슴의 하나로 살게 해주십시오." 이 말이 너무나 마음에 듭니다. 만일 정말로 이 아들을 머슴으로 만들었다면 어떻게 되었겠습니까? 아마 이 아들, 불평했을 것입니다. 그러나 지금 마음만은 이렇습니다. "저는 아들이 아닙니다." 머슴의 하나로—그다음에 괄호를 치고 이런 말을 한번 넣어주고 싶습니다. 성경에는 없는 말입니다. "그렇게 해서 아버지 곁에서 살다 죽게 해주세요." 이 말입니다. "아버지 품에서 살게 해주시기를 바랍니다. 아버지 그늘에서 살게 하여주시기를 바랍니다." 이것이 회개입니다. 그런고로, 회개하는 사람은 변명이 없어야 합니다. 불평도 없어야 합니다. 원망도 없어야 합니다. "형님이 불평하든 말든, 질투하든 말든, 아버지께서 저를 어떻게 대하시든 저는 상관없습니다. 그저 제가 아버지께로 돌아오는 것이 중요하고, 제가 아버지 집에 거할 수 있으면 되는 것입니다. 저를 이 집의 머슴으로 있게 하여주시기를 바랍니다." 이 마음씨가 바로 진정한 회개였다는 것입니다. 그리고 행동으로 옮깁니다. 그다음에 중요한 말이 있습니다.

여러분, 그 마음속의 율법적 의식이 중요합니다. 아들이 돌아왔을 때 아버지는 너무나 좋아서 "소를 잡아라. 반지를 끼워라. 옷과 신발을 신겨라. 아, 그리고 내 아들이 죽었다 살았으니, 기쁘다!" 이러면서 잔치를 베풉니다. 이때 탕자의 마음이 어땠을까요? "아버지, 너무 그러지 말아주십시오. 저도 자존심이 있습니다. 아버지, 저는 이런 환영을 받을 만한 자격이 없습니다. 이렇게 하시면 저는 괴롭습니다. 아버지께서 이렇게 잔치를 크게 베풀어주실수록 제 마음은 더욱 괴롭습니다." 이렇게 말했다면, 이 사람은 율법주의에서 헤어나지 못한 것입니다. 그러니까 지금 탕자의 마음은 자기에게 주어지는 자존심이나 양심의 비판은 다 지워버리고, 온전히 아버지의 마음으로 돌아갑니다. "아버지께서 기뻐하시니 저도 기쁩니다. 아버지께서 좋아하시니 저도 좋습니다."

이렇다 보니, 이 아들은 좀 염치가 없는 놈이 되었습니다. 체면도 없고, 염치도 없습니다. 가만히 보면, 이 둘째아들, 아주 뻔뻔한 놈입니다. 아니, 아무리 아버지가 이렇게 잔치를 베풀어주신다고 하더라도 어떻게 떡하니 가서 받아먹고 앉았습니까. 말이 안 되지 않습니까. 너무나 뻔뻔하지 않습니까. 아주 버릇이 못됐습니다. 그러나 그것이 바로 그 마음속에 율법적 판단을 다 지워버린 증거입니다. 깨끗이 지워버린 것입니다. 왜 그렇습니까? 자기 자존심을 다 버렸기 때문입니다. 자기 판단을 다 버리고, 온전히 아버지의 마음으로 돌아간 것입니다. "아버지께서 기뻐하시니, 저도 기뻐합니다." 끝. 이것뿐입니다. 만일에 여기서 자기 체면을 살리려고 "이렇게 하시면 제 양심은 어떻게 됩니까? 제 체면은 뭐가 됩니까?"라고 했다면, 이 사람은 회개한 것이 아닙니다. 그래서 예수 믿는 사람들은 조금 뻔뻔한 면모가 있습니다.

어떤 사람이 예수를 믿기는 믿는데, 사회생활을 버리지 못합니다. 밤낮 술도 먹고, 담배도 피웁니다. 그러고도 또 예수를 믿고, 교회 가서 예배드리고 봉사합니다. 그러니까 그를 잘 아는 이웃 사람이 이렇게 비판합니다. "저 사람은 말이야, 교회에서 봉사하고, 예수 믿는다고 하면서도 여전히 저렇게 살아. 그러면서도 기도하고, 봉사하고…… 아주 뻔뻔한 사람이야. 체면도 없는 사람이야." 이렇게 비판을 하는 걸 제가 들었습니다. 그래 제가 말했습니다. 긴 설명은 못합니다. 잘 생각해보아야 합니다. 원래 사랑이란 뻔뻔한 것입니다.

내가 자격이 없으면서도 자격을 받아들이고, 내가 그만한 특권을 누릴 수 없는 존재지만, 하나님 자녀로서의 영광을 받아들입니다. 나는 도저히 그런 사람이 못 되지만, 누려야 하고, 받아들여야 합니다. 그걸 사양하거나, 기피하거나, 변명해서는 안 됩니다.

여러분, 진노의 자녀가 하나님의 자녀가 되었습니다. 이 세상에 살던 저희가 구속받아 예수를 믿었습니다. 이 얼마나 놀라운 특권입니까. 그러나 더 큰 특권이 있습니다. 날마다 회개하고, 날마다 죄를 짓습니다. 날마다 후회하고, 똑같은 일을 반복하고, 하나님 앞에 또 회개합니다. 이걸 하나님 편에서 보실 때에는 "야, 너 회개 좀 그만해라!" 하실 수도 있을지 모릅니다. 그래도 또 합니다. 또 확인합니다. 하나님의 자녀 됨을 확인하는 것입니다.

여러분, 이 탕자가 돌아와서, 정말로 회개한 사람으로 돌아와서 체면도 자존심도 다 지워버리고, "아버지가 기뻐하시니 저도 기뻐합니다!" 하며 아버지의 기쁨에 푹 파묻혀서 그 아버지의 기쁨을 함께 누리고 있는 것입니다. 그가 탕자입니다. 이것이 회개입니다. 이것이 진정한 탕자의 마음속에 있었던 신앙고백입니다. 하나님의 자녀, 하나님의 사람들, 그 은혜 속에 살 때 탕자의 깊은 신앙고백이 있어야 합니다. 이 탕자는 자신의 자격을 다 생각하지 못합니다. 다 지워버립니다. 그리고 아버지의 마음으로 돌아가 오히려 이런 생각을 했을지도 모릅니다. '이럴 줄 알았으면 진작 돌아올걸!' 그리고 이런 뉘우침이 있었을 것입니다. '내가 아버지의 깊은 마음을 헤아리지 못하고 멀리서 그렇게나 많은 세월을 방황해야 했다니……' 이것이 탕자의 진실한 신앙고백입니다. △

내가 정금같이 나오리라

그러나 내가 가는 길을 그가 아시나니 그가 나를 단련하신 후에는 내가 순금 같이 되어 나오리라 내 발이 그의 걸음을 바로 따랐으며 내가 그의 길을 지켜 치우치지 아니하였고 내가 그의 입술의 명령을 어기지 아니하고 정한 음식보다 그의 입의 말씀을 귀히 여겼도다 그는 뜻이 일정하시니 누가 능히 돌이키랴 그의 마음에 하고자 하시는 것이면 그것을 행하시나니 그런즉 내게 작정하신 것을 이루실 것이라 이런 일이 그에게 많이 있느니라 그러므로 내가 그 앞에서 떨며 지각을 얻어 그를 두려워하리라 하나님이 나의 마음을 약하게 하시며 전능자가 나를 두렵게 하셨나니 이는 내가 두려워하는 것이 어둠 때문이나 흑암이 내 얼굴을 가렸기 때문이 아니로다

(욥기 23 : 10 - 17)

내가 정금같이 나오리라

저는 어렸을 때 어머니의 권고로 성경을 읽었습니다. 무슨 뜻인지를 알고 그런 것은 아니고, 그저 제가 성경을 읽었다고 하면 어머니가 좋아하시니까, 솔직히 말해서 어머니를 기쁘시게 해드리기 위하여 효도하는 마음으로 성경을 읽었던 것입니다. 그래서 몇 장을 읽었다고 말씀드리면 어머니가 좋아하시고, 또 몇 장을 읽었다고 말씀드리면 좋은 음식을 해주시고…… 그랬습니다. 그 시절 제가 그런 마음으로 성경을 읽었는데, 그러면서 제가 많은 것을 깨달았습니다. 그 가운데 제게 가장 큰 깨달음을 준 것은 창세기에 나오는 요셉의 이야기입니다. 마치 동화처럼 전개되는 이야기인데, 그걸 읽으면서 제가 큰 충격을 받았습니다. 여러분도 다 읽어보셨겠지만, 요셉은 야곱의 늦둥이 아들로, 아버지의 사랑을 극진히 받는 귀염둥이였습니다. 어느 날 요셉이 형님들에게 문안하고자 들판으로 나갔는데, 웬걸요? 이 형님들이 문안하러 온 요셉을 붙잡아서 애굽으로 가는 노예상에게 팔아먹고 말았습니다. 그러니 이제부터 요셉의 운명이 어떻게 되겠습니까. 일평생 노예생활 하다가 죽어야 할 판입니다. 세상에 도대체 어떻게 동생을 노예상에게 팔아먹을 수 있습니까. 제게는 이것이 얼마나 큰 충격이었는지 모릅니다. '세상에 어찌 이런 일이 있을 수 있나? 이런 죄악은 정말 있을 수가 없는데?' 하는 생각을 어렸을 때부터 했습니다. 어쨌든, 이리하여 요셉은 열일곱 살 나이에 애굽으로 팔려가 보디발 장군의 집에서 13년 동안 노예생활을 합니다.

여러분, 노예라는 것, 지금의 우리는 상상할 수도 없습니다. 노예는 옷이 없습니다. 신발도 없습니다. 당시 노예는 그야말로 동물이나 가축의 하나로 여겨졌던 존재입니다. 주인이 마음대로 죽이고, 살리고, 팔아먹을 수 있었습니다. 요셉은 그렇듯 졸지에 노예가 되어 13년 동안이나 엄청난 고생을 했습니다. 그리고 죄도 없이 억울하게 누명을 쓰고 감옥까지 갑니다. 세상에 이런 모순된 일이 어디 있습니까. 그래 요셉은 감옥에서 갖은 고생을 다 합니다. 하지만 하나님의 특별한 은혜로 말미암아 요셉은 뒷날 마침내 애굽의 총리가 됩니다. 그래서 온 천하를 호령하는 권세를 누립니다. 바로 그때 형님들이 식량을 구하려고 애굽으로 왔습니다. 요셉이 딱 내려다보니까 그 형님들이 보따리를 들고 식량을 구하러 온 것입니다. 그러니 그 자리에서 요셉이 "내가 당신들이 팔아먹은 요셉이오!"라고 말할 때 그 형님들 마음이 어땠겠습니까. 그 장면을 한번 상상해보십시오. 아마 형들은 '아, 이젠 다 죽었다! 우리가 못 할 짓을 했으니까 이젠 저 총리에게 다 죽었다!'라고 생각하며 벌벌 떨고 있었을 것입니다. 바로 그 순간 요셉이 하는 말에 어린 제가 읽고 또 읽으며 크게 감동과 은혜를 받았습니다. 말씀은 이것입니다. "당신들이 나를 이곳으로 팔았다고 근심하지 마소서. 한탄하지 마소서. 하나님께서 생명을 구원하시려고 나를 당신들 앞서 보내셨나이다." 이것을 정리해서 서양 사람들은 이렇게 말합니다. "Not sold, but sent." 팔려 간 것이 아니고, 보내심을 받은 것이다—"당신들은 모르고 있지만, 하나님의 신비로운 경륜과 능력 속에 내가 보냄을 받았습니다. 그런고로 나를 팔아먹었다고 근심하지 마소서." 그리고 이어서 말합니다. 창세기 45장 8절입니다. "나를 이리로 보낸 이는 당신들이 아니요 하나님이시라……"

　나를 이리로 보내신 분은 당신들이 아니요, 형님들이 아니요, 하나님이십니다—이런 세계관은 놀라운 것입니다. 이것만 바로 깨닫고 살면 한평생 근심할 일이 없습니다. 대단히 중요한 말씀입니다. 그래서 저는 어렸을 때 이 본문을 읽고 또 읽으면서 생각해보았습니다. "나를 이리로 보내신 분은 당신들이 아니요 하나님이십니다." 이어서 말씀드립니다. 제게는 사랑하는 친구가 넷 있습니다. 다 고향친구입니다. 요즘은 자주 만나지 못하지만, 고향에서부터 알고 가까이 지내다가, 또 여기 남쪽으로 피난 와서 다시 서로 만나 같이 친교하고 사랑하며 지내는 친구들입니다. 이원설 박사, 김정열 박사, 민경배 박사, 그리고 저, 이렇게 네 사람입니다. 저희 넷이 가끔 함께 식사할 때가 있습니다. 그래 같이 모여 앉아 옛날이야기를 하면서 즐겁게 식사를 하는데, 그 가운데서 제일 맏형 되는 이원설 박사가 언젠가 한번은 이런 말을 했습니다. "너희들이나 나나 김일성 수령 덕에 많이 출세했다." 가만히 생각해보니, 말은 맞는 말이었습니다. 6·25가 아니었다면 우리가 서울에 왔겠습니까. 저는 더더욱 그렇습니다. 저희 아버지는, 많지는 않아도 엄연히 토지를 가진 지주였습니다. 그리고 저는 그 재산을 물려받아 이어가야 할 사람이었습니다. 그런 제가 어떻게 서울구경을 합니까. 절대 안 됩니다. 거기서 농사를 지으며 땅을 지키고 살아야 했습니다. 그런데, 그만 전쟁이 꽝 하고 나니까 뭐 뒤돌아볼 새도 없었습니다. 그래 이래저래 남쪽으로 와서 군대생활도 하고, 고생도 했지만, 이렇게 되어서 이원설 박사의 "6·25전쟁 덕에 남쪽으로 와서 너나 나나 박사도 되고, 교수도 되고, 목사도 되고, 총장도 되었으니, 이게 웬 은혜냐!"라는 말대로 된 것입니다.

여러분, 생각해보십시오. 이것이 하나님께서 하시는 일입니다. 6·25라고 하는 전쟁은 엄청난 수난이요 저주요 재난이었지만, 그것을 통하여 하나님께서는 위대한 역사를 이루셨습니다. 좀 더 노골적으로 말해서, 6·25가 아니었다면 제가 여기에 있겠습니까. 하나님께서 하시는 일은 너무나 놀랍고 위대한 것입니다. 그 이루어져 가는 과정에 대해서 너무 시비를 벌이지 마십시오. 하나님께서 합동하여 선을 이루도록 큰 경륜을 통하여 이루어 가시는 것을 볼 수 있습니다.

오늘본문도 같은 맥락입니다. 욥은 상상할 수 없는 많은 고난을 당합니다. 극한 고난입니다. 그는 동방의 가장 큰 부자였습니다. 하지만 하루아침에 가난해집니다. 재산을 잃어버립니다. 자녀가 10남매 있었는데, 다 죽습니다. 본인은 가장 중요한 건강마저 잃어버려 아주 가혹한 고생을 합니다. 성경에는 이렇게 기록되어 있습니다. "온 몸에 종기가 나서 기왓장으로 긁고 잿더미에 뒹굴었다." 욥은 이런 극심한 고통을 당합니다. 게다가 그의 마누라마저 이 모든 사정을 이해하지 못하고 저주하면서 가출해버립니다. 친구들이 찾아와서 위로를 해도 그것이 전혀 위로가 되지 않습니다. 그들의 말 가운데는 이런 독한 말도 있었습니다. "죄 없이 고난 당하는 자를 보았느냐?" 이 말을 듣는 순간 욥은 가슴이 터지는 것입니다. 이렇게 많은 고난을 당합니다. 이유를 알 수 없는 고난입니다. 언제까지 이 고난을 겪어야 합니까? 알 수 없고, 기약 없는 고난입니다. 그리고 더 중요한 것은 '내가 이렇게 죄인인가? 이런 고난을 당할 만큼 죄인인가?'라고 아무리 생각해봐도 그런 죄인은 아니라는 것입니다. 그래서 의인의 고난은 죄책을 느낄 수 없고, 심판에 대한 구체적인 내용을 토로할 수 없는 고난을 당하지만, 그는 하나님을 원망하지 않았습니다. 끝내 하나님을 원망하지 않았습니다. 그리고 욥은 고백합니다.

오늘본문의 중요한 메시지는 이것입니다. "하나님께서는 아신다. 하나님께서 모르셔서 된 일이 아니다. 하나님께서는 아신다. 이모든 일을 아시고, 나도 아시고, 운명도 아시고, 내 과거도 아시고, 내 미래도 아신다. 하나님께서는 다 아신다." 하나님께서 아시는 가운데 이 환난이 있다는 것입니다. 전지전능하신 하나님의 능력 안에 내가 있다는 것을 끝내 고백합니다. 하나님께서는 아신다—하나님의 능력, 하나님의 지혜, 하나님의 엄청난 사랑, 그 가운데에 모든 것이 있다는 것입니다. 그러니, 많은 고난을 겪으면서도 "하나님께서는 아신다. 하나님께서는 내 운명을 아시고, 내 나약함도 아시고, 나의 부족함도 아신다. 그리고 하나님의 은총 안에 내가 있다" 하고 끝내 고백하고 있습니다. 그리고 오늘본문에서 중요한 말을 합니다. "그가 나를 단련하신 후에는 내가 순금 같이 되어 나오리라(10절)."

저는 언젠가 재미있는 경험을 한 적이 있습니다. 1963년, 그 옛날에 미국의 프린스턴에 가서 공부할 때입니다. 여름방학이 되었습니다. 그 사람들은 여름방학을 3개월 동안 합니다. 다 쉽니다. 기숙사도 다 문을 닫아버립니다. 그래서 갈 때도 없고 해서 제가 아는 목사님께 "저 공장에 가 일해서 돈 좀 벌게 해주세요!"라고 부탁을 드렸습니다. 그리고 일을 하되 가장 어려운 일, 제가 3개월밖에 안 할 터이니까, 이왕이면 가장 힘든 일을 하고 싶다고 말씀드렸더니, 이래저래 알아보아서 장로님이 경영하시는 아주 큰 강철회사에 저를 취직시켜주셨습니다. 그래 거기 가서 3개월의 기한을 두고 일을 했는데, 아침 7시에 출근하여 오후 4시에 퇴근이었습니다. 처음에 기름옷으로 갈아입고 들어가 그 기름과 불꽃 속에서 하루종일 일을 합니다. 그리고 나올 때 다시 또 전부 목욕을 하고서야 옷을 갈아입고 나옵니다. 아주 힘든 일입니다. 얼마나 소리가 꽝 꽝 크게 나는지, 전부 고막이 터질까봐 귀마개를 하고 일을 합니다. 그런 힘든 일을 하면서 제가 생각했습니다. '도대체 뭘 만드는 거야?' 그래 봤더니, 강철을 만듭니다. 그것도 강철을 깎는 강철, 아주 강한 쇠를 만드는 것입니다. 강한 쇠를 만드는 것은 간단합니다. 불에 넣었다가 달궈서 때리는 것입니다. 놀랍습니다. 4톤짜리 쇳덩어리가 위에서 수직으로 떨어집니다. 그게 떨어지면서 달구어진 쇠를 꽝하고 때리는 것입니다. 벌겋게 달구어진 쇠를 갖다놓고서는 그걸 위에서 때리고, 또 불에 집어넣었다가 다시 때립니다. 좀 틈이 생기면 갈아가지고 다시 넣었다가 때리기를 반복하는 것입니다. 그래 제가 사장님한테 조용한 시간에 물었습니다. "왜 이렇게 하는 건가요?" 그랬더니, 그분이 하는 말씀이 이랬습니다. "자꾸 때려야 강한 쇠가 나옵니다." 여러분, 알아들으셨습니까? 자꾸 얻어맞아야 강한 믿음이 나오는 것입니다. 때릴 때마다 찌꺼기는 나오고, 분자와 분자는 서로 가까워져서 강한 쇠가 된다는 것입니다.

이 원리는 우리의 신앙생활에도 적용됩니다. 별것 아닙니다. 많이 얻어맞아야 바른 신앙이 되는 것입니다. 순수한 신앙이 되는 것입니다. 사람, 별것 아닙니다. 다 비슷비슷합니다. 그에게 만약 금과 같은 믿음이 있다면, 그는 많은 시련을 겪은 사람입니다. 많은 시련을 겪고 단련이 되어서 오늘성경말씀대로 '나를 단련하신 후에 정금

같이 나오리라'라는 놀라운 신앙고백을 하게 되는 것입니다. 시험이 있고, 시련이 있습니다. 시험은 부정적이지만, 시련은 긍정적인 것입니다. 시련을 통해서 야고보 사도는 말합니다. "그런고로 여러 가지 시련을 당하거든 온전히 기쁘게 여기라." 이 믿음의 시련이 우리를 온전한 하나님의 사람으로 나타나게 만들기 때문에 "시련을 당하거든 온전히 기쁘게 여기라" 하는 것이 야고보 사도의 말씀입니다. 여기서 '단련하신 후에'란 무슨 말입니까? 하나님께서 뜻이 있으셔서 나를 강하게 하시고, 순수하게 하시고, 정결하게 하시고, 부지런하게 하시고, 거룩하게 하십니다. 요샛말로 바꾸면, 하나님의 커리큘럼, 하나님의 교과과정입니다. 이 과정을 통해야 하는 것입니다.

우리가 어려서 공부할 때 이런 공부, 저런 공부를 합니다. 산수도 하고, 인수분해도 하고, 수학도 하고, 고등수학도 공부합니다. 모두 이 과정을 거치지 않습니까. 이 많은 과정을 거쳐서 도달하는 것입니다. 하나님께서 정하신 교과과정은 내게 필요한 것입니다. 필요하기 때문에 주시는 시련입니다. 이걸 잊지 말아야 합니다. 다 필요한 수련과정이다, 이것입니다. 그래서 이것을 다 통과한 다음에 '정금같이 나오리라' 하고 말씀하는 것입니다. "내게 작정하신 것을 이루실 것이라……(14절)" '작정하신 것'을 어려운 말로 하면, '하나님께서 예정하신 것을 그가 이루실 것이다'입니다. 그가 이루사는 과정이 내게 주어진 시련입니다. 이걸 잊지 말아야 합니다. 거기에 하나님의 의지가 있고, 하나님의 깊은 사랑이 있고, 은총적 경륜이 있습니다. 하나님께서는 큰 시련을 통하여 당신만이 아시는 위대한 역사를 오늘도 이루어 가고 계십니다. 큰 역사, 특별히 전쟁을 통하여 하나님께서는 당신의 뜻을 이루어 가신다는 것을 우리는 꼭 믿어야 합니다.

예일대학의 역사학 교수인 도널드 케이건이 쓴 「전쟁의 기원 (The Origin of the War)」이라는 책이 있습니다. 거기서 말합니다. 인류의 역사를 가만히 연구해보면, 전쟁이 없었던 기간은 다 합해서 268년밖에 안 된다고 합니다. 계속 전쟁은 있습니다. 이 지구상에, 여기도 저기도 전쟁이 없는 역사는 없습니다. 우리는 그저 전쟁 속에 살아오고 있는 것입니다. 그럼 왜 전쟁이 있을까요? 이분의 말은 간단합니다. 잠재적 두려움 때문입니다. 살아남기 위해서입니다. 개가 왜 짖느냐? 두려움 때문에 짖는 것입니다. 겁이 많은 개가 짖는 것입니다. 이것을 잊지 말아야 합니다. 잠재적인 두려움 때문에 생존을 위해서 전쟁은 있는 것입니다. 또 하나는, 자국의 이익을 위한 지도자의 정욕과 욕구 때문입니다. 자기 나라를 위한 욕심 때문에 전쟁은 있는 것이다—

또 하나, 좀 더 정신적인 것은 국가의 명예를 위하여, 민족적 자존심을 위하여 전쟁이 있었다는 것입니다. 그러나 하나 빠진 것이 있습니다. 하나님께서는 전쟁을 통하여 당신이 원하시는 선교적 역사를 이루십니다. 마태복음 24장에서 예수님께서 말씀하십니다. "말세에 전쟁이 있을 것이다. 환란이 있을 것이다. 배신이 있을 것이다. 배교가 있을 것이다. 많은 고난이 있을 것이다." 이렇게 예언하십니다. "이 고난과 함께 복음이 땅끝까지 전해지리라. 그런 다음 그제야 끝이 오리라." 예수님의 종말론입니다. 여러분, 모든 재난과 환란 속에는 하나님의 선교적 경륜이 있음을 알아야 합니다.

제가 존경하는 교수님의 유명한 말이 있습니다. '역사를 자세히 연구해보면 전쟁을 통하지 아니하고 선교가 성공한 역사가 없다.'

많은 선교사가 있었지만, 전쟁과 함께 선교가 성공하고, 또 개인적으로 봐도 질병, 실패, 배신 등 그 모든 고난을 통하지 않고 선교적 역사가 성공한 예가 없습니다. 이걸 잊지 말아야 합니다. 오늘 아침에도 특별한 의미로 여러분이 다 같이 교회에 나왔습니다. 여러분은 물어보나마나 남달리 많은 시련을 겪은 사람들입니다. 그 속에서 주의 음성을 듣고, 순수한 마음으로, 오늘도 새로운 용기로 하나님 앞에 나오게 된 것이라고 생각합니다. 빌립보서 1장 12절에는 사도 바울의 위대한 간증이 있습니다. 제가 개인적으로 매우 사랑하는 요절입니다. "내가 당한 일이 도리어 복음 전파에 진전이 된 줄을 너희가 알기를 원하노라." 너무나 중요한 말씀입니다. 내가 당한 일이 무엇입니까?─사도 바울이 빌립보에서 얼마나 고생을 했습니까. 억울하게 매를 맞았습니다. 감옥에 갇혔습니다. 일생 많은 고난을 당했습니다. "나의 당한 일이 복음의 진보가 된 것을 너희가 알기를 바라노라." 환란과 고통이 복음을 가능케 하고, 선교를 성공케 하고, 하나님의 역사를 훌륭하게 완성토록 역사한다는 말씀입니다.

이 전쟁의 소용돌이 속에, 또 전쟁의 위험과 공포 속에서 특별히 우리가 겪은 6·25전쟁 속에서 하나님의 위대한 역사를 이루셨습니다. 한국교회사를 연구하는 분들이 말합니다. "한국교회 부흥의 계기가 딱 둘이 있었다. 그때마다 크게 부흥했다." 하나가 3·1절이고, 또 하나가 6·25입니다. 여러분은 6·25를 어떻게 기억하십니까? 이 많은 환란 속에서 하나님께서는 위대한 역사를 이루셨습니다. 교회를 세우셨습니다. 하나님의 백성을 부르셨습니다. 선교적으로 위대한 역사를 완성하셨던 것입니다. 그런고로, 모세는 말합니다. "조용하여 내가 하나님 됨을 알라(Be still know that I am God)." 잊지 말

아야 합니다. 조용히 하나님의 음성을 듣고, 하나님의 음성에 응답
하는 귀한 믿음이 되어야 하는 것입니다.   △

마음에 근심하지 말라

너희는 마음에 근심하지 말라 하나님을 믿으니 또 나를 믿으라 내 아버지 집에 거할 곳이 많도다 그렇지 않으면 너희에게 일렀으리라 내가 너희를 위하여 거처를 예비하러 가노니 가서 너희를 위하여 거처를 예비하면 내가 다시 와서 너희를 내게로 영접하여 나 있는 곳에 너희도 있게 하리라 내가 어디로 가는지 그 길을 너희가 아느니라 도마가 이르되 주여 주께서 어디로 가시는지 우리가 알지 못하거늘 그 길을 어찌 알겠사옵나이까 예수께서 이르시되 내가 곧 길이요 진리요 생명이니 나로 말미암지 않고는 아버지께로 올 자가 없느니라 너희가 나를 알았더라면 내 아버지도 알았으리로다 이제부터는 너희가 그를 알았고 또 보았느니라 빌립이 이르되 주여 아버지를 우리에게 보여 주옵소서 그리하면 족하겠나이다 예수께서 이르시되 빌립아 내가 이렇게 오래 너희와 함께 있으되 네가 나를 알지 못하느냐 나를 본 자는 아버지를 보았거늘 어찌하여 아버지를 보이라 하느냐 내가 아버지 안에 거하고 아버지는 내 안에 계신 것을 네가 믿지 아니하느냐 내가 너희에게 이르는 말은 스스로 하는 것이 아니라 아버지께서 내 안에 계셔서 그의 일을 하시는 것이라 내가 아버지 안에 거하고 아버지께서 내 안에 계심을 믿으라 그렇지 못하겠거든 행하는 그 일로 말미암아 나를 믿으라

(요한복음 14 : 1 - 11)

마음에 근심하지 말라

제가 어렸을 적에 할아버지께 들었던 이야기입니다. 옛날이야기를 해달라고 조르면, 할아버지는 이미 하셨던 이야기를 또 하시고, 또 하셨습니다. 하도 많이 들어서 잊히지 않는 간단하고 중요한 이야기입니다. 어떤 가난한 농부가 있었습니다. 딸 둘을 낳아 예쁘게 키워 시집을 보냈답니다. 하나는 나막신을 만드는 집으로 시집을 보냈습니다. 요즘은 나막신이라는 말 자체를 모르는 분도 많을 텐데, 이것은 나무를 깎아서 만든 장화를 가리킵니다. 비가 와서 비포장도로가 질퍽질퍽할 때 신고 다닐 수 있는, 나무로 만든 비신이라고 할 수 있습니다. 이런 것을 만들어 파는 집안으로 딸을 시집보낸 것입니다. 다른 딸 하나는 짚신을 만들어 파는 집으로 시집을 보냈습니다. 짚신은 아시는 대로 볏짚으로 지푸라기를 만들어서 엮어 놓은 신입니다. 짚신은 비가 오는 날에는 신을 수 없습니다. 이러고 보니, 비가 오면 나막신 만들어 파는 딸네 집에는 아주 좋은 일입니다. 하지만, 반대로 짚신을 만들어 파는 딸네 집은 비가 오면 큰일입니다. 또, 비가 오지 않으면 짚신을 만들어 파는 딸네 집에는 경사지만, 나막신 만들어 파는 딸네 집은 그날 장사를 완전히 허탕 치는 것입니다. 이렇게 되니까 친정어머니는 항상 걱정입니다. 비가 오면 짚신 장사 하는 딸네 집 생각에 "저건 뭘 먹고 사나?" 하고 걱정하고, 비가 오지 않으면 나막신 만드는 딸네 집 생각에 "저거 못 팔 텐데, 뭘 먹고 사나?" 하고 걱정입니다. 그러니까 비가 와도 걱정, 비가 안 와도 걱정이었습니다. 이렇게 걱정하는 것을 보다가 그 남편이 이렇게 말했답니다. "여보, 생각을 바꾸면 안 되겠어? 비가 오면 나막신 만드는 딸네 집에 오늘 경사가 났다며 좋게 생각하고, 또 날이 맑으면 짚신 만드는 딸네가 짚신 많이 팔게 됐으니, 오늘도 좋은 날이라고 생각하면 안 되겠어?" 알고 보면, 모든 걱정이 이런 것입니다. 어떻게 생각하느냐? 생각의 방향에 따라서, 가치관에 따라서 전혀 다른 결론을 얻게 된다는 옛날 어른들의 지혜로운 말씀입니다.

유명한 철학자 에머슨은 '스스로 행복한 사람'을 말합니다. 대단히 중요한 말입니다. 스스로 행복한 사람이란 어떤 사람입니까? 불안과 두려움에 갇혀 있는 현대인을 향해서 그는 지혜와 성찰의 말을 우리에게 해줍니다. '스스로 행복한 사람'이라는 말, 꼭 잊지 마시기 바랍니다. 여기에는 두 가지 조건이 있습니다. 첫째, 다른 사람에게서 나의 행복을 찾는 사람은 영원히 불행하다는 것입니다. 행복은 나 자신의 것이지, 누구 때문도 아니고, 누구에게 속한 것도 아닙니다. 나는 내 팔자를 사는 것이지, 남의 팔자에 얽혀 사는 것이 아닙니다. 그런데, 사람들은 다른 사람으로 말미암아 내가 불행해지기도 하고, 행복해질 수도 있다고 생각합니다. 아닙니다. 다른 사람은 그저 스쳐 지나갈 뿐이고, 나의 행복은 나 자신의 문제, 내 존재의 문제라는 것을 언제나 잊지 말아야 합니다. 또 하나는, 내일을 위해서 오늘을 희생하는 사람은 영원히 불행하다는 말입니다. 항상 내일만 생각합니다. 오늘은 불행하고, 내일은 좋은 일이 있으리라고 한평생 속아서 살았습니다. 아닙니다. 중요한 것은 오늘입니다. 내일이 아닙니다. 내일을 위해서 오늘을 희생하는 사람은 영영 불행합니다. 학생들을 예로 들면, 공부를 열심히 해서 자신의 미래를 열게 되지만, 그보다 더 중요한 것은 공부 자체를 즐겨야 한다는 것입니다. 오늘 공부하면서 책장을 넘기면서 스스로 즐겁고 행복해야 하는 것입니다. 공부해서 장차 어떤 행복한 일이 있으리라는 기대를 갖고 오늘을 사는 사람은 불행한 사람입니다. 이걸 잊지 말아야 합니다. 내일을 위해서 오늘을 희생하는 사람은 구제불능입니다. 모든 것은 순간마다 가르치는 교훈이 있고, 지혜가 있고, 그 속에 또 행복이 있습니다.

모든 것에서 마음을 비워야 합니다. 비우면 보이는 것이 있고, 들리는 것이 있고, 경험하는 행복이 있다고 에머슨은 우리에게 말해주고 있습니다. 한번 깊이 생각할 만한 문제입니다. 의식이 있는 사람은 누구나 근심하며 살아갑니다. 걱정거리가 없는 사람은 없습니다. 그런데, 깊이 연구해보면 결국 미래에 대한 걱정입니다. 철학자들의 용어를 빌린다면 불확실성입니다. 미래가 불확실하기 때문입니다. 확실한 미래만 있다면 오늘의 고생은 아무것도 아닙니다. 얼마든지 이겨낼 수 있습니다. 그러나 미래가 불확실하기 때문에 그곳에 문제가 있습니다. 며칠 전이 6·25였습니다. 그때 저는 북한의 강제노동수용소 문화지구 광산에 있었습니다. 고생이 말도 못 할 정도였습니다. 그야말로 인간지옥입니다. 지금도 눈을 감을 때마다 저는 그 북한의 강제노동수용소에서 고생하고 있는 우리 형제자매들, 우리 그리스도인들을 생각하게 됩니다. 너무나 마음이 아픕니다. 지금 북한에는 40만 명이나 되는 사람들이 강제노동수용소에 있습니다. 그 가운데 85퍼센트가 기독교인입니다. 저는 늘 그 생각을 합니다. 그 감옥 같은 고생을 일일이 말할 수가 없습니다. 그러나 고생은 했지만, '앞으로 영광이 될 것이다. 빨리 나가서 무슨 좋은 일이 있을 것이다. 좋은 세상이 올 것이다'라고 생각하지는 않았습니다. 그런 생각은 없었고, 단 한 가지 생각만 했습니다. '이대로 죽어도 좋다. 내가 이대로 죽는다면 나는 분명히 하늘나라에 갈 것이다.' 내가 주의 이름으로 여기에 왔기 때문에 하루하루 사망의 음침한 골짜기를 다니고 있지만, 하루하루 그 자체가 행복했습니다. 그 자체에 의미가 있었습니다. 문제는 여기에 있는 것입니다. 그러나 많은 사람은 미래를 바라보고, 꼭 밝은 미래, 좀 더 나은 미래가 있어야 한다고 생각합니다. 거기다 목숨을 겁니다. 하지만 불확실합니다. 미래를 아무도 보장할 수 없습니다. 이 불확실성 때문에 인간은 고난과 불안에서 헤어날 길이 없습니다. 그러면 결국은 믿음의 문제입니다. 무엇을 믿고 사느냐? 믿음의 소재, 믿음의 속성, 믿음의 정도, 그것이 문제의 해결입니다.

고린도후서 7장 10절에서 사도 바울은 우리에게 귀중한 말씀을 줍니다. "하나님의 뜻대로 하는 근심은 후회할 것이 없는 구원에 이르게 하는 회개를 이루는 것이요 세상 근심은 사망을 이루는 것이니라." 근심을 둘로 나누었습니다. 하나님의 뜻대로 하는 근심과 세상 근심입니다. 이것을 다른 말로 바꾸면 '불신앙적 근심'과 '신앙적 근심'입니다. 하나님이 없는 사람의 근심과 하나님을 믿는 사람의 근심, 이렇게 나눈 것입니다. 무신론적 근심은 절망입니다. 현대 철학의 총주제가 절망입니다. 헤어날 길이 없습니다. 생각할수록 모든 일은 깜깜합니다. 절망으로 치닫고 있습니다. 하나님이 있는 근심은 믿음이 있는 근심입니다. 이 속에는 구원의 약속이 보입니다. 그런고로, 같은 근심인 듯하지만, 믿음 있는 근심과 믿음 없는 근심은 하늘과 땅만큼의 차이가 있습니다. 마빈 토케이어의 「영원히 살 것처럼 배우고 내일 죽을 것처럼 살라」라는 유명한 책이 있습니다. 이 책에서 그는 말합니다. '유대 사람들은 기도할 때 특별한 의미로 기도한다. 기도의 의미는 히트파렐이다.' 여기서 '히트파렐'은 히브리 말로, '저울로 달아본다. 스스로 자기를 평가한다'라는 뜻입니다. 기도란 하나님 앞에서 자기를 평가하는 것입니다. 내 소원을 하나님께 말씀드려서 그 소원을 이루어 내겠다는 정욕적인 것이 아니고, '하나님의 큰 능력, 하나님의 큰 은총 앞에 내가 어떤 존재인가?' 하고 나 자신을 '히트파렐' 해보는 것입니다. 저울질입니다. '내가 그 능력 앞에 어떤 존재인가? 그 지혜 앞에 어떤 존재인가? 그 엄청난 은총 가운데 나는 지금 어떤 일을 하고 있나?' 이렇게 깊이 생각하는 것이 기도라고 우리에게 가르쳐주고 있습니다.

　문제는 믿음입니다. 예수님께서 제자들과 함께 배를 타고 가시다가 풍랑을 만나셨습니다. 예수님께서는 고물에서 주무시고 계셨는데, 풍랑이 심해져서 물이 배 안에까지 들어오게 되었습니다. 그래 제자들이 예수님을 깨우면서 하는 말입니다. "주님, 우리가 죽게 된 것을 안 돌아보십니까?" 참 맹랑한 말입니다. 아니, 지금 주무시는 분이 계시고, 깨어 있는 사람들이 있습니다. 어느 쪽이 먼저 죽겠습니까. 그들 생각에는 지금 예수님이 없습니다. 자신들이 죽게 된 것만 봅니다. 그런데, 예수님께서 잠을 깨시어 "어찌하여 두려워하느냐? 왜 이렇게 믿음이 적으냐? 적게 믿는 자들아, 어찌 의심하느냐?" 하고 말씀하셨습니다. 여러분, 이 장면을 잘 보시기 바랍니다. 여기에는 믿음이 있습니다. 예수님의 믿음입니다. 이 풍랑이 아무리 크다 하더라도 하나님의 손 안에 있습니다. 지금 풍랑 속에 있지만, 실은 하나님의 경륜 속에 있는 것입니다. 하나님의 사랑과 은총 속에 있다, 이것입니다. "나는 믿는다. 너희는 믿음이 없어서 벌벌 떠는 것이다. 나는 믿음으로 평안히 쉴 수 있는 것이다." 그렇습니다. 그래서 말씀하십니다. "믿음이 적은 자들아!"

오늘도 우리가 다시 한번 생각해야겠습니다. 어려운 세대를 만났습니다. 하나님을 보고, 하나님의 능력 안에서 믿음을 새롭게 해야 하겠습니다. 그래서 오늘본문 14장 1절에서 예수님 말씀하십니다. "너희는 마음에 근심하지 말라 하나님을 믿으니 또 나를 믿으라." 그리고 내 운명이 어디에 있는지, 그리스도께서 보증하고 계십니다. 하나님을 믿으니 또 나를 믿으라—예수님 말씀입니다. 우리의 미래는 내가 정하는 것이 아닙니다. 하나님께서 정하시는 것입니다. 나는 하나님께서 정하신 운명대로 살아갈 것입니다. 나는 하나님께서 보증하신 대로 살 것입니다. 그렇기에 다시 믿음을 새롭게 해야 할 것입니다. 믿음을 다시 한번 다짐해야겠습니다. 믿음을 정결케 해야겠습니다. 내가 미래를 예비하는 것이 아닙니다. 하나님께서 예비하시고, 예수님께서 보증해주시는 것입니다.

오늘본문을 자세히 보면, 제자들이 이렇게 물어봅니다. "우리의 운명은 어떻게 되겠습니까? 주여, 어디로 가십니까? 주께서는 어딘가로 가신다는데, 또 어디로 가시는 것입니까? 우리를 버려두시고 어디로 가십니까? 우리의 운명은 어떻게 되는 것입니까?" 예수님께서 간단하고 명료하게 말씀하십니다. "나 있는 곳에 너희도 있으리라. 잠깐은 헤어지겠지만, 내가 있는 곳에 너희도 있으리라." 여러분, 천당이 어디입니까? 죽으면 어떻게 되겠습니까? 이야기는 간단합니다. 예수 그리스도 안에서 해답을 얻어야 합니다. 나 있는 곳에—주님께서 계신 곳, 그곳이 천국입니다. 주님께서 계신 곳에 우리가 갈 것입니다. 그다음 또 다른 질문이 있습니다. 어떤 모양으로 나타나게 되겠습니까? 우리의 존재의 양상은 어떻게 되겠습니까? 이제 사도 바울이 대답합니다. 빌립보서 3장 21절입니다. "그리스도의 형체와 같이 변화하게 하시리라." 그리스도의 형체와 같이— 신약성경을 잘 연구해보면, '부활'이라는 말이 있고, '변화'라는 말이 있습니다. 이렇게 두 단어가 있습니다. 변화와 부활—부활은 변화입니다. 그리스도적으로 변하는 것입니다. 그리스도의 생명과 같이 변하는 것입니다. 그것이 부활입니다. 그래서 어떤 모양으로 나타날 것입니까? 영화로우신, 부활하신 예수님의 형체와 같이—어디에 있습니까? 주님께서 계신 곳이 어디냐고 묻지 마시기 바랍니다. "내가 곧 길이요 진리요 생명이니 나로 말미암지 않고는 아버지께로 올 자가 없느니라." 예수님이 길이다—그 길을 잊지 말아야 합니다. 그 길, 그 진리, 그 생명…… 고유명사를 쓰고 있습니다. 여기서 깊이 생각해야 합니다. 이제 빌립이 예수님께 여쭈어봅니다. "저희가 하나님을 보았으면 좋겠습니다. 보여주십시오." 예수님께서 말씀하십니다. "너희가 나를 보았거늘, 아직도 하나님을 보고자 하느냐?" 그리스도 안에서 하나님을 보고, 그리스도 안에서 나의 영원한 생명을 확증해야 하는 것입니다. "보여주옵소서!" 할 때 예수님 말씀이 오늘본문 9절입니다. "너희가 벌써 보았느니라. 네가 지금 보고 있느니라." 현재 보고 있다는 것입니다. 보았느니라—그리스도를 보며 하나님을 보고, 그리스도를 만나며 하나님을 만나고, 그리스도와 함께하며 내 운명을 보는 것입니다. "근심하지 말라. 하나님을 믿으니 또 나를 믿으라."

여러분이 잘 아시는 에디슨이라는 발명가가 있습니다. 그는 청각장애인이었습니다. 그러나 한평생 연구에 몰두하며 살았습니다.

귀가 잘 들리지 않았습니다. 그러나 오히려 감사했습니다. "귀가 들리지 않기 때문에 나는 내가 하는 일에 온전히 집중할 수 있다." 쓸데없는 생각도 안 하고, 쓸데없는 소리 듣지도 않고, 그래서 천 점 이상의 발명품을 내놓았습니다. 발명왕 하면 에디슨 아닙니까. 그는 85세까지 살았습니다. 그가 노인으로서도 열심히 활동하고 있을 때 누가 그에게 발명의 비결이 무엇이냐고 물었습니다. 그는 대답합니다. "믿음입니다. 영원한 믿음이 제가 현재의 일에 충실할 수 있도록 만듭니다." 그리고 유명한 말을 했습니다. "사람은 영원한 존재입니다. 나는 그것을 믿습니다. 죽음은 현재의 출구요, 죽음은 영혼을 향한 입구입니다." 여러분, 우리 눈앞에 분명히 죽음이라는 한 단계가 있습니다. 이 죽음을 바라보고 우리는 지금 불안에 떨고 있는 것입니다. 주님께서 말씀하십니다. "너희는 마음에 근심하지 말라. 하나님을 믿으니 또 나를 믿어라." 십자가를 지시기 바로 전날 밤에 하신 말씀입니다. 십자가를 지시기 바로 몇 시간 전입니다. "너희는 마음에 근심하지 말라. 하나님을 믿으니 나를 믿어라." △

네 보물이 있는 곳

너희를 위하여 보물을 땅에 쌓아 두지 말라 거기는
좀과 동록이 해하며 도둑이 구멍을 뚫고 도둑질하느
니라 오직 너희를 위하여 보물을 하늘에 쌓아 두라
거기는 좀이나 동록이 해하지 못하며 도둑이 구멍을
뚫지도 못하고 도둑질도 못하느니라 네 보물 있는 그
곳에는 네 마음도 있느니라 눈은 몸의 등불이니 그러
므로 네 눈이 성하면 온 몸이 밝을 것이요 눈이 나쁘
면 온 몸이 어두울 것이니 그러므로 네게 있는 빛이
어두우면 그 어둠이 얼마나 더하겠느냐 한 사람이 두
주인을 섬기지 못할 것이니 혹 이를 미워하고 저를
사랑하거나 혹 이를 중히 여기고 저를 경히 여김이라
너희가 하나님과 재물을 겸하여 섬기지 못하느니라
(마태복음 6 : 19 - 24)

네 보물이 있는 곳

예부터 전해오는 이런 고사가 있습니다. 어떤 장군이 한 작은 성을 점령하려고 군사를 동원해 그 성을 완전히 포위한 뒤 이렇게 성을 향해 명령했습니다. "이 성에 있는 모든 사람은 다 떠나라. 이 성을 완전히 진멸할 것이다. 그런데, 떠날 때 한 사람이 한 가지씩 가장 중요한 것을 가지고 가는 것을 허락한다. 전체를 다 진멸하겠지만, 가장 소중한 것 한 가지씩만 가지고 피난 길을 떠나라." 그래 모든 사람이 나름대로 자기 집에 있는 제일 중요한 것 하나씩을 가지고 이제 떠나갑니다. 그런데, 웬 아주머니 하나가 나이 많은 시어머니를 등에 업고 가는 것이었습니다. 그 무거운 시어머니를 업고 피난의 길을 떠나니까 군사가 물었습니다. "이건 뭐냐?" 그러니까 "제 집의 보물입니다. 제가 생각하는 가장 귀한 보물이 제 시어머니입니다. 지금 병중에 계시는데, 저한테는 이보다 더 소중한 보물이 없습니다. 그래서 이 보물을 가지고 가는 것입니다." 장군이 이 일을 전해 듣고 큰 감동을 받았습니다. "이렇게 귀하고 아름다운 효심을 가진 며느리가 있는 이 마을을 진멸하는 것은 하나님께서 허락하지 않으실 뿐만 아니라, 내가 큰 보응을 받게 되리라. 이 성을 사하노라." 그래 그 성 사람들을 그 성에서 잘 살게 해주었다는 전설 같은 이야기가 있습니다.

여러분에게는 가장 소중한 것이 무엇입니까? 전쟁 때 피난민들을 직접 보신 분들도 있겠지만, 저는 피난민들의 모습을 직접 보았습니다. 언제 돌아올지 모르는 길입니다. 한번 가면 영영 못 돌아올 수도 있습니다. 문제는 그런 피난 길을 가는 사람들이 가지고 있는 피난 보따리입니다. '도대체 저들은 뭘 가지고 갈까?' 하면서 보니까 지게에다 이것도 지고, 저것도 지고, 애들도 들쳐 업고…… 다 이렇게 하는데, 자세히 보니 전부 다 숟가락을 가지고 갑니다. 숟가락이 있어야 무엇을 먹을 수 있지 않겠습니까. 그러니까 숟가락을 짐꾸러미에 매단 채 가는 것입니다. 그리고 또 태반이 이부자리를 가지고 갑니다. '오늘 밤은 도대체 어디서 뭘 덥고 잘까?' 해서 이부자리를 가지고 가는 것입니다. 그 피난민 대열을 보고 제가 이런 생각을 해 보았습니다. '무엇이 제일 중요한가? 이것밖에 없는가? 오늘이라도 누가 내게 제일 중요한 것이 무엇이냐고 물어온다면 나는 뭐라고 대답할 수 있을까?'

저도 같은 모양으로, 1951년 1월 13일에 고향을 떠나게 되었습니다. 그 떠나던 날 새벽기도에 갔다 왔는데, 막 군인들이 집 앞으로 대열을 이루어 지나가고, 시끄러운 소리가 나고, 대포 소리도 멀리서 들려왔습니다. 어머니께서 제게 말씀하셨습니다. "이제 너는 집을 떠나라. 아무래도 너는 집에 있을 수 없으니, 우리는 남겨두고 너 혼자라도 피난 길을 가거라." 그때 제가 집을 떠나오면서 무엇을 가지고 와야겠습니까? 그 순간에는 아무것도 필요가 없습니다. 돈도 종잇조각에 불과합니다. 당장 오늘 밤 어디서 잘지, 또 어디서 무엇을 먹을지가 걱정입니다. 아무런 보장이 없으니까요. 어쨌든 어머니께서 저더러 어서 여기를 떠나라고 하시면서 제게 주신 것은 제 아버지께서 생전에 보시던 성경책이었습니다. 아버지께서 평생 보시던 성경책—지금도 펴보면 여기저기에 밑줄 그어놓은 것을 볼 수 있습니다. 바로 그 성경책을 제게 주시고, 제가 보던 성경책은 어머니께서 "그건 날 줘라. 그건 내가 가지겠다" 하셨습니다. 그렇게 저는 성경책을 바꾸어서 가져왔습니다. 지금도 그 성경책은 저의 가보 제1호로 잘 보관하고 있습니다. 여러분, 가장 결정적인 순간에 딱 한 가지를 선택해야 한다면 여러분은 무엇을 선택하시겠습니까? 무엇이 가장 중요한 것입니까?

오늘본문은 말씀합니다. 네 보물이 있는 곳에 네 마음도 있느니라—주님 말씀입니다. 예수님께서 하신 비유의 말씀을 여러분이 아십니다. '밭에 감추인 보화의 비유' 이야기는 너무나 절절합니다. 왜 밭에 보화가 감추어져 있을까요? 그 까닭은 간단합니다. 피난 갈 때는 은행이 필요 없기 때문입니다. 아무 곳에도 맡길 수가 없으니, 피난길을 떠나면서 보화를 항아리에 넣어 밭에다 파묻어 감춰놓은 것입니다. 그런데, 그 보화를 묻어놓은 바로 그 사람이 죽었습니다. 그러므로 이 보화는 이제 '밭에 감추인 보화'가 되는 것입니다. 그리고 뒤에 이 집의 밭을 갈던 사람이 이 보화를 발견합니다. 그런데, 참 묘하지요? 이것을 발견했다고 알리면 밭의 주인이 "이건 내 것이다!"라고 할 것입니다. 그러니까 안 되겠는 것입니다. 그래 이 지혜로운 사람은 숫제 그 밭을 사버립니다. 보화를 발견하고 가서 밭을 사는 것입니다. 밭을 사면 이 밭이 내 밭이고, 밭 속에 있는 보화도 내 것입니다. 이것이 당시의 관례입니다. 그래 그는 자기 가진 걸 다 팔아서 밭을 산 것입니다. 밭만 사면 되니까요. 여기서 한번 생각해 보십시오. 이 밭에 감추인 보화의 주인은 어디로 갔습니까? 이렇게 밭에 보화를 감춰놓고 죽어버렸습니다. 그럼 이 보화는 누구 것입니까? 이것이 바로 세상 이치라는 말입니다. 보화가 무엇인가? 마음이 있는 곳, 내 마음의 깊은 관심이 있는 곳—이것은 가치관의 문제입니다. 절대가치가 무엇이냐, 하는 것입니다.

　예수님의 비유 가운데 '값진 진주를 발견한 사람의 비유'가 있습니다. 지금은 다이아몬드도 있고, 여러 가지 좋은 보화가 많지만, 옛날에는 진주밖에 없었습니다. 왜입니까? 다이아몬드는 깎아놓으니까 그렇게 예쁜 것이지, 그 원석은 그냥 차돌멩이입니다. 아무것도 아닌 것입니다. 아프리카에서는 아이들이 그 차돌멩이를 가지고 공기놀이를 합니다. 그 정도로 아무것도 아닌 것이고, 깎았기 때문에 예뻐진 것일 뿐입니다. 그래서 옛날 그런 기술이 없을 때는 가장 귀한 보물이 다이아몬드가 아니라 진주였습니다. 그래서, 성경에 있는 대로, 몇 캐럿인지는 모르겠지만, 값진 진주를 발견하면 장사하는 사람이 알아보고 자기가 가진 것을 다 팔아 그 진주를 삽니다. 이 가치관에 대한 절대성이 대단히 중요합니다. 예수를 믿을 때 가장 귀한 것이 무엇입니까? 아직도 버려야 할 것을 못 버리는 이유가 어디에 있습니까? 가장 귀한 것을 찾지 못했기 때문입니다. 가장 귀한 것을 찾은 사람에게는 그밖의 것을 버리는 일이 아무것도 아닙니다. 이게 중요한 것 아니겠습니까. 가장 귀한 것을 위해서 나머지를 버릴 줄 아는 것, 이건 아주 쉬운 일입니다.

　예수님께서 세 가지 조건을 말씀하십니다. 내 제자가 되려거든 첫째로 자기를 부인하고, 둘째로 자기 십자가를 지고, 셋째로 나를 좇으라―자기를 버리는 것은 어려운 일입니다. 자기 십자가를 지는 것도 어렵습니다. 하지만 어려울 것 없습니다. 예수님만 바로 발견하면 그 순간 자기를 부인하는 것은 어려운 일이 아닙니다. 십자가를 지는 것도 어려운 일이 아닙니다. 문제는 절대소망, 절대가치입니다. 하지만 우리는 결국 없어질 것을 너무나 소중히 여길 때가 있습니다. 그리고 뒤에 가서 후회합니다. 어차피 없어질 것 아닙니까. 여럿이 함께 식사할 때 제가 동석한 분들에게 가끔 잠언을 들려줍니다. "맛있게 잡수세요. 많이 잡수세요. 먹은 것만 내 것입니다. 밥상에 올려져 있는 것도 내 것이 아닙니다. 먹은 것만 내 것입니다. 그러니까 잘 잡수세요. 맛있게 잡수세요." 이것이 아주 중요합니다.

여러분, 내 집에 있는 것이라고 다 내 것입니까? 나 죽은 다음에는 다 없어지는 것 아닙니까. 내가 내 마음을 따라서 흡족하게, 나를 기쁘게 하면서 소비할 때, 그렇게 써버릴 때, 그렇게 주어버릴 때, 그것만이 내 것입니다. 잊지 말아야 합니다. 어차피 우리는 다 잃어버리게 됩니다. 내가 세상 떠날 때 내 것은 없습니다. 그래서 너무나 유명한 이야기를 여러분이 잘 알고 있지 않습니까. 알렉산더 대왕이 세상을 떠날 때 이런 유언을 합니다. "관을 메고 나갈 때 내 두 손을 벌리게 하라." 그래서 관을 메고 나갈 때 대왕의 두 손이, 그러니까 시체의 두 손이 쫙 펴진 채 관 밖으로 덜렁덜렁했습니다. 여기서 알렉산더 대왕은 세상을 향해 이렇게 말해주고 있는 것입니다. "빈손으로 가노라! 알렉산더 대왕도 빈손으로 가노라!" 유명한 이야기 아닙니까. 다 잃어버리게 되는 것입니다.

또 한 가지, 빼앗깁니다. 내가 능력이 부족하고, 지혜가 부족해서 이럭저럭 다 사기당하고 있습니다. 다 빼앗겼습니다. 어느 사이에 빼앗겼습니다. 여기까지는 불행한 사람입니다. 그다음에는 주는 사람입니다. 긍휼한 마음으로 내가 원하는 대로 베푸는 것입니다. 주는 것입니다. 예수님의 귀한 비유의 말씀을 여러분이 잘 아시지요? 선한 사마리아 사람의 비유 말입니다. 사마리아 사람은 유대 사람에게 멸시를 받았습니다. 그러나 유대 사람이 불한당에게 당한 것을 보고 아무 조건 없이, 이유도 없이 그를 돌보아줍니다. 그를 사랑합니다. 베풀어줍니다. Good Samaritan, 선한 사마리아 사람—아주 중요한 것입니다. 아무 조건도 없고, 이유도 없이 베푸는 마음—주는 것입니다. 바로 가치의 형성입니다.

그런가 하면, 드리는 것이 있습니다. 하나님께 드리는 것은 좀 더 높은 의미입니다. 예수님 앞에는 예수님을 기쁘게 해드리는 '드림'이 있습니다. 바로 옥합의 향유를 깨뜨려서 예수님의 머리에 부은 것입니다. 옆에서 가룟 유다가 그걸 보고 한마디 합니다. "저거 3백 데나리온 짜리인데! 저걸 팔아서 가난한 자들을 구제하면 될 텐데!" 3백 데나리온이 얼마냐 하면, 한 사람이 하루 종일 일한 임금이 1데나리온이니까, 무려 3백 명이 일해서 벌 수 있는 돈입니다. 다시 말하면, 한 사람이 3백 사람 몫의 일을 해서 벌 수 있는 돈입니다. 그것이 3백 데나리온입니다. 그걸 왜 깨뜨려서 낭비하느냐, 허비하느냐, 이것입니다. 이게 낭비입니까? 예수님께 부어드린 것입니다. 그 가룟 유다의 말을 들으시고 예수님께서 말씀하십니다. 아주 중요한 말씀입니다. "가난한 자는 항상 함께 있느니라. 저는 나에게 좋은 일을 했느니라. 이 복음이 전파될 때 어디를 가든지 이 여자의 이야기를 하라." 아주 중요하게 여기신 것입니다. 가난한 자를 구제하는 것은 좋은 일이지만, 이보다 더 중요한 것은 예수님을 기쁘게 해드리는 것입니다. 예수님께 향유를 붓는 것입니다.

저는 성경에서 이 말씀을 볼 때마다 꼭 생각나는 일이 하나 있습니다. 미국에서 공부할 때 저는 주일마다 이 교회 저 교회를 다니면서 설교를 하였습니다. 그때 저는 아직 차가 없어서 버스를 타고 다녔는데, 주로 뉴욕의 버스 정류장까지 가서 기다렸다가 버스를 타고 시골로 가 설교를 한 다음 저녁에 다시 집에 돌아왔습니다. 어느 날 버스터미널에서 버스가 오기를 기다리고 있는데, 웬 점잖은 사람이 제 옆에 오더니, "Do me a favor?"라고 합니다. 왜 그러느냐고 했더니, 배고프다고 좀 도와달라는 것입니다. 그래서 돈을 주고자 주머니를 여니까, 1불짜리가 있으면 좋겠는데, 5불짜리밖에 없는 것입니다. 그래도 내가 설교하러 가는 목사인데, 이걸 거절할 순 없지 싶어서 아깝지만 5불을 내줬습니다. 이 사람이 "Thank you!" 하고 "May God bless you!" 하더니 가버렸습니다. 그다음에 제가 '조금 아쉽지만, 주일 아침에 좋은 일이다'하고 생각하며 앉아 있는데, 어떤 점잖은 사람이 제 옆에 가까이 오더니 "당신 지금 뭘 했냐?" 하고 물어옵니다. "저 사람이 배고프다고 해서 내가 돈을 주었소" 했더니, "저 사람 마약 하는 사람이오. 당신 같은 사람이 있으니까 저 사람이 자꾸 마약을 하는 것 아니오!" 하고 저를 책망합니다. 세상에, 제가 베풀고 나서 꾸중을 들은 것입니다. 그분이 내쳐 또 설교까지 합니다. "성경에 말씀하기를, '가난한 자는 항상 있느니라!' 하였소." 그래 제가 "I am sorry"를 몇 번이나 했는지 모릅니다. 참 중요한 이야기입니다.

구제하는 것은 좋은 일입니다. 예수님께 기름을 부어드린 것은 더 좋은 일입니다. 사회사업 하는 것 좋은 일입니다. 교회를 위해서 봉사하는 것은 더 가치가 높은 일입니다. 이걸 잊지 말아야 합니다. 하늘에 보화를 쌓아두는 것입니다. 잊지 말아야 합니다. 우리 교회의 오르간 소리가 참 좋습니다. 저는 이 소리를 늘 자랑합니다. 이 예배당을 짓기 시작할 때 여기에 오신 장로님 가운데 한 분이 저더러 "이 예배당을 짓는 데 제가 뭘 좀 하면 좋을까요?" 하기에 제가

"오르간 하나 하시지요!" 하니까 "그러지요!" 하고 그분이 그 당시 3억을 내서 이 오르간을 했습니다. 그분이 지금은 미국에 있으면서 한국에 가끔 들어오는데, 그때마다 우리 교회에 옵니다. 예배를 마치고 나오면서 인사할 때 제가 일부러 꼭 이렇게 묻습니다. "오르간 소리가 좋지요?" 그러면 "아이고, 목사님! 정말 제가 일생토록 했던 일 가운데 이게 제일 좋은 일입니다. 여기 올 때마다 이 오르간 소리가 들리면 그렇게 좋을 수가 없습니다."

이것이 하나님의 일입니다. 하나님의 사역을 위해서 한 일이 있으면 두고두고 우리 마음의 기쁨이고, 은혜가 되는 것입니다. 이것이 하나님의 일입니다. 이것을 잊지 말아야 합니다. 은밀한 가운데 중심을 바쳐서 정성껏 하나님을 영화롭게 해드려야 합니다. "네 보화를 마음에 쌓아두라. 하늘에 두라. 네 보화를 하늘에 쌓아두라. 그리고 생각하라. 그리고 사랑하라. 사모하라. 기뻐하라." 하늘에 쌓아두고 기뻐할 때 그곳에 내 마음이 있는 것입니다. 선행은 신탁입니다. 참 절절한 예수님의 말씀이 있습니다. "이 소자 중 하나에게 냉수 한 그릇을 주는 자, 결단코 상을 잃지 아니하리라!" 냉수 한 그릇, 제일 싸구려입니다. 하찮은 것입니다. 하지만 말씀하십니다. "내 이름으로 냉수 한 그릇만 줘도 결단코 상을 잃지 아니하리라." 이걸 잊지 마십시오.

제가 효도하는 마음으로 자랑삼아 한 번 더 말씀드립니다. 제가 신학대학 다니고 있을 때의 일입니다. 목사님들이나 전도사님들이 저를 만나면 꼭 이렇게 묻습니다. "곽선희, 당신이 곽선희야?" "예." "너희 할아버지가 곽치영 맞아?" "맞습니다." "네 할아버지의 장학금으로 내가 옛날에 공부해서 목사가 됐느니라." 제 할아버지가 많은

목사님에게 장학금을 주서서 그들이 목사가 되었다는 인사를 많이
받았습니다. 제 할아버지가 일찍이 투자를 해놓으신 것입니다. 그
결과 제가 이름도 모르고 성도 모르는 분들에게서 특별한 의미의 장
학금을 받은 것입니다. 미국에서 공부하던 5년 동안 그분들이 제게
비행기 표까지 다 보내주었습니다. 그 장학금을 받아 공부하면서 제
가 생각했습니다. '이건 우리 할아버지께서 투자하신 것이다!' 이걸
잊지 말아야 합니다.

여러분이 투자해야 여러분의 손자가 받을 것 아닙니까. 아무것
도 없는데, 무엇을 받겠습니까. 안 되로 일입니다. "이름도 없이, 빛
도 없이 부지런히 하늘에 쌓아두라. 하늘에 쌓아두라." 더 중요한 것
이 있습니다. "보화가 있는 곳에 마음도 있느니라." 거기에 쌓아두
면 없어지지 않습니다. 그다음에 오는 축복도 있지만, 더 중요한 것
은 내 마음이 거기에 있다는 것입니다. 내가 보화를 쌓아둔 곳에 내
마음이 있다는 말입니다. 거기에 행복이 있고, 소망에 있는 것 아니
겠습니까. 이걸 잊지 말아야 합니다. 그저 내가 준 그만큼 나는 부자
인 것입니다. 베푼만큼 행복한 것입니다. 잊지 말아야 합니다.

톨스토이의 유명한 말이 있습니다. '돈이 없는 것은 슬픈 일이
다. 그러나 돈이 남아도는 것은 두 배로 슬픈 일이다.' 남아도는 돈
이 없어야 합니다. 세상을 떠날 때는 더더욱 없어야 합니다. 언젠
가 한번은 제가 우리 목사님들을 가르치다 보니, 그 목사님들이 제
게 물어봅니다. "이제 은퇴할 때가 되었는데, 앞으로 어떻게 하면 좋
겠습니까? 목사로 잘 은퇴하는 비결을 좀 가르쳐주세요." 그래 제
가 이랬습니다. "딱 한 마디만 하겠네. 세상을 떠날 때 아무것도 없
어야 해. 한경직 목사님은 세상 떠나실 때 3백만 원밖에 없었어. 집

도 없었고, 아무것도 없었어. 목사는 세상 떠날 때 아무것도 없어야 해. 그래야 목사지!" 요샛말로 집이 두 채면 안 되는 것입니다. 여러분, 도대체 무엇을 하겠다고 그 망신들을 하고 앉았는 것입니까. "그저 하늘에 쌓아두라! 하늘에 쌓아두라!" 잊지 말아야 합니다.

하나님께서는 이렇게 쌓아두는 이들한테 영원한 축복을 주실 뿐만이 아니라, 그 후손에게도 복을 주십니다. 이뿐만이 아니라, 현세에서도 복을 주십니다. 잊지 마시고 잘 들으십시오. 실제로 평생 나눔의 생을 산 사람들에게 복을 주신 이야기는 끝이 없습니다. 유명한 이야기 몇 가지만 하겠습니다. 슈바이처 박사가 아프리카에 가서 그 열악한 처지에 있는 사람들을 위해 평생 일하지 않았습니까. 몹시 비위생적인 환경이었지만, 그는 90세까지 살았습니다. 홀트 아동복지회의 홀트 여사도 유명한 분입니다. 96세까지 살았습니다. 백의의 천사라고 하는 나이팅게일은 90세까지 살았고, 유명한 마더 테레사 수녀도 87세까지 살았습니다. 선하게 사는 사람들은 하늘의 복이 있습니다. 그 후손에게 주시는 복이 있을 뿐만이 아니라, 자신에게도 복이 있습니다. 자신에게도 행복이 있고, 건강이 있고, 명예가 있고, 축복이 있는 것입니다. 또, 장수가 있습니다.

여러분, 내 보화가 어디 있습니까? 내가 소중하게 여기는 것이 지금 어디에 있습니까? 내 보화는 내 손에 있는 것이 아닙니다. 하늘에 있어야 합니다. 반드시 하늘에 있어야 합니다. "하늘에 쌓아두라. 그리고 하늘을 쳐다보라." △

가까이 하여 말씀을 듣는 사람

───────

너는 하나님의 집에 들어갈 때에 네 발을 삼갈지어다 가까이 하여 말씀을 듣는 것이 우매한 자들이 제물 드리는 것보다 나으니 그들은 악을 행하면서도 깨닫지 못함이니라 너는 하나님 앞에서 함부로 입을 열지 말며 급한 마음으로 말을 내지 말라 하나님은 하늘에 계시고 너는 땅에 있음이니라 그런즉 마땅히 말을 적게 할 것이라 걱정이 많으면 꿈이 생기고 말이 많으면 우매한 자의 소리가 나타나느니라 네가 하나님께 서원하였거든 갚기를 더디게 하지 말라 하나님은 우매한 자들을 기뻐하지 아니하시나니 서원한 것을 갚으라 서원하고 갚지 아니하는 것보다 서원하지 아니하는 것이 더 나으니 네 입으로 네 육체가 범죄하게 하지 말라 천사 앞에서 내가 서원한 것이 실수라고 말하지 말라 어찌 하나님께서 네 목소리로 말미암아 진노하사 네 손으로 한 것을 멸하시게 하랴 꿈이 많으면 헛된 일들이 많아지고 말이 많아도 그러하니 오직 너는 하나님을 경외할지니라

(전도서 5 : 1 - 7)

가까이 하여 말씀을 듣는 사람

아주 오래전 이야기입니다. 1963년, 제가 처음 유학의 길을 떠났을 때입니다. 공부를 시작하기 두 주 전, 약간의 여유가 있었습니다. 그래 LA의 큰 도서관 옆에 있는 바이올라 호텔이라는 곳에서 두 주간 머물렀습니다. 그동안 저는 한가할 때면 바로 그 호텔 옆 큰 도서관에 가서 그곳을 이리저리 구경했습니다. 그때 책 한 권이 눈에 띄었습니다. 「가장 아름다운 여자」라는 책이었습니다. 아직 젊을 때여서인지, 그 제목이 우선 눈에 들어왔습니다. 어떤 내용일까 궁금했지요. 그래 그 책을 꺼내 그 자리에서 다 읽었고, 깊은 감동을 받았습니다. 그때로부터 지금까지 수십 년의 세월이 지났지만, 제 마음속에는 아직껏 그 아름다운 여자의 그림이 남아 있습니다. 아름다운 여자는 무엇입니까? 어떤 여자가 아름다운 여자입니까?

첫째, 정결한 여자입니다. 순결하고 깨끗한 여자입니다. 여자의 아름다움, 그 생명은 정결에 있다, 이것입니다. 둘째, 대화의 문이 열리는 여자입니다. 대화의 아름다움—한마디로, 말하기 기쁘고, 말할 때 나를 행복하게 만들어주는 여자를 뜻합니다. 이것을 다른 말로는 'Hearing Heart'라고 합니다. 대화할 때 상대방의 마음을 기쁘게 합니다. 말을 하면서 듣는 것입니다. 그래 듣는 사람의 마음을 기쁘게 해서 그 대화의 분위기를 좋게 만드는 여자입니다. 반대로, 초를 치는 여자가 있습니다. 무슨 말을 하다가도 그 사람만 입을 열면 갑자기 분위기가 싸늘해집니다. 이런 여자는 아름답지 못한 여자입니다. 앞서 말한 대화가 아름다운 여자는 근심과 걱정이 있다가도 그 여자가 입을 열면 모두가 마음이 기뻐지고, 대화의 분위기가 화사해지면서 대화의 분위기에 생기가 돕니다. 그런 대화를 유도하는 여자가 아름다운 여자입니다. 셋째, Hospitality, 대접하는 여자입니다. 손님에게 차를 대접하든, 음식을 대접하든, 대접을 잘하는 여자가 아름다운 여자입니다. 듣는다는 것, 참 중요합니다. 들으면서 상대방의 마음을 여는 것입니다. 들음으로 상대방의 마음을 열어서 상대방이 자유롭게 말하도록 해주는 것입니다. 이런 자세가 대화에서 아주 중요합니다.

칼 바르트와 더불어 20세기 최고의 신학자로 불리는 독일의 본회퍼가 쓴 「Life Together」라는 유명한 책이 있습니다. 이 책에서 그는 말합니다. '침묵하라. 하나님 앞에 침묵하라. 듣는 자세로 기도하라. 침묵하고 기다리라. 그 속에 위대한 기도가 있다.' 이렇게 가르쳐주고 있습니다. 말을 많이 해야 하는 것이 아닙니다. 예수님께서도 말씀하셨습니다. "이방 사람들은 기도할 때 말을 많이 해야 하는 줄로 아느니라. 그러나 그렇지 않다. 하나님께서는 다 알고 계시느니라." 그렇기 때문에 꼭 말이 많아야 하는 것이 아닙니다. 반대로, 본회퍼는 우리는 듣는 자세가 중요하다고 말합니다. '기도할 때도 듣는 자세로 들으면서 기도하라. 항상 기다리는 마음과 듣는 마음이 깨끗해야 한다. 그것이 살아있는 기도의 응답을 받는 길이다.' 사실이 그렇습니다. 내가 말이 많으면 듣지를 못합니다. 들으려면 침묵해야 합니다.

여러분, 혹 부부싸움을 해보셨습니까? 부부싸움의 원인은 딱 한 가지, 듣지 않는 것입니다. 듣지는 않고, 내 말만 하겠다는 것입니다. 상대방이 말을 시작해도 그만하라고, 이제 내가 말하겠다고 하는 것입니다. 이렇게 상대방의 말을 멈추게 하고 내가 말을 하면, 그 말 듣는 사람 있습니까? 안 듣습니다. 그럴 줄 알면서 왜 말합니까? 이것이 불화의 원인입니다. 아름다움은 여기에 있습니다. 듣는 마음입니다. "말씀하세요. 제가 듣겠나이다. 말씀하세요. 제가 듣겠습니다." 여러분은 이렇게 해본 일 있습니까? 상대방의 마음을 열고 말하게 하는 분위기를 만들어본 일 있습니까? 이것이 화평의 근본입니다. 그래서 말이 많으면 들을 수 없고, 내 말에 집착하면 하나님의 말씀도 들리지 않습니다. 번민과 초조와 불안으로 떨고 있노라면 기도가 통하지 않습니다. 아니, 기도가 되지를 않습니다. 그것은 푸념일 뿐입니다. 기도는 듣는 데서부터 시작하는 것입니다. 로마서 10장 14절에 유명한 말씀이 있지 않습니까. "그런즉 그들이 믿지 아니하는 이를 어찌 부르리요 듣지도 못한 이를 어찌 믿으리요 전파하는 자가 없이 어찌 들으리요." 저희가 믿지 아니하는 이를 어찌 부르리요, 듣지 못한 일을 어찌 믿으리요, 전파하는 이가 없이 어찌 들으리요, 보내심을 받지 아니하였으면 어찌 전파하리요…… 믿음은 들으면서 난다, 들음으로 난다, 듣는 데서 오는 것이다—복음은 들으면서, 듣는 데서 이루어집니다. 그런고로 듣는 자세, 그 자체가 곧 믿음이라는 것입니다. 오늘본문도 말씀합니다. "너는 하나님의 집에 들어갈 때에 네 발을 삼갈지어다 가까이 하여 말씀을 듣는 것이…… (1절)" 무슨 말씀입니까? 이 자세가 곧 듣는 자세입니다. 가까이하여 말씀을 듣는 그 마음이 너무나 귀한 것입니다.

사무엘상 15장 22절에 유명한 말씀이 있지 않습니까. 어느 날 사울 왕이 전쟁에 나가서 큰 승리를 얻었습니다. 사무엘이 사울을 만났을 때 사울이 불경건한 일을 행하는 것을 보고 책망합니다. 그

때 그는 나름대로 하나님 앞에 제사를 드리려고 제물을 준비했다고 쓸데없는 변명을 합니다. 그때 사무엘 선지자의 책망하는 말씀 가운데 이런 것이 있음을 여러분이 잘 알고 있습니다. "순종이 제사보다 낫고 듣는 것이 수양의 기름보다 나으니." 순종이 제사보다 낫고, 듣는 것이 많은 재물을 가지고 하나님 앞에 드리는 것보다 낫다―이것이 신앙의 바른 자세라고 사무엘이 사울 왕을 크게 책망하는 것을 볼 수 있습니다. 여러분, 듣는 자세가 얼마나 중요합니까. 하나님의 말씀을 듣는 자세―하나님께서는 누구십니까? 우리가 다 알고 있지 않습니까. 내가 모르는 것까지 아시고, 내 속까지 다 보고 계시는데, 그 하나님 앞에 어찌 변명이 있으며, 말이 많을 수 있겠습니까. 그래 성경은 말씀합니다. 가까이하여 말씀을 듣는 것이 하나님을 영화롭게 하는 길이고, 기도의 응답을 받는 길이다―

동양의 철학자 노자는 이렇게 말합니다. '인간은 들음에서 성장하고, 들음에서 인격이 된다.' 그는 듣는 것에 대하여 세 가지 단계로 말합니다. 첫째, 다른 사람의 말을 잘 들으라는 것입니다. 일단 다른 사람의 말을 잘 귀담아듣는 자세가 중요하다는 것입니다. 둘째, 자기가 자기 말을 들으라는 것입니다. 자기 양심의 소리, 자기 이성의 소리를 조용히 듣는 것입니다. 자기 소리를 자기가 들을 수 있어야 한다는 것입니다. 셋째, 초월한 저편에서 말씀하시는 신의 소리, 곧 하나님의 소리를 들을 수 있어야 한다는 것입니다. 이런 세 가지 단계로 우리가 듣는 마음이 되어야 한다, 이것입니다. 가까이하여 말씀을 듣는다는 것, 무엇입니까? 그 행동 자체가 좀 더 자세히 듣기 위하여 가까이 가는 것입니다.

하지만, 우리는 반대로 되는 것 같습니다. 멀리 가면서 듣습니다. 멀리 가면서 소리 지릅니다. 그건 아닙니다. 가까이 가면 소리가 작아집니다. 크게 소리 지를 필요가 없습니다. 가까이 가면 작은 소리로 읊조리며 하나님 앞에 기도할 수 있습니다. 가까이 간다는 것은 곧 기쁜 마음과 감사를 뜻합니다. 은총에 대한 응답입니다. 멀리 가는 마음은 하나님께로부터 도피하는 마음이고, 가까이 가는 마음은 하나님의 은총에 대해서 만족한 감사를 가지고 기도하는 것입니다. 그래서 늘 말씀드린 바와 같이, 우리는 어떤 기도를 하든, 아무리 급해도 감사가 먼저입니다. 감사기도부터 하고 나서 기도해야 합니다. 제가 소망교회에 있을 때 언젠가 한번은 우리 장로님 기도가 좀 지루하고 길었습니다. 그때 놀라웠던 것은 그 장로님 기도에 처음부터 끝까지 감사라는 말이 한마디도 없었던 점입니다. 그래 제가 예배 끝난 뒤에 그 장로님을 따로 불러서 이렇게 하면 다음부터 기도 안 시키겠다고 했습니다. "당신의 기도에는 감사가 없습니다. 은혜가 없고, 은총이 없습니다. 뭐가 그렇게 답답함이 많고, 소원이 많습니까? 하나님께서 다 알고 계시는데요?" 이렇게 제가 크게 책망한 일이 있습니다. 여러분, 잊지 마시기 바랍니다. 기쁜 마음과 감사—감사가 먼저입니다. 언제든지 감사가 먼저입니다. 이걸 잊지 말아야 합니다.

제가 인천에서 목회할 때 이성필 전도사라고 있었습니다. 그분은 아들을 셋 두었는데, 그 가운데 특별한 아들이 하나 있었습니다. 맏아들과 막내아들은 어머니한테 언제나 이랬습니다. 어머니, 돈 좀 주세요, 이게 필요해요, 이거 주세요, 저거 주세요…… 그런데, 둘째 아들은 도대체 뭘 달라고 하지를 않았습니다. "어려운 살림에 늘 주셔서 감사합니다. 그저 어려운 살림에 용돈 주시느라고 얼마나 고생

하십니까." 이렇게 시작합니다. 그러면 어머니가 "야, 이놈아! 귀찮
다. 가지고 가라!" 하고 주십니다. 여러분, 감사하면 하나님께서는
눈치가 빠르셔서 빨리 주십니다. 그런데, 이걸 그냥 안 주신다고 억
지를 씁니다. "생전 제 기도를 왜 안 들어주십니까?" 어떤 분은 이런
말까지 합니다. 자신은 한 번도 기도에 응답받은 일이 없다고요. 응
답받지 않았으면 지금까지 어떻게 살았습니까? 이런 마음으로 무슨
기도를 하겠습니까. 기도의 자세가 중요하다, 이것입니다.

　뿐만이 아니라, 기도의 대상이 하나님이시지 않습니까. 그리고
대화의 대상도 하나님이십니다. 그런고로 존경하는 마음으로, 특별
히 믿음으로 기도해야 합니다. 무슨 말입니까? 대화의 제1조건이 믿
음이다, 이것입니다. 상대방을 믿고 이야기하는 것입니다. "내가 널
어떻게 믿어?" 이러면 대화할 필요가 없습니다. "내가 네 말을 어떻
게 믿어?" 이러면 끝난 것입니다. "나는 너를 믿어. 지난날에 네가
잘못했지만, 오늘은 내가 네 말을 믿어." 이럴 때 비로소 대화가 되
는 것 아니겠습니까. 믿음 없이는 어떤 대화도 이루어지지 않습니
다. 끝까지 믿는 것입니다. 어머니가 좋다는 게 무엇입니까. 어머니
는 믿어주십니다. 번번이 속으면서도 믿어주십니다. "나는 너를 믿
어!" 이 한마디가 얼마나 소중합니까. 이 믿음을 가지고 하나님 앞
에 기도해야 합니다.

　뿐만이 아니라, 순종하는 마음으로 기도해야 합니다. 거역하는
마음이 아닙니다. 반항하는 마음이 아닙니다. 순종하는 마음으로 하
시기 바랍니다. "내가 순종하겠습니다." 먼저 순종하고, 먼저 순종
하는 마음을 바치고, 그러고 나서 대화하는 것입니다. 기도하는 것
입니다. 그래서 여러분이 너무나 잘 아는 말씀이 있지 않습니까. "조

용히 하여 내가 하나님 됨을 알라." 홍해 가에서 모두가 다 절망했다고 소리를 지르는 이스라엘 백성을 향하여 주시는 하나님의 말씀입니다. "조용하여 내가 하나님 됨을 알지어다(Be still know that I'm God)." 유명한 말씀입니다. 우리 마음을 조용하게 해야 할 것입니다. 가라앉히고, 겸손하고, 마음을 비우고, 순종하는 마음으로 기도해야 할 것입니다.

저는 구약성경을 볼 때마다 참 모범적인 본문이 하나 있음을 봅니다. 바로 솔로몬이 하나님 앞에 기도하는 대목입니다. 솔로몬은 고작 스물한 살에 왕이 됩니다. 이 철없는 사람이 큰 나라를 맡았으니, 얼마나 걱정이겠습니까. 주변에 원수도 많고, 형제 관계도 복잡하고, 여러 가지로 불안합니다. 그 어린 나이에 왕이 되었으니, 얼마나 답답했겠습니까. 그는 하나님 앞에 나아가 일천 번제를 드리고 기도했더랍니다. 하나님께서 밤에 나타나셨습니다. "솔로몬아, 너는 내게 구하라. 내가 네게 무엇을 줄까?" 얼마나 귀중한 시간입니까. "솔로몬아, 너는 내게 구하라. 내가 네게 무엇을 줄까?" 그야말로 절호의 기회 아닙니까. 여러 가지를 구할 수 있었겠지요. 그러나 솔로몬은 다 말고, 딱 한 가지만 구합니다. 아주 고상한 기도입니다. "제게 지혜로운 마음을 주시옵소서."

저는 이것을 히브리어로 공부할 때 아주 참 특별한 깨달음을 얻었습니다. 이것은 히브리 말로 '레브 쉐미드'입니다. '레브'는 '마음'이라는 말이고, '쉐미드'는 '듣는다'라는 말입니다. 그래서 옛날 번역본에는 'Hearing Heart', 곧 '듣는 마음'이라고 되어 있습니다. 이것이 본뜻입니다. 듣는 마음―어떻습니까? 하나님께서 말씀하십니다. "너는 내게 구하라. 내가 네게 무엇을 줄까?" 솔로몬은 기도합니다. "듣는 마음을 주시옵소서." 하나님께서 얼마나 기뻐하셨겠습니까. 부귀영화도 아니고, 원수의 성도 아니고, 듣는 마음 주시기를 바란 것입니다. 다시 한마디로 말하면, 겸손한 마음 주시기를 바란 것입니다. "들을 수 있는 마음을 주십시오. 들을 수 있는 깨끗한 마음을 주십시오." 하나님의 음성을 들을 수 있는 사람이 되게 하여주시기를 바란 것입니다. 하나님께서 너무나 기뻐하셔서, 제가 조금 지나치게 말씀드리면 오버하신 것입니다. 뭔지 아십니까? '전무후무하게' 주셨다고 되어 있습니다. 저는 '전무'는 마음에 들지만, '후무'가 마음에 안 듭니다. 어떻게 솔로몬에게만 다 주십니까. 하지만 전무후무하게 솔로몬에게 지혜를 주셨습니다.

여러분, 솔로몬의 기도가 무엇입니까? 다시 한번 쉬운 말로 풀어보시기 바랍니다. 하나님께서 말씀하십니다. "너는 내게 구하라. 내가 네게 무엇을 줄까?" "하나님, 하나님의 음성을 듣는 마음을 주시기 바랍니다. 기도 응답을 듣는 마음을 주시기 바랍니다." 하나님께서 크게 기뻐하십니다. 넘치도록, 전무후무하게 지혜를 주시어서 솔로몬은 지혜의 왕이 되고, 그때로부터 3천 년 넘게 지난 지금도 솔로몬 하면 지혜, 지혜 하면 솔로몬입니다. "하나님, 듣는 마음을 주세요. 순종하는 마음을 주세요. 주의 뜻을 받아들이는 마음을 주세요. 겸손하게 주의 뜻을 수용할 수 있고, 기뻐할 수 있는 마음을 주세요." 그 듣는 마음, 그 가운데 소망이 있고, 감사가 넘치는 것입니다. 참으로 잘 듣는 사람은 하나님으로 말씀하시게 해드리는 사람입니다. 항상 하나님께서 기뻐 말씀하실 수 있도록, 하나님께서 기뻐 응답하실 수 있도록—그런 마음의 자세를 하나님께 바치는 것입니다. 그것이 기도입니다. 하나님께서 말씀하시도록 기도하는 것입니

다. 하나님께서 응답하시도록, 하나님께서 마음을 여시도록 우리가
하나님 앞에 기도하는 것입니다.

그래서 이 말씀을 신학적으로 정리하면 이렇게 됩니다. 'Total
Acceptance, Total Explain, Total Commitment.' 여기서 'Total
Acceptance'는 다 수용하는 것입니다. 가슴을 여는 것입니다. 가슴
을 열고 하나님의 뜻을 다 수용하는 것입니다. 'Total Explain'은 항상
바른 이성으로, 배우는 자세로 임하는 것입니다. 하나님께서 주시
는 모든 일은 다 교과과정입니다. 내게 유익한 것입니다. 모든 것을
내게 유익하다고 받아들입니다. 그런가 하면, 'Total Commitment'는
전적으로 하나님께 위탁하는 신앙적 의지입니다. 납득이 가든 안 가
든, 옳게 생각되든 싫게 생각되든, 묻지 마시기 바랍니다. "하나님,
뜻대로 하시옵소서. 제가 따르겠나이다." 전적으로 위탁하는 것입니
다. 하나님 앞에 모든 것을 위탁하시는 예수님께서 말씀하시지 않습
니까. "내 뜻대로 마옵시고, 아버지의 뜻대로 하옵소서." 겟세마네
동산에서 드리는 예수님의 기도입니다. 내 뜻대로 마옵시고, 아버지
의 뜻대로—아버지 뜻은 영광입니다. "내가 아버지께서 주시는 잔
을 마시지 않겠느냐?" 이것이 바른 기도입니다.

여러분, 아름다운 이야기가 성경에 있는 것을 잘 아십니다. 예
수님께서 어느 날 마르다와 마리아의 집에 가셨습니다. 마르다가 언
니입니다. 예수님을 위해서 음식을 만드느라 분주하게 서두르며 부
엌을 왔다 갔다 하고 있습니다. 동생인 마리아는 예수님 앞에 앉아
예수님께서 하시는 말씀을 듣고 있습니다. 예수님께서 그에게 말씀
하실 때 아마 재미가 났던 것 같습니다. 그래서 계속 말씀하고 계시
는 동안 마르다가 옆에서 그걸 질투했습니다. 성경에 그대로 나옵니

다. 마르다가 예수님께 이렇게 불평의 말을 합니다. "예수님, 저 철없는 마리아가 저를 혼자 일하게 내버려두는 것을 왜 보고만 계십니까?" 그랬더니, 예수님께서 말씀하십니다. "마르다야, 마르다야. 많은 것으로 준비할 것 없다. 어느 한 가지만 해도 되느니라. 마리아는 좋은 편을 택했으니, 빼앗기지 아니하리라." 마르다는 음식으로 주님을 대접해드렸고, 마리아는 예수님 앞에서 말씀을 듣는 것으로 대접해드렸습니다. 말씀을 듣는 것으로 대접해드린 이 마리아를 예수님께서는 칭찬하셨습니다. 이 얼마나 중요한 시간입니까. 조용히 무릎 앞에 앉아서 듣는 것, 그것이 예수님을 기쁘시게 해드리는 일입니다. 예수님께 대한 대접입니다. 예수님께 대한 최고의 존경입니다. 한마디로, 바른 기도의 자세였다, 이것입니다.

가장 큰 축복은 들을 수 있는 기회가 있다는 것입니다. 언제든지 하나님의 말씀을 들을 수 있다는 것은 참으로 큰 축복입니다. 다음은 들을 수 있는 마음이 있다는 것이 중요합니다. 들을 수 있는 깨끗한 마음입니다. 그런가 하면, 듣는 대로 믿어지는 것이 중요합니다. 그리고 듣는 말씀 속에서 하나님의 무궁무진한 사랑을 느끼게 됩니다. 말씀 속에서 사랑을 느낍니다. 그것이 가장 큰 축복입니다. 여러분, 성령의 역사가 무엇입니까? 성령은 기도 응답 속에서 하나님의 음성을 듣는 것입니다. 하나님께서 말씀하시고, 하나님의 말씀 속에서 모든 것이, 만사가 다 형통하는 큰 축복을 누리게 됩니다. 항상 바른 자세로 기도하고, 항상 응답 있는 기도생활이 될 수 있기를 바랍니다.   △

각각 자기 상을 받으리라

형제들아 내가 신령한 자들을 대함과 같이 너희에게 말할 수 없어서 육신에 속한 자 곧 그리스도 안에서 어린 아이들을 대함과 같이 하노라 내가 너희를 젖으로 먹이고 밥으로 아니하였노니 이는 너희가 감당하지 못하였음이거니와 지금도 못하리라 너희는 아직도 육신에 속한 자로다 너희 가운데 시기와 분쟁이 있으니 어찌 육신에 속하여 사람을 따라 행함이 아니리요 어떤 이는 말하되 나는 바울에게라 하고 다른 이는 나는 아볼로에게라 하니 너희가 육의 사람이 아니리요 그런즉 아볼로는 무엇이며 바울은 무엇이냐 그들은 주께서 각각 주신 대로 너희로 하여금 믿게 한 사역자들이니라 나는 심었고 아볼로는 물을 주었으되 오직 하나님께서 자라나게 하셨나니 그런즉 심는 이나 물 주는 이는 아무 것도 아니로되 오직 자라게 하시는 이는 하나님뿐이니라 심는 이와 물 주는 이는 한가지이나 각각 자기가 일한 대로 자기의 상을 받으리라 우리는 하나님의 동역자들이요 너희는 하나님의 밭이요 하나님의 집이니라

(고린도전서 3 : 1 - 9)

각각 자기 상을 받으리라

세계적인 문호 톨스토이의 마지막 작품인 「살아있는 날들을 위하여 공부하라」라는 책이 우리에게 깊은 감명을 줍니다. 우리에게는 아무래도 지금까지 살아온 날보다 앞으로 살아갈 시간이 적게 남아 있습니다. 얼마 안 있으면 우리의 생은 끝날 것입니다. 그러면 남아 있는 시간, 살아있는 날들을 위해서 공부하라고 그는 세 가지를 우리에게 충고하고 있습니다. 첫째는, 자신에 대해서 정직하라는 것입니다. 지금까지는 '척하고' 살아왔습니다. 모르고도 아는 척, 안 되고도 된 척…… 뭔가 척하면서 위선적으로 산 것인데, 이제는 정직하라고 말합니다. 몰랐던 것은 모르는 것입니다. 안 된 것은 안 된 것입니다. 남은 시간은 좀 더 정직하게, 자기 자신에 대해서 정직한 생을 살아야 하겠다고 충고합니다. 둘째는, 죄인임을 인정하라는 것입니다. 이제는 남 탓을 하지 말라고 합니다. 여러분은 연세가 얼마인지 모르겠지만, 지금쯤은 남을 원망하면 안 됩니다. 남을 원망하는 것을 이제는 버려야 합니다. 누구 때문에 망했다, 누구 때문에 망조가 들었다…… 이런 것은 전혀 생각도 하지 마십시오. 이제는 말을 반대로 바꿉시다. '덕분에'로요. 그분 덕분에 내가 있다, 저분 덕분에 내가 산다…… 겸손하게 자기 자신의 책임을 인정하고, 자신의 부족함에 대한 책임을 남에게 전가하는 일은 없어야 합니다. 적어도 남을 원망하는 일은 이제부터는 없어야 한다는 말입니다. 셋째가 중요합니다. 존재의 가치를 인정하라는 것입니다. 아직도 살아있습니다. 그러면 할 일이 있는 것입니다. 내가 할 일이 있습니다. 내가 삶의 존재가치를 확실하게 인정하는 순간순간, 그리고 오늘도 내가 해야 할 일이 있다는 것을 기억하고, 하루하루 그 의미를 소중하게 재창조해 나가야 한다는 말입니다.

빅터 프랭클의 유명한 '가치론'이 있습니다. 그는 3대 가치를 말합니다. 첫째가 창조적 가치입니다. 하나님의 창조역사, 그 큰 우주적인 창조의 역사에 내가 한몫을 담당하고 있다고 말합니다. 그런고로, '내가 무슨 일을 하든지, 하나님께서 하시는 역사의 일부분, 또는 하나님 창조역사의 한 부분이 되고 있다'라고 하는 창조적 가치를 항상 마음에 두고 살아야 한다는 것입니다. 둘째는 경험적 가치입니다. 하나님께서 우리에게 이것저것을 경험하게 하셨습니다. 작은 우주이고, 작은 세계입니다. 그러나 그 속에 사명이 있습니다. 조그만 일 같아도 그 속에 의미가 있습니다. 이 경험적 가치, 우리에게 경험하게 하시는 그 속에 중요한 하나님의 뜻이 있다는 말씀입니다. 그리고 셋째는 태도적 가치입니다. 하나님의 큰 역사 앞에 어떤 자세로 임하느냐, 하는 것입니다. 얼마나 굉장한 일을 하느냐가 아닙니다. 어떤 자세로 임하느냐? 꼭 같은 일을 하는데, 어떤 마음씨로, 어떤 자세로 하는지를 말하는 것입니다. 안 그렇습니까. 물 한 그릇을 주고받아도 자세가 중요합니다. 오늘 이 자리에 우리가 이렇게 앉아 있습니다. 이 자세가 중요합니다. 예배하는 자세, 정신의 자세가 아주 중요한 것입니다.

현대인의 고통에 대한 필립 맥그로우의 유명한 분석이 있습니다. 우리가 많은 고민을 하는데, 그 고민의 이유가 사회적 스트레스라고 그는 말합니다. 또, 탈진하는 이유는 다른 사람하고 비교하기 때문이라고 말합니다. 나는 나대로 살면 되는데, 어쩐지 다른 사람은 쉽게 성공하는 것 같고, 나는 무언가 안 되는 것 같다고 생각하는 것입니다. 이렇게 다른 사람하고 자꾸 비교하다 보니까 어느 사이에 내가 사회적 스트레스에서 헤어나지 못하게 되는 것입니다. 또 하나가 성과주의입니다. 성과에 대해서는 사실 하나님 앞에 갈 때까지 아무도 평가할 수 없습니다. 성공한 것입니까, 실패한 것입니까? 아무도 뭐라 말할 수 없습니다. 그런데도 결과주의로 평가합니다. 돈을 많이 벌었으니까 성공한 것입니까? 아닙니다. 출세했다고 성공한 것입니까? 아닙니다. 성과주의, 결과주의가 우리 인간의 가치관을 무너뜨리고, 많은 사람을 불행하게 만드는 것입니다. 그리고 또 한 가지, 어차피 우리는 하나님께서 주시는 약속, 영원한 미래를 향해서 가고 있는데, 그 미래에 대한 약속을 믿지 못하므로 허무주의에 빠진다는 것입니다. 이 세상의 일, 오늘의 일…… 아무리 봐도 다 끝입니다. 다 허무합니다. 결국은 하늘나라의 축복, 주님께서 주신 약속뿐입니다. "너희는 마음에 근심하지 말라 하나님을 믿으니 또 나를 믿으라 내 아버지 집에 거할 곳이 많도다." 주님의 약속, 그 약속을 믿는 믿음이 흔들릴 때 우리는 한순간도 스트레스에서 헤어날 수 없다는 것입니다. 이 모든 문제에 대한 해답을 사도 바울이 오늘 본문에서 말씀해주고 있습니다.

오늘 본문에서 세 가지 말씀이 우리 마음속에 깊이 다가옵니다. 첫째가 '주께서 각각 주신 대로'입니다. 신앙적 세계관입니다. 모든 것은 하나님의 손에 있습니다. 하나님께서 내게 주신 대로—이것을 다른 말로 바꾸면 '받은 대로'입니다. 하나님께서는 주셨고, 우리는 받았습니다. 하나님께서는 주셨는데, 나는 받았다는 의식이 없다면 모든 일은 빗나가는 것입니다. 하나님께서 주셨으니, 우리는 하나님께로부터 받았다고 하는 확실한 신앙이 있어야 하는 것입니다. 여러분, 잘 생각해보십시오. 사람이 건강을 위해서 애씁니다. 광고를 보아도 그렇고, 텔레비전을 보아도 그렇고, 다들 건강하려고 몸부림을 치지만, 의사가 써놓은 책에 보니까 간단합니다. 건강의 85퍼센트는 DNA라는 것입니다. 곧, 타고나는 것입니다. 타고난 건강이지, 내가 건강해지려고 아무리 애써보아야 어림도 없습니다. 85퍼센트가 DNA, 유전자라는 것입니다. 그도 그럴 것이, 제가 이 자리에 서서 지금 설교하고 있습니다마는, 저도 보니까 우리 어머니, 할아버지, 아버지, 외삼촌 할 것 없이 모두가 다 90이 넘게까지 사셨습니다. 제가 지금 여기 서 있지 않습니까. 제가 뭘 잘해서, 위생을 잘 지켜서, 좋은 것을 많이 먹어서, 무슨 보약을 지어다 먹어서가 아닙니다. 물론 그런 것들도 조금은 효과가 있었는지는 모르겠지만, 그보다는 타고난 것입니다. 하나님께서 주신 것입니다. 그러면, 주어진 것을 소중히 여겨야 합니다. 받은 것, 주어진 것, 건강, 지능, 재산, 능력, 자녀…… 다 주어진 것입니다. 하나님께서 선물로 주신 것입니다. 그런고로 소중한 것입니다. 이 속에는 은사가 있고, 은사에는 기회가 있습니다.

　문제는 여기에 있습니다. 이 받은 바를 얼마나 알고 있느냐, 이것입니다. 하나님께서 내게 은사로 주신 바를 얼마나 확실하게 알고 귀하게 여기느냐? 그다음이 또 있습니다. 얼마나 즐기느냐, 얼마나 감사하느냐, 하는 것입니다. 하나님께서 내게 주신 것—내 키가 이만큼 크다면, 그것을 감사해야 합니다. '왜 나는 키가 작은가?' 하고 일생을 후회해도 소용없습니다. 제일 미련한 사람이 누구인지 아십니까? 남자 되지 못한 것을 후회하는 여자입니다. 그런 여자 많이 보았습니다. 더구나 우리 교역자들 가운데 여자분들이 좀 많잖아요? 그런데, 남자 목사 되지 못한 것을 그렇게 불만스러워합니다. '나는 여자이기 때문에……' 수십 년 동안 그렇게 원망하고 불평합니다. 도대체 누구한테 하는 불평입니까? 여자로 태어났으면 그런 줄 아십시오. 작으면 작은 대로, 크면 큰 대로—그 받은 대로를 소중히 여겨야 합니다. 하지만, 받은 것은 소중히 여기지 아니하고, 남의 것만 부러워합니다. 여기서 내게 주신 은사를 다 잃어버리게 되는 것입니다. 한계를 알면서, 한계 속에 있는 은사를 깨닫는 것이 신앙인의 세계관입니다.

오늘본문에서 두 번째로 주신 말씀은 다양한 은사입니다. 하나님께서 우리에게 주셨는데, 똑같이 주신 것이 아닙니다. 기본적으로 하나는 남자, 하나는 여자로, 벌써 반은 갈라졌습니다. 그다음에는 키가 큰 사람과 작은 사람, 건강한 사람과 병약한 사람, 지능이 높은 사람과 낮은 사람…… 이렇게 다양하게 은사를 주셨습니다. 특별히 사도 바울은 이 문제에 대해서 아주 정밀하고 세밀하게 누누이 우리에게 가르쳐주고 있습니다. 오늘본문의 말씀을 보십시오. 바울은 말합니다. "나는 심었고 아볼로는 물을 주었으되 오직 하나님께서 자라나게 하셨나니(6절)." 아볼로는 물을 주고 나는 심고, 누군가는 심고 누군가는 거두고…… 은사가 다르다는 말입니다. 내게 주신 은혜, 아니, 내게만 주신 은혜, 그것을 깨닫는 것이 아주 중요합니다. 아주 중요합니다.

제가 소망교회에서 은퇴할 때의 일입니다. 제가 이제 곧 은퇴한다는 소문이 났는데, 많은 분이 저를 찾아와 물었습니다. "은퇴하신 다음에는 뭘 하시겠습니까?" 그러면서 다들 와서 제게 이거 하십시오, 저거 하십시오, 하고 제안했습니다. 저더러 총장을 하라는 대학교만도 다섯 군데나 있었습니다. 다섯 대학에서 총장을 맡아달라고 저한테 왔는데, 제가 그랬습니다. "내가 미쳤다고 하겠어요?" 제가 아는 존경하는 어른이 목사를 하다가 은퇴한 뒤 총장을 하다가 죽었습니다. 제가 그걸 보았는데, 미쳤다고 하겠습니까. 그래 대답했지요. "그건 내 팔자에 없는 일입니다. 나는 목사입니다. 죽어도 목사요, 끝까지 목사지, 총장? 바라지 않아요." 천하 없는 영광을 줘도 그건 아닙니다. 내게 주신 은혜, 내게 주신 은사는 이것이다, 하는 걸 꼭 잊지 말아야 합니다.

바울은 확실하게 믿고 있습니다. 내게 주신 것이 무엇이냐?— 그리고 그걸 알고 있는 것만이 아닙니다. 만족하고 즐기는 것입니다. 그리고 행복한 것입니다. 내게 주신 은사를 아는 사람, 내게 주신 은사를 최대한 활용할 수 있는 사람, 그리고 즐기는 사람, 그 사람이 행복한 것 아니겠습니까. 저는 목사로서 설교하는 목사입니다. 설교가 최고입니다. 이것은 중요한 보약입니다. 제가 지난 주일만 하더라도 우리 교회에서 설교했습니다. 다음으로는 무학교회에 가서 4시에 또 설교했습니다. 그리고 저녁 7시에는 명성교회에 가서 또 설교했습니다. 교회를 달리하면서 세 번이나 설교하고 저녁에 집에 돌아가는데, 얼마나 행복하던지요? 피곤할 리가 없습니다. 내게 주신 은사를 따라서 사는 것, 내게 주신 은사를 다하는 것—제가 잘 알고 존중하는 어른이 계십니다. 우리 할아버지의 친구 되는 목사님인데, 김정묵 목사님이라고, 이미 돌아가신 분이니까 제가 이름을 댑니다. 이분은 부흥사였습니다. 그저 이 마을 저 마을 다니면서 부흥회를 하고, 교회가 하나도 없는 곳에 가서도 부흥회를 합니다. 그래서 교회를 여러 곳에 세웠습니다. 제가 목사 된 다음에도 그분은 종종 저에게 전혀 받아들이기 어려운 이야기를 했습니다. "곽목사?" "예." "나는 말이야, 위임목사를 한 번도 못해봤어. 나는 그저 교회를 1년 있다가 옮기고, 3년 있다가 옮기고, 옮기고, 옮기고 하면서 교회 백 개를 세웠어." 이렇게 교회 백 개를 세웠다고 늘 자랑했습니다. 그리고 저더러 위임목사 하지 말라고 했습니다. 어떻습니까? "한 교회에서 한 평생 목회했다." 그거 자랑 아닙니다. 교회를 세워야 합니다. 사도 바울은 온 천하를 다니면서 교회를 세웠습니다. 그는 은사를 알고 있었습니다. "나는 심는 자다. 아볼로는 물 주는 자다. 또 다른 사람이 키울 것이다. 나는 심는다. 나는 씨를 뿌린다." 여러분, 각자 자기한테 맡겨진 바가 있다는 것을 알아야 합니다. 사람의 얼굴이 다 다른 것처럼 사람에게 주신 기능도 다 다르고, 능력도 다 다릅니다. 용도도 다 다릅니다. 여기에 Diversity, 다양성이 있습니다. 이것을 인정해야 합니다. 같기를 바라지 말고, 같아서도 안 되는 것입니다.

고린도전서 12장에 보면, 사도 바울이 이 문제를 누누이 자세하게 설명해줍니다. '지체론'입니다. "사람의 지체를 한번 생각해봐라. 눈이 있고, 귀가 있고, 코가 있고, 손이 있고, 발이 있지 않느냐. 다 눈이겠느냐? 다 코겠느냐? 다 입이겠느냐? 다 눈이면 무엇으로 듣고, 다 귀면 무엇으로 냄새를 맡겠느냐?" 눈, 코, 귀가 다 각기 다른 역할을 하는 것처럼 말입니다. 이 얼마나 중요합니까. 우리 각자에게 주어진 역할이 다 다릅니다. 어떤 사람은 이런 것이고, 어떤 사람은 저런 것임을 인정하고, 겸손하게 받아들여야 합니다. 그것이 내게 주신 최상의 은사라는 것을 알아야 합니다. 은혜의 선물입니다. 이걸 잊지 말아야 합니다. 우리에게 주어진 바가 있습니다. 그것을 감사하고, 즐기고, 활용하고, 그 속에서 하나님의 영광을 드러내어야 할 것입니다. 주어진 것 밖의 길로 가는 것은 바보 같은 짓입니다.

여러분, 나이가 50이 넘었거든 이제쯤은 철이 좀 나야 합니다. 이제와서 생전에 영 안 하던 일을 갑자기 하겠다고 나서는 것은 요샛말로 웃기는 짓입니다. 그만해야 합니다. 하던 일을 해야 합니다. 가끔 이제는 나이가 들다보니, 젊은 목사님들이 모이면 "목사님 건강의 비결이 무엇입니까?" 하고 물어보는 분이 많습니다. 그럼 제가 쉽게 대답합니다. 그러나 어려운 말입니다. "하고 싶은 일만 해라. 하던 일만 해라. 새로운 일을 하지 마라. 가장 쉬운 일, 하고 싶은 일만 해라." 이것이 비결입니다. 그리고 그 일을 감사하는 것입니다. 내가 어떤 지체입니까? 사람의 몸으로 말하면 눈, 코, 귀, 발, 발가락이 다 있는데, 나는 무엇을 해야 합니까? 이 교회에서 나는 어떤 모습입니까? 잊지 말아야 합니다.

제가 소망교회에 있을 때 보니, 권사님 한 분이 부엌에서 일을 참 많이 했습니다. 정말 그렇게까지 하지는 않아도 될 텐데, 싶을 만큼 도무지 부엌에서 나오지를 않습니다. 그렇게 교회의 부엌일을 온통 도맡아서 애쓰는 분이 있었습니다. 하도 수고를 많이 해서 뒤에 교인들이 그걸 다 알아주어 그분이 장로까지 되었습니다. 그래 하루는 제가 위로하느라고 "그렇게 많이 안 하셔도 되는데, 왜 그렇게까지 하십니까?" 하고 물었습니다. "저는 이거밖에 할 게 없거든요. 저는 목이 시원치 않아서 성가대도 못 하고, 똑똑하지 않아서 가르치지도 못해요. 부엌에서 하는 이 일 말고는 제가 할 수 있는 일이 없어요. 이게 제가 해야 할 일이고, 하나님께서 제게 맡겨주신 일이에요." 그러면서 즐겁게 일합니다. 가끔 가서 보면, 부엌에서 일할 때 그분 얼굴이 환합니다. 마지 못해서 하는 일이 아닙니다. 이것이 은사에 대한 보답입니다. 여러분, 잊지 말아야 합니다. 내게 주신 은사가 무엇인가? 최선을 다해서 응답해야 합니다.

뿐만이 아니라, 오늘본문에서 세 번째로 사도 바울이 우리에게 가르쳐줍니다. "하나님께서는 자라게 하시느니라. 한 사람은 심고, 한 사람은 물을 주었다. 하나님께서는 자라게 하시느니라." 이 얼마나 소중합니까. 뭐니 뭐니 해도 농사에서 가장 중요한 것은 종자입니다. 좋은 종자, 좋은 생명체를 주시고, 성장하게 하시고, 결실하게 하시는 분은 하나님이십니다. 생명의 주인이십니다. 목적이요 지혜요 능력입니다. 사도 바울은 말합니다. "우리는 아무것도 아니다." 귀한 말씀입니다. 우리는 아무것도 아닙니다. 씨를 뿌립니다. 물을 줍니다. 가꾸느라고 애를 씁니다. 그러나 자라게 하시는 분은 하나님이십니다. 그래서 아무것도 아닌 것입니다.

여러분, 공부하느라고 애를 쓰지만, 생각을 주관하시는 분은 하나님이십니다. 저는 이런 생각을 합니다. 입학시험 때가 되면 교인들이 제게 와서 부탁합니다. "저희 아들을 위해서 기도해주세요. 저희 딸이 요새 시험을 보는데, 기도해주세요." 그럼 어떻게 기도해줘야 할지 참 복잡합니다. 어떤 분은 지혜롭게 이런 말을 합니다. "목사님, 제가 철야기도도 하고, 기도하기는 하는데, 이놈이 통 공부를 안 하거든요? 공부 안 하는 걸 이렇게 뻔히 알면서 합격하게 해주십사 기도하는 것이 말이 안 되는 것 같은데, 뭐라고 기도해야 합니까?" 그러면 제가 그럽니다. "아무 때 공부를 했든지, 한 번이라도

본 것은 시험장에서 생각나게 해주세요, 하고 기도하세요." 보지도
않은 것을 생각나게 해달라니, 무슨 계시를 받으라는 것입니까? 그
것은 미신입니다. 공부한 것이 생각나야 합니다. 그리고 두 번째는
"헷갈리지 않게 해주십시오"입니다. 하나만 생각나야지, 한꺼번에
두 가지 생각이 나면 안 되기 때문입니다. 그랬더니 "목사님, 이건
아주 과학적인 기도네요!" 합니다. 우리 사람의 노력은 아무것도 아
닙니다. 건강을 주신 것도, 지혜를 주신 것도, 자라게 하신 것도 다
하나님의 은사 아니겠습니까. 사람의 노력과 수고는 있습니다. 분명
히 있습니다. 있어야 합니다. 그러나 아무것도 아닙니다. 그런 믿음
을 가져야 합니다. 다 하나님께서 주신 것입니다. 건강도 주신 것입
니다. 지혜도 주신 것입니다. 기회도 주신 것입니다. 그리고 "하나
님, 감사합니다!" 하는 것입니다. 이런 마음 말입니다. 우리는 아무
것도 아닙니다. 그렇습니다. 사람의 노력이란 아무것도 아닙니다.

　제가 잘 아는 외과의사가 있습니다. 그분은 늘 수술을 많이 합
니다. 그런데, 신앙이 좋습니다. 그래 어떻게 그런 믿음을 가졌느냐
고 물으니까 그분의 말이 너무나 재미있습니다. "제가 수술할 때 막
자르고, 꿰매고, 그러잖아요? 그런데, 이리 자르고, 저리 자르고 했
다가 대충 꿰매놓으면 다 붙습니다. 참 신통합니다. 어떤 때는 너무
병이 심해서 도저히 살아날 것 같지 않고, 아무래도 죽을 것 같은데,
그렇다고 그냥 내버려둘 수도 없고 해서 대충 꿰매놨는데도 기어이
살아나기도 합니다. 역시 생명은 하나님께 있습니다. 그래서 저는
예수를 믿습니다." 이런 고백을 들었습니다. 여러분, 이걸 잊지 말아
야 합니다. 우리는 다 부분적으로 섬깁니다. 어느 부분에서 봉사하
고 있을 뿐입니다. 여러분 아시는 대로 농부는 겸손합니다. 씨를 뿌

리고, 가꾸고, 거름 주고, 김매고…… 이렇게 노력하지만, 햇빛을 주시는 분은 하나님이십니다. 비를 내리시는 분도 하나님이십니다. 그래서 농부는 수고를 많이 하지만, 겸손합니다. 당연히 그렇습니다.

'은사 분별법'이라는 것이 있습니다. 아이들이 대학 갈 때가 되면 걱정입니다. '내가 무슨 과를 택해야 하나? 내가 앞으로 무슨 공부를 해야 하나?' 그렇지 않습니까. 이것을 영어로 'Charisma Evaluation'이라고 합니다. 은사를 분별해야 합니다. '하나님께서 내게 주신 은사가 무엇일까? 하나님께서 내게 무엇을 원하시는가?' 그걸 똑바로 분석하고, 거기다가 노력을 해야지, 거꾸로 가면 안 되는 것 아닙니까. '은사 분별법'은 딱 세 가지입니다. 첫째는, 좋아 보이는 것입니다. 선망되는 것입니다. 예를 들어, 이런 것입니다. "뭐니 뭐니 해도 의사가 중요하다. 환자를 고치는 것, 얼마나 중요하냐?" "뭐니 뭐니 해도 농사가 중요하지. 농부의 일이 얼마나 거룩하고 아름다운 일이냐?" 뭐든지 좋습니다. 음악을 하는 사람은 음악이 너무나 좋습니다. 어쨌든 나한테 제일 좋게 보이는 것, 선망되는 것, 그것이 하나님께서 내게 주신 은사로 향하는 성향입니다. 그리로 기울어지는 것입니다. 둘째는, 쉬워야 한다는 것입니다. 어려우면 안 됩니다. 그쪽으로 하나님께서 은사를 주셨다면, 그 일은 쉽습니다. 공부의 은사를 주셨다면 공부가 쉽고, 운동의 은사를 주셨다면 운동이 쉽습니다. 하나님께서 그 방향으로 은사를 이미 주셨기 때문에 그 일은 쉽습니다. 다른 사람은 못 해도 나는 할 수 있습니다. 너무나 쉽습니다. 그 쉬운 걸 무시하면 안 됩니다. 이상하게도 지혜롭지 못한 사람은 쉬운 건 안 하면서 꼭 어려운 걸 하겠다고 합니다. 할 수 있는 것은 안 하고, 못 하는 것만 하겠다고 하는 것입니다. 이는 은사를 잘못 분별하는 것입니다. "다른 사람은 못 해도 나는 할 수 있어. 나만은 할 수 있어. 쉽게, 쉽게." 하나님께서 나를 그쪽으로 부르시는 것입니다. 셋째는, 그것을 즐거워해야 합니다. 힘들면 안 됩니다. 한평생 살아갈 때 무엇을 하든지 힘들면 안 됩니다.

토마스 에디슨은 일생동안 천 개의 발명품을 내놓았다고 했습니다. 게다가 귀까지 어두웠습니다. 그러나 그의 말 가운데 딱 한 마디가 우리 마음속에 들어옵니다. "나는 밤을 새워 일했지만, 한 번도 노동을 해본 일은 없다." 너무나 즐거운 것입니다. 게다가 귀까지 어둡습니다. "아무것도 들리지 않으니까, 여기에 몰두할 수 있어서 좋다." 여러분, 하나님께서 내게 주신 것을 할 때는 즐거워야 합니다. 아주 신바람 나게 즐거워야 합니다. 피곤을 모를 정도로 즐거워야 은사가 있는 것입니다. 음악을 하는 사람은 음악을 즐깁니다. 제가 전에 음악가들하고 가까이 지내면서 보니까 하루에 다섯 시간 연습을 합니다. 하루에 다섯 시간 연습하지 않으면 첫째 날은 자기가 알고, 둘째 날은 평론가가 알고, 셋째 날은 청중이 안다고 합니다. 제가 아는 분은 대학교수인 지금도 날마다 하루에 다섯 시간 피아노를 연습한다고 합니다. 제가 "그 정도면 됐으니, 그만하시지요?" 했더니, "아니에요. 즐거우니까요" 합니다. 기분이 나빠도 하고, 그저 해야 하니까 하고, 감기 걸려도 한다고 합니다. 좋으니까 하는 것입니다. 그게 바로 은사를 바로 분별하는 것입니다. 이걸 잊지 말아야 합니다. 아주 깊이 몰입하는 것입니다. 내게 주신 은사를 소중히 여겨야 합니다. 그런가 하면, 다른 사람에게 주신 은사도 소중히 여겨야 합니다. 나는 이것이 중요하지만, 당신에게는 그것이 중요합니다—

한때 '블루오션 전략'이라고 얼마나 세계적으로 유명했습니까.

그것이 은사의 분별입니다. 내게 주신 은혜를 바로 알고, 내 건강, 내 지능, 내 재산, 내게 주신 기회를 하나님의 선물로 받고, 감사하게 응답해야 할 것입니다. 주어진 생명에 대해서 이제 앞으로 얼마를 주든지 간에 순간순간 감사해야 할 일이 있습니다. 하나님의 음성을 들어가며 응답해야 할 것입니다. 성경은 마지막에 말씀합니다. "그리하여 자기 상을 받느니라. 자기 상을 받느니라." △

너는 용서하라

예수께서 제자들에게 이르시되 실족하게 하는 것
이 없을 수는 없으나 그렇게 하게 하는 자에게는 화
로다 그가 이 작은 자 중의 하나를 실족하게 할진대
차라리 연자맷돌이 그 목에 매여 바다에 던져지는 것
이 나으리라 너희는 스스로 조심하라 만일 네 형제가
죄를 범하거든 경고하고 회개하거든 용서하라 만일
하루에 일곱 번이라도 네게 죄를 짓고 일곱 번 네게
돌아와 내가 회개하노라 하거든 너는 용서하라 하시
더라

(누가복음 17 : 1 - 4)

너는 용서하라

오늘 설교말씀의 주제는 '용서'입니다. 성도 여러분, 저는 용서를 생각하면 이분을 빼놓을 수가 없습니다. 남아프리카공화국의 대통령을 지낸 넬슨 만델라입니다. 그는 27년간 억울한 감옥생활을 했습니다. 반평생을 감옥에서 그렇게 고생한 것입니다. 그가 출옥한 다음에 대통령이 되었습니다. 그리고 대통령 취임식에 자기를 괴롭혔던 간수들을 귀빈으로 초대했습니다. 이 엄청난 사건이 전해진 다음 그가 미국 클린턴 대통령의 초대를 받아 백악관에 갔을 때 이런 질문을 받았습니다. "당신은 어찌 그렇게 간수들을 대통령 취임식에 초대할 수 있었습니까? 어떻게 그런 위대한 일을 할 수 있었습니까?" 이에 만델라 대통령이 답합니다. "내가 그들을 용서하지 않았다면 나는 여전히 감옥에 있을 것입니다." 저는 그 한마디가 너무나 충격적이었습니다. 내가 용서하지 아니하면 나는 지금도 감옥에 있는 것이라—이런 귀한 간증을 늘 마음에 생각해봅니다.

유명한 프레드 러스킨 교수의 「용서」라는 명저가 있습니다. 이 책에서 그는 이렇게 말합니다. '오늘이 가장 중요한 날인데도 불구하고 많은 사람이 늘 과거에 붙잡혀 살고 있다. 과거에 사는 사람들은 삶의 생명을 낭비하는 것이다. 그들이 과거에 묶여 사는 까닭은 딱 한 가지, 용서하지 못한 데 있는 것이다.' 첫째는, 용서함으로 우리 인간은 과거로부터 벗어날 수 있다는 것입니다. 과거의 모든 일, 잘 되었든, 안 되었든, 그로부터 자유로워지는 길은 용서로부터 시작합니다. 둘째는, 용서하는 사람만이 두려움에서 벗어날 수 있다는

것입니다. 내가 용서하지 못하고 있다면 저도 나를 용서하지 않는다
는 것을 심리적으로 알고 있습니다. 그런고로, 나는 복수에 쫓기고
있는 것입니다. 심리적으로 그는 절대 자유로울 수 없습니다. 그런
고로 용서만이 심리적으로 두려움에서 벗어날 수 있는 길이라는 것
입니다. 셋째는, 용서할 때 비로소 과거에서 벗어나 미래가 보인다
는 것입니다. 용서한 사람의 심령에만 미래가 보입니다. 이렇게 그
는 심리학적으로 잘 분석해서 우리에게 말해주고 있습니다.

　우리가 외우는 주기도문을 봅시다. '내게 죄지은 자를 사하여 준
것 같이 내 죄를 사하여 주옵소서.' 여기에는 조건이 있습니다. 우리
가 예수 그리스도의 큰 은혜로 구원을 받고 죄 사함을 받습니다. 그
러나 아닙니다. 내가 해야 할 윤리적 절대조건이 있습니다. 내가 용
서한 뒤에야 용서받을 수 있습니다. 이 사실을 잊어서는 안 됩니다.
예수님께서 십자가에 돌아가실 때 그 십자가 위에서 일곱 마디의 말
씀, 곧 가상칠언(架上七言)을 하십니다. 그 소중한 말씀 가운데 첫째
가 무엇입니까? "하나님이여, 저들의 죄를 사하시옵소서. 저들은 자
기의 하는 것을 모르기 때문입니다." 십자가에 돌아가시면서 하신
첫 번째 말씀이 용서입니다. 아주 중요합니다.

　우리가 흔히 자유라는 말을 합니다마는, 자유의 뿌리는 용서입
니다. 사랑의 원천도 용서입니다. 힘의 원천도 용서입니다. 용서함
을 받지 못한 과거를 가진 사람은 절대 자유로울 수 없습니다. 아니,
단잠을 잘 수 없습니다. 그의 생각 속에는 지혜가 있을 수 없습니다.
이걸 잊지 말아야 합니다. 소망이라는 것도 확실히 용서하는 마음에
서 생기는 것입니다. 여러분이 성경을 보아서 아시는 대로, 요셉도
그랬고, 스데반도 그랬고, 사도 바울도 그러했습니다. 이분들의 특

징이 다 깨끗한 용서입니다. 주 안에서, 신앙 안에서 용서로부터 시작하는 것입니다.

오늘 본문말씀을 순수한 마음으로 한번 읽어보면 간단하게 답이 나옵니다. "회개하거든 용서하라. 너는 용서하라. 회개하거든 용서하라. 아니, 너는 용서하라." 우리 마음에 깊이 새겨지는 말씀입니다. 회개하거든 용서하라—오늘 예수님께서 좀 지나치게 말씀하신 것 같습니다. "만일 하루에 일곱 번이라도 네게 죄를 짓고 일곱 번 돌아와 내가 회개하노라 하거든 너는 용서하라 하시더라(4절)." 무슨 말씀입니까? 회개하노라 했는데, 이 말씀이 거짓말일 수 있습니다. 그럼 나는 속는 것 아닙니까. 또 한 번 사기당하는 것입니다. 어쩌면 좋겠습니까? 여기에 신앙의 문제가 있습니다. 회개하거든 용서하라—나는 하나님이 아닙니다. 나는 심판주가 아닙니다. 그가 거짓말을 하든지 참말을 하든지, 그것은 내가 판단할 일이 아닙니다. 신앙적으로 나는 하나님 앞에서 그의 마지막 말을 진실로 믿어야 합니다.

예전에 저는 뼈아픈 경험을 한 적이 있습니다. 제가 고향에서 피난을 나왔는데, 각기 아래윗집에 살아서 제 동생처럼 여기던 청년이 있었습니다. 그는 5대 독자입니다. 그래 가정에서 사랑을 많이 받고 자랐는데, 이 청년이 여기 내려와서는 좀 불량하게 살았습니다. 대학도 다니다 말았다 하면서 부모의 속을 아주 많이 썩이다가 마침내 굳게 결심하고 군대를 가겠다고 했습니다. "제가 이 나쁜 친구들과 같이 지내는 동안은 절대로 새로워질 수가 없으니, 군대에 자원입대해서 모든 관계를 끊고 새사람이 되겠습니다." 그리고 입대했습니다. 가서 처음 석 달 동안은 군대생활을 잘했습니다. 그리

고 첫 휴가를 나왔습니다. 그래 모처럼 친구들을 만났습니다. 얼마
나 반가웠겠습니까. 다시 옛날로 돌아가 술 마시고 돌아다니면서 며
칠 동안 잘 놀았습니다. 그다음에 큰 걱정이 생겨서 제게 왔습니다.
그리고 다짜고짜 "형님!" 하고 저를 부릅니다. 그리고 제게 "용돈 좀
주세요!" 합니다. 그래 제가 "왜 그래?" 하니까 "제가 지금 휴가받은
날짜가 지났습니다. 귀대할 날짜가 이틀이 지났는데, 지금 그냥 들
어가면 맞아 죽습니다. 그러니까 저 용돈 좀 넉넉하게 주세요" 합니
다. 제가 전에도 용돈을 좀 주었던 적이 있거든요. 그러니 제가 그때
"그래!" 했어야 할 것을, 제가 뭐라고 했는지 아십니까? "내가 너를
어떻게 믿어? 네 말을 어떻게 믿어?" 이렇게 말해버렸습니다. 그랬
더니 "알았습니다" 하고는 그냥 돌아갔습니다. 그리고 자신의 부모
님한테 이야기했습니다. "어머님 아버님, 제 귀대날짜가 이틀이 지
났습니다. 복귀를 하려면 그냥 가면 안 됩니다." 그랬는데 부모님도
똑같은 말을 했습니다. "이놈아, 너를 어떻게 믿어?" 그래서 하는 수
없이 그냥 빈손으로 귀대했습니다. 복귀한 날 그는 매를 많이 맞았
습니다. 그리고는 유서를 써놓고 자살했습니다. 한 가정의 5대 독자
가 그렇게 죽어간 것입니다. 저는 그 친구를 늘 생각합니다. 그가 하
는 말이 다 거짓말이었지만, 마지막 한마디는 진짜였는데, 그걸 제
가 믿어주지 않았던 것입니다.

　여러분, 오늘 예수님께서 말씀하십니다. "일곱 번이라도, 하루
에 일곱 번이라도 와서 내가 회개한다고 하거든……" 자세히 들으
시기 바랍니다. "너는 용서하라. 너는 그를 비판할 위치에 있지 않
다. 너는 심판주가 아니다. 그가 거짓말을 하든 말든, 그것은 그 사
람 몫이다." 그래서 유명한 신학적인 용어가 있습니다. "His Part,

Our Part." 마르틴 루터의 말입니다. 하나님께서 하실 일이 있고, 내가 할 일이 있다, 이것입니다. 내 할 일만 내가 하는 것이지, 하나님의 일까지 손대면 안 되는 것입니다. 그 위치에 올라갈 것이 아닙니다. 그 사람을 심판하는 것은 하나님께서 하실 일이고, 내가 하는 것은 용서입니다.

로마서 12장 19절에서 21절까지는 이렇게 말씀합니다. "내 사랑하는 자들아 너희가 친히 원수를 갚지 말고 하나님의 진노하심에 맡기라 기록되었으되 원수 갚는 것이 내게 있으니 내가 갚으리라고 주께서 말씀하시니라 네 원수가 주리거든 먹이고 목마르거든 마시게 하라 그리함으로 네가 숯불을 그 머리에 쌓아 놓으리라 악에게 지지 말고 선으로 악을 이기라." 아브라함 링컨 대통령에 관한 유명한 이야기가 있지 않습니까. 그는 지금 보아도 잘생긴 얼굴이 아닙니다. 그가 변호사이던 시절부터 그를 어지간히 괴롭힌 사람이 있었습니다. 에드윈 스탠턴이라는 사람인데, 그가 아브라함 링컨이 대통령에 출마해서 선거운동을 할 때 얼마나 그를 비웃고 멸시했는지 모릅니다. 이런 말까지 전해집니다. "고릴라를 만나고 싶거든 아프리카로 가지 말고 일리노이주의 스프링필드에 가서 링컨이라는 사람을 만나라. 그가 고릴라다." 세상에 이런 모욕적인 말이 어디 있습니까. 그가 이런 막말까지 해가면서 링컨을 비웃었는데, 그 아브라함 링컨이 대통령이 되었습니다. 그러고 난 다음에 링컨은 그 스탠턴을 국방장관에 임명했습니다. 그리고 말합니다. "원수는 죽여 없애서 해결하는 것이 아니다. 사랑으로 녹여서 친구를 만드는 것이 원수를 갚는 길이다." 이 아브라함 링컨이 세상을 떠났을 때 장례식에서 스탠턴이 조사를 맡았습니다. 그때 그는 이런 말을 했습니다. "여기에

가장 위대한 하나님의 사람이 누워 있습니다." 이 아름다운 관계를
생각해봅니다. 선으로 악을 이기라—

좀 더 나아가서는, 신앙의 관점에서 생각해야 합니다. 마태복음
28장 21절 이하에 보면, 우리가 너무나 잘 아는 탕감 받는 비유가 있
지 않습니까. 어떤 사람이 만 달란트 빚을 졌는데, 이걸 탕감할 길이
없어서 주인에게 사정을 합니다. "제가 일생동안 어쨌든지 갚을 테
니 용서해주세요." 그때 주인이 이 사람을 불쌍히 여겨서 만 달란트
나 되는 돈을 깨끗하게 탕감해주었습니다. 그러니 이 사람이 감격해
서 "감사합니다! 감사합니다!" 하지 않았겠습니까. 그리고 돌아가다
가 자기에게 백 데나리온 빚진 사람을 만납니다. 그래 그 빚진 사람
을 보고 "갚으라!" 합니다. 그러니까 그 빚진 사람이 "조금만 더 기
다려주세요. 제가 갚겠습니다" 합니다. 하지만 이 사람은 "안돼!" 하
면서 그 빚진 사람을 잡아다 감옥에 처넣었다는 것입니다. 이 사실
을 만 달란트 탕감해준 그 주인이 알고는 이 사람을 불러다가 말합
니다. "내가 네 빚을 만 달란트나 탕감해주었는데, 너는 그깟 백 데
나리온을 탕감해줄 수 없었더냐? 탕감해주는 것이 마땅하지 않느
냐!" 이 '마땅하다'는 말 딱 한 마디가 기독교 윤리의 핵심입니다. 마
땅하다—당연히 그래야지요. 당연히 용서해야지요. 당연히 탕감해
주어야지요. 안 그렇습니까. 그런데, 한번 비교해볼 필요가 있습니
다. 만 달란트가 얼마입니까? 오늘날의 화폐가치로 정확히 환산할
수는 없지만, 많은 학자가 연구한 바로는, 만 달란트는 오늘날 천만
달러에 해당하고, 백 데나리온은 오늘날 20달러에 해당한다고 합니
다. 제가 계산해보니, 무려 50만 분의 1입니다. "만 달란트를 탕감받
은 감격으로 고작 백 데나리온을 탕감할 수 없더냐?" 여러분, 잊지

말아야 합니다.

　내가 하나님 앞에 받은 은혜, 내가 받은 은사를 생각하면 용서 못 할 일이 어디 있습니까. 이걸 잊지 말아야 합니다. 내가 용서받아야 할 존재요, 과거도 현재도 내가 먼저 용서받아야 할 존재라는 것을 잠시도 잊어서는 안 됩니다. '내가 죄인이고, 내가 빚을 졌고, 내가 용서받아야 할 존재다. 나 역시 용서받아야 할 죄인이다.' 이것을 잊어서는 안 됩니다. 꼭 기억해야 합니다. 믿음이라는 것은 내가 나를 먼저 용서하는 것입니다. 그래야 합니다. 무슨 일이 잘못되었을 때 가끔 우리는 이렇게 말합니다. "그건 내 실수였다." 여러분, 정말 그렇습니까? 실수였다고 하면 그것은 회개가 아닙니다. 진실이 아닙니다. "실수가 아닙니다. 그것은 본심이었습니다." 이렇게 본심 됨을 인정해야 합니다. 그래야 회개입니다. 그것이 나 자신입니다. 내가 본디 그런 사람이라는 것을 인정해야 회개입니다. 무슨 일을 잘못해놓고는, 나는 절대 그런 사람이 아닌데 실수했노라고 하면, 이것은 회개가 아닙니다. 진정한 회개가 있은 다음 생각하는 것입니다. '진정한 회개를 하고 나니 내가 더 큰 죄인인데, 누구를 비판하고, 누구를 심판하겠습니까.' 그래서 성경은 말씀합니다. "너는 용서하라. 너는 용서하라." 이 말씀을 깊이 생각해야 합니다. 용서받은 그 큰 은총 속에서 자기를 발견하는 것입니다.

　사도 바울은 말합니다. "내가 그리스도와 함께 십자가에 못박혔다. 내 옛사람은 죽었다. 아니, 나는 죽을 만한 죄인이다. 죽어 마땅한 죄인이다." 십자가에 죽어 마땅한 죄인이 죽었으니, 그런고로 오늘 나는 그리스도와 함께 살 뿐입니다. 과거를 다 십자가에 못박아 버리고, 깨끗이 용서하고, 부활하신 주님의 영원한 생명을 바라보며, 저 미래를 바라보며, 그 영광을 바라보는 것입니다. 스데반처럼 하늘에 계시는 인자가 하나님 우편에 서신 것을 바라볼 때 나를 기다리고 계신 주님을 바라보아야 합니다. 그 순간 스데반의 얼굴은 천사와 같았습니다. 그를 향하여 돌을 던지는 자들을 다 용서하고, 그들을 위하여 기도합니다. 그가 스데반이요, 그것이 그리스도인의 모습이요, 그것이 참된 용서입니다. "그리스도의 형체와 같이 변케 하시리라." 부활하신 그리스도를 바라보며, 그 형체와 같이 변화될 그 시간을 바라보며, 그 영광 속에서 모든 사람을 용서할 수 있어야 진정으로 신앙적인 용서가 될 것입니다.

여러분, 우리는 많은 문제에 시달리고 있습니다. 이렇게 저렇게 비판도 하고, 심판도 하고, 해야 할 말도 많습니다. 그러나 이 모든 번민에서 자유로울 수 있는 길은, 다 신앙의 관점에서 정리하고, "나는 용서하노라!" 하는 것입니다. 내 마음에는 원수 갚는 마음이 없고, 아니, 억울해하는 마음도 없고, 그저 범사에 감사하는 마음으로 합동하여 선을 이루신 하나님의 은혜를 감사하는 마음으로, 그래서 용서받은 감격으로 용서함이 마땅합니다. 그때 가서야 비로소 자유인이 될 것입니다. 이걸 잊지 말아야 합니다. 오늘 주님께서 우리에게 말씀하십니다. 일흔 번씩이라도—다른 본문에서는 이렇게 말씀합니다. "일흔 번씩 일곱 번이라도 그저 잘못했다고 하거든 너는 용서하라." 용서만이 자유할 수 있는 단 하나의 길이요, 구원의 절대조건입니다.

우리가 주기도문을 외웁니다. '우리에게 죄지은 자를 사하여준 것 같이 우리 죄를 사하여주옵시고……' 이 얼마나 중요한 기도입니까. 아직도 우리 마음속에는 어딘가 모르게 용서 못 한 어두운 그림

자가 있습니다. 그러면 자유인이 아닙니다. 구원받은 자가 아닙니다. 용서받은 큰 감격으로 모든 사람을 용서하며 새로운 세계를 보는 마음, 그런 성품으로 살아가는 것이 그리스도인의 모습입니다. 오늘 주님의 말씀을 들어봅시다. "회개하거든 용서하라. 아니, 너는 용서하라. 너는 용서하라." △

우리에게 믿음을 더하소서

사도들이 주께 여짜오되 우리에게 믿음을 더하소
서 하니 주께서 이르시되 너희에게 겨자씨 한 알만한
믿음이 있었더라면 이 뽕나무더러 뿌리가 뽑혀 바다
에 심기어라 하였을 것이요 그것이 너희에게 순종하
였으리라 너희 중 누구에게 밭을 갈거나 양을 치거나
하는 종이 있어 밭에서 돌아오면 그더러 곧 와 앉아
서 먹으라 말할 자가 있느냐 도리어 그더러 내 먹을
것을 준비하고 띠를 띠고 내가 먹고 마시는 동안에
수종들고 너는 그 후에 먹고 마시라 하지 않겠느냐
명한 대로 하였다고 종에게 감사하겠느냐 이와 같이
너희도 명령 받은 것을 다 행한 후에 이르기를 우리
는 무익한 종이라 우리가 하여야 할 일을 한 것뿐이
라 할지니라
(누가복음 17 : 5 - 10)

우리에게 믿음을 더하소서

이스라엘의 한 유치원에서 어린이들이 모여서 토론을 하게 되었습니다. 주제는 '하나님이 계신가, 안 계신가?'였습니다. 그래 격론을 벌이던 가운데 한 어린이가 이렇게 말했습니다. "하나님은 분명히 계시다." 그러니까 다른 어린아이가 물어보기를 "만나보았니? 네가 보았어? 어떻게 하나님이 계시냐? 계신 것을 어떻게 알겠냐?" 했습니다. 그때 이 아이가 빙그레 웃으면서 대답했습니다. "하나님은 분명히 계시다. 그 이유는 우리 어머니가 그렇다고 말씀하셨기 때문이다. 나는 우리 어머니를 믿어. 우리 어머니가 있다고 하시면 있는 거야." 대단히 중요한 대답입니다. 간단한 이야기 같지만, 엄청난 진리가 이 속에 들어 있습니다. 지식이라는 것은 경험을 통해서 이루어집니다. 경험한 만큼만 참지식이 됩니다. 우리가 안다고 해서 다 지식이 아닙니다. 공부했다고 지식이 아닙니다. 경험한 것만큼만 산지식이 되는 것입니다. 두 번째는, 밝은 이성으로 하는 납득입니다. 이성적으로 긍정될 때, 옳다고, 맞다고 확증될 때 비로소 지식이 성립되는 것입니다. 또 하나는, 요새 젊은 사람들이 많이 하는 이야기인데, 느낌으로, 감으로 아는 것입니다. 아무 말도 없고, 보는 것도 없지만, 느낌으로, 마음으로 알 수 있습니다. 가장 중요한 것은 믿음으로 아는 것입니다. 믿음으로 객관적 사건이 주관적 사건으로, 내 지식이 되는 것입니다.

저는 오래전에 미국 LA에서, 달나라에 맨 처음에 갔던 어윈(Irwin) 대령을 우연히 만난 일이 있습니다. 그가 커피숍에서 손님을 기다리고 있는데, 와야 할 손님이 제때 오지 않아서 한 시간쯤 여유가 있었습니다. 그래 마침 그분하고 제가 이야기를 나누게 되었는데, 그 일을 저는 축복이라고 생각합니다. 제가 그분의 이야기를 흥미 있게 잘 들어주었더니, 그분이 얼마나 신바람 나게 이야기를 하는지, 좌우간 한 시간 동안 달나라에 갔다 온 이야기를 제가 들었습니다. 그 이야기를 다 듣고 제가 생각하고, 또 이야기했습니다. "나는 달나라 안 가렵니다." 그가 "왜요?" 해서 제가 이랬습니다. "당신이 갔다 왔으면 됐습니다. 당신이 갔다 왔으면 내가 간 거나 마찬가지입니다. 그 달나라에 대한 지식은, 당신이 가진 지식을 내가 믿으니까 내 지식이 되는 것입니다." 이걸 잊지 말아야 합니다.

그러니까 우리의 모든 지식은 알고 보면 믿음에서 이루어집니다. 믿음으로 받아들일 때 내 것이 됩니다. 그런데, 그 믿음은 하나님께서 주시는 소중한 선물입니다. 왜입니까? 꼭 같은 말을 듣고, 꼭 같은 사건을 당했는데도 믿는 자가 있고, 안 믿는 자가 있기 때문입니다. 그것은 어찌할 수가 없습니다. 그런고로, 믿음은 모든 사람의 것이 아닙니다. 사도 바울은 말하고 있습니다. 하나님께서 주시는 소중한 선물입니다. 엄청난 진리가 믿는 순간 내 것이 됩니다. 이걸 잊지 말아야 합니다. "나는 믿는다." 이게 얼마나 큰 사건인지 모릅니다. 우리는 종종 내가 보아야 하고, 내가 경험해야 하고, 내가 들어야 하고, 이런 생각을 하려고 합니다마는, 아닙니다. 사실은 믿는 만큼만 내 지식입니다. 믿는 만큼만 이것이 내게 진리가 된다는 사실을 잊어서는 안 됩니다. "나는 믿는다." 대단히 중요합니다. 믿는 순간 내 지식이 됩니다.

요한복음 6장 69절은 말씀합니다. "믿고 알았사옵나이다." 예수님을 따라다니던 제자들도 어느 정도까지 지식을 얻을 수 있었느냐 하면, 믿는 만큼만 얻을 수 있었습니다. 그들은 예수님을 따라다니면서 믿었습니다. 그리고 믿는 만큼만 알았습니다. "믿고 알았다." 대단히 귀중한 말씀입니다. 하나님의 거룩한 역사를 내가 어느 정도 믿습니까? 믿는 만큼만 내게 지식이 되고, 내게 생명력이 된다는 것을 잊어서는 안 됩니다. "믿음으로 안다." 그 속에 진리의 근본이 있습니다. 특별히 히브리서 11장은 말씀합니다. "믿음으로 안다. 천지가 하나님께서 창조하신 것임을 믿음으로 안다." 이것은 믿음으로 아는 것입니다. 우리는 믿음 외의 다른 방법이 있는 것처럼 생각하지만, 아닙니다. 내가 가볼 것도 아니고, 만져볼 것도 아니고, 눈으로 볼 것도 아닙니다. 오직 믿음으로 알고, 믿음으로 내 지식이 된다는 말씀입니다.

그런데, 예수님께서 제자들과 함께 다니시면서 큰 역사를 이루고 계실 때 제자들은 대단히 불안했고, 의심이 많았습니다. 그것이 무엇이냐 하면, 바로 예수님의 믿음입니다. 예수님의 믿음은 놀라웠습니다. 배를 타고 가다가 풍랑을 만났습니다. 배에 물이 들어올 정도로 풍랑이 격했는데, 예수님께서는 고물에서 평안하게 주무셨습니다. 그 평안하게 주무시는 예수님의 모습이 바로 믿음입니다. 반면에, 제자들은 "우리가 죽게 된 것을 돌아보지 않으십니까?" 하며 예수님을 깨웁니다. 저는 이 장면이 너무나 웃깁니다. 주무시는 예수님과 지금 깨어서 호들갑 떠는 사람들 가운데서 만약 배가 파손된다면 누가 먼저 죽겠습니까. 그런데도 제자들은 "예수님께서 죽게 되셨습니다!" 하고 말하지 않고, "우리가 죽게 된 것을……"라고 하며 호들갑을 떱니다. 그때 예수님께서 말씀하십니다. "적게 믿는 자여, 어찌 의심하느냐? 고요하라!" 바다가 고요해졌습니다. 제자들이 깜짝 놀랐습니다. 예수님의 그 위대한 믿음 앞에 고개를 숙입니다.

어떤 환자가 있더라도 예수님께서는 말씀하십니다. "네 믿음이 너를 구원했으니, 딸아, 평안히 가라. 네 믿음대로, 네가 믿는 대로 되리라." 믿음에 대해서 말씀하고 계십니다. 그래서 제자들은 생각했습니다. '예수님 능력의 근본은 믿음이구나!' 그 믿음이 능력이라는 것을 비로소 알게 됩니다. 그렇게 예수님의 믿음에 대해서 깜짝 놀란 사람들이 이제 예수님께 질문을 합니다. 기도를 합니다. "주여, 믿음을 더하소서!" 구체적으로 말하면, "그런 믿음, 주님께서 가지신 그런 위대한 믿음을 우리도 갖게 해주세요. 믿음을 더하소서!"라고 한 것입니다. 예수님의 모든 능력과 그 귀중하고 절대적인 평안이 믿음에 있다는 것을 알았습니다. 그래서 그 믿음을 얻기 위하여, 믿음을 본받기 위하여 "믿음을 더하소서!"라고 기도합니다. 제자들이 예수님을 따라다니면서 깨달은 바가 있습니다. 한두 가지씩 배우기 시작합니다.

첫째, 예수님께서는 하나님을 믿으셨습니다. 나를 보내신 이가 하나님이심을 믿었습니다. 요한복음 16장 32절에서 예수님 말씀하십니다. "내가 혼자 있는 것이 아니라 아버지께서 나와 함께 계시느니라." 항상 신 임재 의식, 신 동행 의식, 하나님과 함께하는 의식으로 사신 것입니다. "항상 나와 함께 하시느니라. 내가 말하는 것은 하나님의 말씀이요, 내가 행하는 것은 하나님의 역사다. 내가 혼자 있는 것이 아니라, 아버지께서 항상 나와 함께하시느니라." 그러면서 내가 하는 모든 역사 속에 하나님의 섭리, 하나님의 능력, 하나님의 지혜가 함께 있다는 것을 항상 확실하게 믿고 증거하셨습니다. 그 가운데 제일 중요한 말씀이 있습니다. 요한복음 18장 11절에서 예수님 말씀하십니다. "아버지께서 주신 잔을 내가 마시지 아니하겠느냐." 너무나 귀중한 말씀입니다. 아버지의 뜻대로, 아버지의 말씀대로 아버지와 동행하셨는데, 마지막에 십자가가 떡하니 다가옵니다. 그 언덕을 넘어서십니다. 아버지께서 내게 주신 잔을 내가 마시지 않겠느냐—

예수님께서 "내 뜻대로 마옵시고, 아버지의 뜻대로 해주십시오!" 하고 겟세마네 동산에서 기도하십니다. 그리고 하시는 말씀입니다. 아버지께서 내게 주신 잔—이것이 겟세마네 동산에서 기도하시고 나서 얻으신 결론입니다. 아버지께서 십자가를 원하시기 때문입니다. "아버지께서 원하시는 잔을 내가 마시지 아니하겠느냐." 아버지의 뜻을 전적으로 따라가시는 모습입니다. 그런가 하면, 예수님께서는 하나님께서 나와 함께하심으로 말미암아 얻어지는 하나님의 아들, 독생자로서의 자기 정체의식을 가지고 계셨습니다. 유명한 요한복음의 말씀이 있지 않습니까. 거기에 일곱 가지 예수님의 비유가 있습니다. "나는 빛이요, 길이요, 진리요, 생명이요, 부활이요, 선한 목자요, 생명의 떡이다." 에고 에이미—유명한 말입니다. 하나님 안에 있는 자기 존재를 확실하게 믿고 계셨습니다. 예수님께서는 하나님을 믿으시고, 하나님과 함께하신 것을 아는 자신을 믿으시고, 또 제자를 믿으셨습니다. 형편없는 제자들입니다. 예수님을 모른다고 부인하고, 그걸 맹세하고 저주한, 그야말로 한심한 사람들이지만, 예수님께서는 말씀하십니다. "네가 나를 사랑하느냐? 내 양을 먹이라." 예수님을 위해서 제자들이 얼마나 큰 고난을 당해야 할지, 그걸 다 말씀하시고 약속하십니다. 제자를 믿으셨습니다. 이걸 알아야 합니다. 그리고 오늘 예수님의 이 귀한 믿음을 대면하면서 제자들이 예수님께 기도합니다. "그 믿음을 주옵소서!" 예수님께서 가지신 그 크고 위대하신 믿음을 우리에게도 더해주십사 기도합니다.

이 믿음은 하나님께서 주시는 선물입니다. 믿음은 모든 사람의 것이 아닙니다. 저는 많은 날 동안 보았습니다. 60년 동안 목회하고 설교하면서 보았습니다. 똑같은 시간에 똑같은 말씀을 들었는데도 한 사람은 믿고, 다른 한 사람은 안 믿습니다. 한 사람은 받아들이고 하나님께 감사하는가 하면, 다른 한 사람은 영 아닙니다. 그래서 이걸 목회학적으로 설명해야 합니다. 칼뱅이 그 많은 날 동안 이 문제를 가지고 고민하다가 예정된 자가 있고, 버림받은 자가 있다고 결론을 내렸습니다. 구원받을 자가 있고, 못 받을 자가 있다고 말하게 됩니다. '이중예정론'입니다. 신학적으로 정리하면 그렇게 됩니다. 예수님께서 조용하게 말씀하십니다. "겨자씨만 한 믿음이 있더라도……" 여러분, 겨자씨만 하다니까 작다는 뜻으로만 생각됩니까? 아닙니다. 그것은 생명입니다.

여러분, 땅은 스스로 열매를 맺지 못합니다. 아무리 비옥한 땅이라도 스스로 열매를 맺는 것은 아닙니다. 반드시 종자가 그 땅에 떨어져야 합니다. 종자는 밖에서부터 떨어지는 것입니다. 아무리 깨끗하고, 도덕적으로 정결하게 노력해도 안 됩니다. 하나님께서 주신 모든 생명력이 그 심령에 심어질 때, 그것이 겨자씨만 하더라도 거기서 구원의 역사가 이루어지는 것입니다. 겨자씨라고 함은 작다는 뜻이기도 하지만, 가장 중요한 것은 그 먼지만 한 것 속에 생명의 신비가 있다는 것입니다. 신비로운 생명력이 거기에 있습니다. 그것이 마음속에 들어와 심어질 때 비로소 믿음의 역사는 이루어지는 것입니다.

그러면, 어떻게 해야 믿음이 생기겠습니까? 먼저는, 겸손해야합니다. 이것이 내 것이 아님을 알아야 합니다. 이 믿음이 하나님께서 주신 선물임을 알아야 합니다. 그리고 하나님의 음성에 대하여응답하는 겸비(謙卑)한 자세가 필요합니다. 마치 하나의 씨앗을 소중히 여기는 것처럼요. 그렇게 받아들여야 합니다. 복음의 씨앗을내가 겸비하게 받아들이고, 섬기는 자세로 임하는 것입니다. 생명은나 자신에게서 오는 것이 아니라, 하나님으로부터 오는 것이라는 그확실함이 있어야 합니다. 겸손한 마음으로 자기 자신의 정체를 분명히 해야 합니다. 내가 무엇이며, 생명의 근본이 무엇인가를 확실하게 알아야 합니다.

또한, 믿음은 키워가는 것입니다. 믿음을 키워가야 합니다. 하루아침에 생기는 것이 아닙니다. 순종을 통해서 조금씩 키워가야 합니다. 예수님께서 갈릴리 해변에 나타나셨습니다. 보시니, 밤새껏물고기 한 마리도 못 잡고 그물을 씻고 있습니다. 그래 예수님께서말씀하십니다. "물고기는 잡았느냐?" "못 잡았습니다." "깊은 데로가서 그물을 던져라!" 밤새껏 수고했는데도 한 마리도 못 잡고, 그물을 씻고 있는 바로 이 시간에 예수님께서 말씀하십니다. "깊은 데가서 그물을 던져라." 그들은 던졌습니다. 이 순간이 참 중요한데,이랬다면 어땠을까 생각해봅니다. 베드로는 어부입니다. 갈릴리 바다에서 평생을 산 사람입니다. 예수님께서는 목수십니다. 그러면 이것은 목수가 어부에게 명령하는 장면입니다. 어쩌면 그 순간 베드로는 이랬는지도 모릅니다. "예수님, 미안하고 죄송하지만, 당신은 목수시고, 저는 어부입니다. 저는 프로입니다. 평생을 어부로 살았습니다. 지금은 물고기 잡을 때가 아닙니다. 그러니 그것은 안 될 일입니다." 이렇게 예수님의 말씀을 거절했다면 어떻게 되었을까 생각해 봅니다. 고맙게도 베드로가 참 재미있게 말합니다. "밤새껏 수고해서 잡은 것이 없습니다마는, 말씀하시니 그물을 내리리이다." 내 생각, 내 경험으로는 안 됩니다. "그러나 말씀하시니, 죄송하지만, 예수님의 체면을 봐서 제가 예수님 말씀대로 순종하겠습니다." 그리고 그물을 내렸습니다. 물고기를 가득 잡았습니다. 베드로는 깜짝 놀랐습니다. 얼마나 놀랐으면 그가 예수님 앞에 가서 무릎을 꿇었습니다. "저는 죄인입니다!" 왜입니까? 예수님의 말씀을 믿지 않았기 때문입니다. 그래 빈 그물을 들고 "보시라고요. 고기가 없다니까요!" 하려 했던 것입니다. 그래서 회개하는 것입니다. 그걸 회개하는 것입니다. 인간의 근본적인 죄를 말하고 있는 것이 아니라, 순간적인 죄를 말하는 것입니다. "저를 떠나소서. 저는 죄인입니다!" 예수님께서 말씀하십니다. "네가 사람을 낚는 어부가 되리라!"

여러분, 믿음은 순종할 때 생깁니다. 베드로는 사실 고기를 잡을 수 있으리라고는 생각지도 않았습니다. 의심이 있었던 것입니다. 그래도 순종했습니다. 여러분은 하나님의 말씀에 대하여 어느 정도의 믿음으로 순종하십니까? 백 퍼센트 순종하지 못할 때도 있습니다. 억지로 할 때도 있습니다. 시몬의 십자가처럼 억지 십자가도 있습니다. 하고 싶지 않은 일을 할 때도 있습니다. 하고 싶지 않은 효도도 합니다. 하고 싶지 않은 구제도 합니다. 선행도 합니다. 그러나 순종하면, 이 작은 것에 순종하면 큰 믿음을 얻게 됩니다. 잊지 말아야 합니다. 억지 십자가도 십자가입니다. 잘 지고 나가십시오. 불평하지 마시고요. 그리하면 믿음이 생깁니다. 큰 믿음이 생깁니다. 작은 믿음으로 순종할 때 큰 믿음을 얻게 됩니다. 그 동기가 중요합니다. 제자들이 처음 예수를 믿을 때는 예수님을 통해서 출세하려 하였고, 또 세상의 권세를 누려보려고 하였습니다. 그밖에 또 여러 가지 생각을 했을 것입니다. 하지만 그들의 욕망은 세속적이었습니다. 자기중심적이고 세속적이었습니다. 그러나 예수님과 함께하면서 자기중심적인 생각이 그리스도 중심으로 바뀌고, 세속적인 욕망이 천국 지향으로 바뀝니다. 점점 바뀌어 간 것입니다. 이것이 참믿음입니다. 세상을 향한 믿음—복을 받으면 어떻고, 못 받으면 어떻다는 이야기입니까? 별것 아닙니다. 잘살면 어떻고, 못 살면 어떻다는 것입니까? 그러나 제자들의 마음속에 믿음이 생기기 시작하니까 천국 지향적 믿음이 생겼습니다. 이건 어디서 오는 것입니까? 예수님께서는 말씀 중심이십니다. "너희는 마음에 근심하지 말라. 하나님을 믿으니, 또 나를 믿으라. 내 아버지 집에 거할 곳이 많도다. 내가 너희와 함께 있으리라." 그 말씀을 믿는 것입니다. 우리 찬송가에 〈예수 사랑하심은〉이라는 어린이 찬송가가 있습니다. 거기 가사에 보면 '성경에 쓰였네'라고 되어 있습니다. 그러나 영어 찬송가는 이렇습니다. 'Jesus loves me. Bible said so.' 주님께서 나를 사랑하심은 성경 말씀이다—성경을 믿는 것입니다. 성경을 믿으니까 주님의 사랑이 내게 다가옵니다. 이걸 잊지 말아야 합니다. 그리고 오로지 주님의 말씀에만 의지합니다. 주님께서 있다고 하시면 있는 것이고, 없다고 하시면 없는 것입니다. 가라 하시면 가는 것입니다. 아무 보상도 바라지 말고, 아무 걱정도 하지 말고요. 그럼 앞으로는 어떻게 되는 것이냐고요? 그리스도의 형체와 같이 변화할 것입니다. 주님께서 약속하셨습니다. 그 약속을 믿는 것입니다.

그리고 믿음을 크게 성장시키려면 보상을 바라지 말아야 합니다. 오늘본문을 보면 그렇습니다. 예수님께서 말씀하십니다. "종이 일한다고 해서 칭찬하겠느냐? 종이 밖에서 돌아왔다고 해서 대접하겠느냐? 너는 앉아서 먹으라고 하겠느냐?" 그리고 마지막에 하시는 말씀입니다. "종이 수고했다고 해서 감사하다고 해야 하겠느냐?" 종은 자기 할 일을 했을 뿐입니다. 그리고 종들은 말할 것입니다. "나는 무익한 종이라." 무익한 종이라고 하는 자기 정체의식을 가져야 합니다. 여러분, 선한 일을 하십니까? 인사받지 마십시오. 좋은 일 하려고 하십니까? 고맙다는 말 한마디도 받으려고 하지 마십시오. 그러면 믿음이 떨어집니다. 보상을 바라지 마십시오. 알아주기를 바라지도 마십시오. 예수님의 말씀 그대로, 오른손이 하는 것을 왼손이 모르게, 이름도 없이, 빛도 없이 그리해야 믿음이 자랍니다. 조그마한 일을 해놓고는 알아주지 않는다고 섭섭해하고, 보상이 없다고 투덜거리면 있는 믿음까지 다 잃어버리고 말게 됩니다. 믿음은 온전한 겸손과 순종, 그리고 아무 보상도 바라지 않고 '나는 항상 무익한 종입니다'라고 하는 겸손, 그리할 때 믿음이 자라는 것입니다. 제자들이 예수님께 여쭙습니다. "우리에게 믿음을 주소서. 큰 믿음을 주소서." 예수님께서 말씀하십니다. "착한 종의 의식으로 돌아가라. 그래야 믿음을 얻게 될 것이다." △

참 자유함이 있는 곳

우리가 이같은 소망이 있으므로 담대히 말하노니 우리는 모세가 이스라엘 자손들에게 장차 없어질 것의 결국을 주목하지 못하게 하려고 수건을 그 얼굴에 쓴 것 같이 아니하노라 그러나 그들의 마음이 완고하여 오늘까지도 구약을 읽고 있을 때에 그 수건이 벗겨지지 아니하고 있으니 그 수건은 그리스도 안에서 없어질 것이라 오늘까지 모세의 글을 읽을 때에 수건이 그 마음을 덮었도다 그러나 언제든지 주께로 돌아가면 그 수건이 벗겨지리라 주는 영이시니 주의 영이 계신 곳에는 자유가 있느니라 우리가 다 수건을 벗은 얼굴로 거울을 보는 것 같이 주의 영광을 보매 그와 같은 형상으로 변화하여 영광에서 영광에 이르니 곧 주의 영으로 말미암음이니라

(고린도후서 3 : 12 - 18)

참 자유함이 있는 곳

　탐험가인 밥 바트렛은 자신이 배를 타고 망망대해를 여행하면서 경험했던 아주 절절하고 특별한 일들을 일기에 기록했습니다. 언젠가 그는 어느 외국을 여행하다가 아주 희귀한 새를 발견하고 몇 마리 샀습니다. 그리고 그걸 새장에 넣어 배에 싣고 본국으로 돌아왔습니다. 그런데, 이상하게도 그 가운데 한 마리가 유난히 시끄럽게 굴며, 새장에 갇혀 있는 것을 못마땅하게 여기는 듯 새장을 발톱으로 자꾸 할퀴는 거였습니다. 심지어 머리를 찧기까지 하며 잠시도 가만히 있지 못하고 푸드덕푸드덕 야단법석을 떨었습니다. 그러다 그 서슬에 그만 새장의 문이 벌컥 열렸습니다. 그러자 이 새는 그 기회를 놓치지 않고 훌쩍 밖으로 빠져나가 망망대해를 향해 날아가 버렸습니다. 도망치는 데 성공한 것입니다. 해방의 자유를 누렸지요. '살았다!' 하면서 높이높이 날아 올랐습니다. 새장은 텅 비었고요. 몇 시간 뒤에 바트렛은 자기 눈을 의심했습니다. 도망갔던 새가 도로 갑판에 날아와서 털썩 쓰러지는 것입니다. 새는 자유를 위해 날아갔지만, 망망대해 어디에도 발붙일 곳이 없었던 것입니다. 그래서 속절없이 다시 배로 돌아와 갑판 위에 쓰러진 것입니다. 이제 새장은 결코 감옥이 아닙니다. 이제 새장은 이 새에게 생명의 은인입니다.
　여러분, 자유가 어디에 있습니까? 도대체 자유란 무엇입니까? 유명한 신학자 에밀 부르너의 「Justice and Freedom in Society」라는 저서가 있습니다. 그는 이 책에서 이른바 Paradox of Freedom, '자유의 역설론'을 폅니다. 인간은 자유하다? 아닙니다. 하나님께 매여야 자유하다—그렇습니다. 오히려 매여서 자유를 반납하고, 자유를 잃어버릴 때 오히려 진정한 자유를 얻을 수 있습니다. 에밀 부르너는 이 '자유의 역설론'으로 아주 유명한 사람이 되었습니다. 이걸 잊지 말아야 합니다. 정의를 떠나는 것이 자유입니까? 정의를 떠나면 이제부터 무서운 불의의 노예가 된다는 사실을 알아야 합니다. 양심을 저버리는 것이 자유입니까? 아닙니다. 양심을 저버리면 어느새 무서운 모습으로 악마의 도구가 되어버립니다. 그런고로, 오히려 양심에 매여 있는 것이 자유를 찾는 길입니다. 이걸 잊지 말아야 합니다.

자유에는 여러 가지가 있습니다. 우리가 날마다 경험하는 것입니다. 가장 중요한 것이 경제적인 자유입니다. 유명한 루스벨트 대통령은 이런 말을 합니다. 아주 평범한데, 참 중요한 말입니다. '가난한 자는 자유인이 아니다.' 가난한 사람은 자유인이 아닙니다. 사람은 최소한 자기가 먹고 살 수 있는 정도는 되어야 합니다. 나 혼자 먹고살 수 있는 생활력이 없을 때는 부득불 창조주께서 주신 나의 이 소중한 자유를 반납하여 자기도 모르게 어느 순간 노예가 되어버립니다. 그 누군가에게 끌려갈 수밖에 없게 되고 마는 것입니다. 그런고로, 가난한 사람은 자유인이 아닙니다. 이것을 우리가 날마다 같이 경험하고 있습니다.

그렇다면, 부한 사람은 자유인입니까? 역시 아닙니다. 가난을 면하고 부유해질 때 욕심의 노예가 되어버립니다. 수전노라고 하는 비참한 노예가 되어버리는 것입니다. 이런 사례들을 우리는 주변에서 얼마나 많이 보고 살아갑니까. 차라리 가난할 때 그는 자유인이었습니다. 그러나 얼마간의 돈이 생기고, 경제력이 생기면서부터 사람이 못쓰게 됩니다. 인격도 파괴되고, 신앙도 저버리고, 망가지고, 비참한 노예로 전락하는 것을 우리는 늘 보고 있습니다. 이것이 인간입니다.

또한, 이런 유명한 말이 있습니다. '무식하면 자유인이 아니다.' 그렇습니다. 공부를 좀 해서 어느 정도는 뭘 알아야지, 모르면 자유인이 아닙니다. 저는 미국에서 공부할 때 거기 사는 우리 교포 가정들을 많이 방문해보았습니다. 그들 가운데서 이런 말을 하는 사람을 너무나 많이 보았습니다. "목사님, 제가 미국에 이민을 왔습니다. 오기는 왔는데, 영어를 못하니까 감옥이 따로 없습니다. 이건 벙어리고, 감옥입니다. 사방이 꽉 막혔습니다. 심지어는 아이들까지도 말을 못 합니다. 언어가 통하지 않는 세상, 무서운 감옥입니다." 바로 그렇습니다. 무식하면 자유인이 아닙니다. 알아야 뭘 하지, 모르면 도리가 없습니다. 그 시간에 바로 무의식이라는 큰 속박의 틀 안에 갇힐 수밖에 없습니다.

그런가 하면, 정치적인 억압에 매인 사람도 자유인이 아닙니다. 여러 가지 이유로 말미암아 정치적으로 속박을 느낍니다. 그렇다면 반대로, 정치적인 권력을 가진 사람들은 자유인입니까? 제가 보기에는 정치를 하는 분들, 아주 불쌍할 정도로 속박 속에 살고 있습니다. 참 자유는 어디에 있습니까? 도덕성을 잃어버리면 자유인이 아닙니다. 양심을 저버리면 자유인이 아닙니다. 우리는 양심을 저버리면 뭐가 될 줄로 생각합니다. 니체 같은 사람은 이렇게 말합니다. '양심을 사장해버리라.' 그러면 내가 자유인이 되고, 초인간이 될 것이다—그러나 그는 미쳐서 죽었습니다. 죄를 범할 때는 방종이라고 하는 자유를 누립니다. 그러나 곧 죄의 노예가 되고, 종이 되는 것을 볼 수 있습니다. 우리는 마음에 원하는 것을 행동합니다. 행동을 지속하면 습관이 됩니다. 습관이 지속되면 성품이 됩니다. 성품이 더 지나치면 그다음에는 운명이 됩니다. 가장 무서운 것은 무의식적인 노예상태입니다.

　오직 성령 안에서만 우리는 자유가 무엇인지를 알 수 있습니다. 이런 성령의 역사가 없으면, 죄가 무엇인지도 모르며, 노예 상태가 무엇인지도 모르고, 거의 무의식 상태에서 죄의 노예로 살아간다, 이것입니다. 나는 얼마나 비참한 존재이며, 하나님께서 주신 고귀한 자유를 잃어버리고 사는가? 이걸 잊지 말아야 합니다. 무의식이라고 하는, 나도 모르게 몸에 밴 습관, 잘못된 성품, 그 속에서 나는 노예가 되어 있는 것입니다. 노예 상태로 사는 이 비참함을 모르고 있는 것입니다. 오직 그리스도를 통해서만 자유가 무엇인지를 비로소 바로 알게 됩니다. 양심을 저버리는 사람들은 마치 새장에서 새가 놓여 나가듯, 처음에는 매우 자유로운 것 같아도 실은 무서운 감옥으로, 속박으로 전락하는 것입니다.

　특별히 신앙적으로 볼 때, 자기 자신을 부인하지 못하면 자유인이 아닙니다. 여러분, 스스로 한번 반성해보시기 바랍니다. 사도 바울은 말합니다. "내가 그리스도와 함께 십자가에 못박혔다." 그리스도와 함께 십자가에 못박혀 나는 죽었다—그때부터 자유인입니다. 살아있는 동안에는 내가 자유인이 아닙니다. 이것을 우리는 미처 모르고 살아가고 있습니다. 지금 얼마나 비참한 노예 상태로 깊이 빠져들고 있는지조차 모르고 있다는 말입니다. 가장 무서운 것은 죄와 사망으로부터 자유하지 못한 것입니다. 그럼 영영 자유하지 못합니다.

　여러분, 우리는 알게 모르게 죄의 노예가 되어 있습니다. 한번 죄를 짓고 나면 다시 죄를 지을 수밖에 없고, 또 죄로 말미암아 무서운 형벌이 우리를 엄습합니다. 거기에 점점 더 깊이 빠져듭니다. 죄, 그리고 그 죄의 결과로 오는 사망—이 사망의 권세에서 벗어나야 합니다. 어차피 사망은 가까이 오고 있습니다. 그러나 사망의 권세로부터 자유하는 것이 중요합니다. 이 자유가 없이는 참 자유가 없는 것입니다.

　요한복음 8장 34절에서 예수님께서 친히 말씀하셨습니다. "죄를 범하는 자마다 죄의 종이라." 죄를 범하는 순간부터 죄의 종이 되는 것입니다. 왜 그렇습니까? 다시 죄를 지을 수밖에 없기 때문입니다. 여러분, 혹 거짓말을 해보았습니까? 거짓말이라는 것, 참 묘합니다. 한번 거짓말을 하고, 곧 회개하지 않으면, 거짓말을 또 할 수밖에 없습니다. 그 거짓말을 부정하려고 또 다른 거짓말을 하게 된다, 이것입니다. 이렇게 거짓말을 하고, 또 하고, 또 하다 보면, 어디서부터가 거짓말인지, 어디까지가 진실인지 스스로도 모르게 됩니다. 이렇게 깊이 빠져드는 것입니다.

　죄를 범하는 자마다 죄의 종이라—이제부터 죄가 나를 다스립니다. 나는 죄가 인도하는 대로 따라갈 수밖에 없습니다. 내가 내 자유를 잃어버렸기 때문입니다. 이게 얼마나 무서운 일인지 모릅니다. 그래서 자유의 그 깊은 속에는 자기 십자가가 있습니다. 자기를 완전히 죽여버려야 합니다. 자기 십자가를 지고 나를 좇으라—이것은 죽음을 말합니다. 내가 죽어야 하는 것입니다. 그랬을 때 비로소 자유할 수 있습니다. 유명한 이야기가 있습니다. 아우구스티누스는 본디 방탕했던 사람입니다. 그런 그가 로마로 가서 신앙을 얻게 됩니다. 그리고 본국으로 돌아옵니다. 옛날에는 방탕한 사람이었는데, 오늘은 거룩한 하나님의 사람이 되어서 돌아온 것입니다. 그리고 옛날에 살던 거리를 지나갑니다. 그러자 그 시절 서로 가까이 지냈던 창녀들이 그를 따라오면서 이렇게 소리 지르며 말을 붙입니다. "아이고, 아우구스티누스! 이거 몇 년 만이야? 오랜만이네. 반가워. 그동안 어디 있었어?" 하지만 아우구스티누스는 한마디 대답도 하지 않고 빙그레 웃으며 그냥 지나쳐 가면서 속으로 이렇게 중얼거렸답니다. "당신들, 사람 잘못 보았소. 그 옛날 아우구스티누스는 죽었어. 그 옛날 아우구스티누스는 죽었어." 내가 죽지 않고는 자유인이 될 수 없습니다. "내 마음속에 있던 모든 그릇된 것들, 다 십자가에 못박아버렸어!" 그러고 나서야 자유인이 된다는 말씀입니다.

그런가 하면, 요한복음 8장 32절에서 예수님 친히 말씀하십니다. "진리가 너희를 자유롭게 하리라." 이것은 좀 더 적극적인 말씀입니다. 죄를 범하는 자마다 죄의 종이 되는 것입니다. 진리가 너희를 자유케 하리라—진리를 알고, 진리를 따라가고, 진리에 순종할 때, 아니, 진리의 노예가 될 때 비로소 자유인이 되는 것입니다. 또, 이어 36절에서도 예수님께서 친히 말씀하십니다. "아들이 너희를 자유롭게 하면 너희가 참으로 자유로우리라." 예수 그리스도께서 우리에게 주시는 자유, 그 자유만이 진정한 자유임을 잊지 말아야 합니다.

오늘 본문말씀은 성경에서 대단히 중요한 요절 가운데 하나입니다. 호 퀴리오스 토 프뉴마 에스틴—곧, 그리스도께서는 영이시다, 하는 말씀입니다. 성경에 딱 한 번 있는 말씀입니다. "지금의 그리스도께서는 영이시다. 전에는 육체를 입고 오셨지만, 지금 그리스도께서는 영이시다. 영으로 우리와 함께하신다. 그래서 그리스도께서는 지금 곧 영이시다." 이렇게 말씀하시고 가르치십니다. "주의 영이 계신 곳에는 자유함이 있느니라." 성령께서 우리와 함께하실 때 그 속에 자유함이 있습니다. 이 자유는 율법으로부터의 자유, 사망으로부터의 자유, 진노로부터 자유, 그리고 하나님의 자녀 된 자유입니다. 그 높은 자유를 성령께서 증거해주시는 것입니다. 얼마나 귀한 말씀입니까. 성령께서 계시는 곳에 참 자유함이 있느니라—

여러분, 우리는 해방을 통하여 정치적인 자유를 누렸습니다. 또, 경제적인 자유도 누려보았습니다. 그런데, 어떻습니까? 이 자유가 전적으로 진정한 자유를 주었습니까? 해방 뒤 70년이 지나고 나니, 이제야 겨우 자유가 무엇인지를 알 것 같습니다. 적어도 그리스도인은 압니다. 주의 영이 계신 곳에, 부활하신 예수님의 생명력이 있는 곳에, 주의 말씀이 있는 곳에 자유함이 있느니라—우리 영혼이 깨끗해져서 주님을 바라보아야 율법으로부터 온전한 자유를 얻을 수 있고, 사망의 권세로부터 자유함을 얻을 수 있습니다. 그런가 하면, 암울하기 그지없는 우리의 미래를 바라보며, 이 세상 끝에서 다시 주님 앞에 가는 날을 바라봅니다. 아인슈타인은 이런 유명한 말을 했습니다. "이 세상의 출구가 하늘나라의 입구다." 그렇습니다. 이 세상이 끝나면서 하늘나라를 바라봅니다. 저는 생각합니다. 스데반은 세상을 떠날 때 하늘이 열리고, 인자가 하나님 우편에 서신 것을 보았습니다. 그 사람만이 자유인입니다. 그는 핍박을 당했고, 순종하는 시간이지만, 그 눈앞에 하늘이 열립니다. 이것이 자유인입니다. 사도 바울은 말합니다. "달려갈 길을 다 가고, 믿음을 지켰다. 내 앞에 면류관이 있다. 나뿐만 아니라, 주의 나타나심을 사모하는 모든 자에게니라." 여러분, 세상을 떠날 때 자기 눈앞에 하늘이 열리는 그 사람만이 자유인입니다.

제게는 특별한 경험이 하나 있습니다. 제 누님이 두 분 계셨는데, 같이 피난을 나와 군산에서 살았습니다. 아주 어려웠습니다. 그래도 남편하고 늘 교회에 나가 신앙생활을 잘했는데, 누님 말로는 그 남편이 진정으로 예수를 믿는지 안 믿는지 알 수가 없더랍니다. 그저 교회에 나가자 그러면 나갑니다. 나가서는 눈을 감고 졸다가 오는 것입니다. 성경도 안 읽고, 찬송도 부를 줄 모릅니다. 그러나 아내를 사랑해서 꼭 주일에는 교회에 나가 떡하니 앉아서 예배를 드리고 옵니다. 이렇게 하다가 그 남편이 나이가 여든이 넘어서 세상을 떠나게 되었습니다. 그러자 누님이 속으로 은근히 걱정이 되었습니다. '이 사람이 천당 갈 수 있으려나, 못 가려나? 예수를 믿는 건가, 안 믿는 건가?' 그래 그냥 그 남편을 붙들고 이렇게 기도를 하였습니다. "하나님, 이 남편, 천당 가게 해주시길 바랍니다. 천당 가게 해주시길 바랍니다." 어느 날, 남편이 여러 날 동안 의식이 없다가 갑자기 눈을 뜨고 침대에서 벌떡 일어나더니 손을 내뻗고 말합니다. "여보, 저기 좀 봐! 하늘에서 꽃가마가 내려오고 있어! 나를 데리러 온다고! 저거 좀 보라고!" 그리고 숨을 거두었습니다. 제 누님이 장례 동안 한 번도 울지를 않았습니다. 제가 하도 기가 막혀서 장례식장에서 한번 말을 꺼냈습니다. 그랬더니, 누님이 이렇게 말했습니다. "내가 왜 우냐? 내 남편 천당 가는 걸 내가 직접 보았는데, 내가 왜 우냐?" 그렇게 눈물 한 방울 흘리지 않고 기뻐했습니다. 그러더니 한 달 만에 누님도 그 남편을 따라갔습니다.

"그리스도의 영이 계신 곳에 자유가 있느니라. 그리스도의 영이

계신 곳에는 자유함이 있느니라." 아주 종말론적으로 중요하고, 현
실적으로 중요한 말씀입니다. 그리스도의 영이 있는 곳에 자유함이
있느니라―여러분은 그리스도의 영이 충만한 가운데서 그 자유함
을 누릴 수 있습니다. 지난날의 모든 잘못된 과거로부터 자유할 수
있습니다. 암울한 미래를 바라보며, 영생을 바라보며 자유할 수 있
습니다. 그리고 하루하루 오늘을 사는 현실 속에서도 진정한 그리스
도인의 자유함이 있는 것입니다. 성령의 감동을 받아서 오늘을 살
고, 성령의 깨달음을 통하여 지혜를 얻고, 성령의 충만함을 통해서
용기를 얻고, 성령께서 보여주시는 대로 새 소망의 미래를 바라보며
사는 것, 이것이 진정한 자유입니다.

깊이 생각합시다. 그리스도의 영이 계신 곳에 자유함이 있느니
라―돈이 있다고 되는 것이 아닙니다. 정치적으로 자유하다고 되는
것이 아닙니다. 그리스도의 영이 계신 곳에 자유함이 있는 것입니
다. △

병리적 신념의 운명

여러 날이 걸려 금식하는 절기가 이미 지났으므로
항해하기가 위태한지라 바울이 그들을 권하여 말하
되 여러분이여 내가 보니 이번 항해가 하물과 배만
아니라 우리 생명에도 타격과 많은 손해를 끼치리라
하되 백부장이 선장과 선주의 말을 바울의 말보다 더
믿더라 그 항구가 겨울을 지내기에 불편하므로 거기
서 떠나 아무쪼록 뵈닉스에 가서 겨울을 지내자 하는
자가 더 많으니 뵈닉스는 그레데 항구라 한쪽은 서남
을 한쪽은 서북을 향하였더라 남풍이 순하게 불매 그
들이 뜻을 이룬 줄 알고 닻을 감아 그레데 해변을 끼
고 항해하더니 얼마 안 되어 섬 가운데로부터 유라굴
로라는 광풍이 크게 일어나니 배가 밀려 바람을 맞추
어 갈 수 없어 가는 대로 두고 쫓겨가다가 가우다라
는 작은 섬 아래로 지나 간신히 거루를 잡아 끌어 올
리고 줄을 가지고 선체를 둘러 감고 스르디스에 걸릴
까 두려워하여 연장을 내리고 그냥 쫓겨가더니 우리
가 풍랑으로 심히 애쓰다가 이튿날 사공들이 짐을 바
다에 풀어 버리고 사흘째 되는 날에 배의 기구를 그
들의 손으로 내버리니라 여러 날 동안 해도 별도 보
이지 아니하고 큰 풍랑이 그대로 있으매 구원의 여망
마저 없어졌더라 여러 사람이 오래 먹지 못하였으매
바울이 가운데 서서 말하되 여러분이여 내 말을 듣고
그레데에서 떠나지 아니하여 이 타격과 손상을 면하
였더라면 좋을 뻔하였느니라
(사도행전 27 : 9 - 21)

병리적 신념의 운명

생각해보니, 제가 목회를 시작한 지 이제 꼭 50년이 되었습니다. 이렇게 지금까지 50년 간 설교를 하며 목회생활을 하는 동안 교인들로부터 많은 질문을 받았습니다. 성도들이 가정 문제, 사회 문제, 그리고 특별히 성경에 대한 질문을 할 때가 많이 있습니다. 여러 사람이 질문을 하는데, 그 내용을 보면 몇 가지가 있습니다. 그 가운데 제일 많이 하는 질문이 이것입니다. "하나님께서는 왜 에덴동산에 선악과를 만드셨습니까? 만들어놓지 않으셨으면 이런 인생의 불행이 없을 텐데 말입니다. 또, 만들어놓으셨으면 아예 따먹지 못하도록 철망을 쳐놓으시든지, 아니면 담을 쌓아놓으시든지, 하고 막아놓으셨어야지, 그걸 따먹도록 내버려두셨으니 이렇게 그걸 따먹어서 타락하고, 이로 말미암아 인생에 불행이 왔으니, 하나님께서는 그 선악과를 왜 만드셔서 불행의 요인이 되게 하셨습니까?" 이 질문이 제일 많은 것입니다. 하지만 여기에는 누구도 대답할 수 없습니다. 문제는 이렇습니다. "먹지 말라. 먹으면 정녕 죽으리라." 이 말씀의 뜻은 인간이 먹을 수도 있고, 안 먹을 수도 있다는 것입니다. 그러니까 우리 인간을 선택할 수 있는 존재로 창조하셨다, 이것입니다. 이것이 바로 인간의 존엄성입니다. 먹을 수밖에 없다면, 또, 먹지 않을 수밖에 없다면 인간의 존재가치는 없는 것입니다. 이걸 잊지 말아야 합니다. "먹는 날에는 정녕 죽으리라." 이 말씀 앞에 어떤 선택을 하느냐가 문제입니다. "죽으리라." 이 말씀을 믿었어야 합니다. 믿었다면 먹을 까닭이 없습니다. 죽으리라 하시는 말씀을 안 믿는 데서부터 문제가 시작되는 것입니다.

믿지 않는 불신, 거기서부터 죄가 싹트기 시작하는 것입니다. 이제 하와의 대답을 여러분이 알고 계십니다. "먹는 날에는 정녕 죽으리라." 이 말씀에도 불구하고 하와는 대답합니다. "죽을까 하노라." "정녕 죽으리라"가 아닙니다. 벌써 이야기가 달라졌습니다. 죽을까 하노라고 말씀하셨다—이 문제에 대해서 많은 사람이 상상력을 발휘하는 가운데, 재미있는 이야기가 있습니다. 이것은 하와가 한 말입니다. "죽을까 하노라." 그렇다면 아담은 하와에게 확실하게 가르쳐줬어야 하지 않습니까. 하나님의 말씀을 직접 들은 것은 아담입니다. 그러니 아담은 하와에게 "그것을 먹는 날에는 정녕 죽으리라. 그러니 쳐다보지도 마라. 이거 먹으면 죽는다!" 하고 분명히 가르쳐줬어야지요. 아담이 그때부터 아내를 업신여겨서 대충 얼버무리듯 "죽을까 하노라!" 하고 가르쳐준 것 같다, 이것입니다.

어쨌든, 하나님께서는 말씀하십니다. "정녕 죽으리라!" You surely die. 반드시 죽는다—이것이 하나님의 말씀입니다. 그런데, 그 소리를 들은 하와가 뱀에게 하는 말은 이것입니다. "죽을까 하노라." 벌써 흔들리고 만 것입니다. 그래서 유혹에 빠집니다. 불신이 싹튼 것입니다. "반드시 죽으리라!"와 "죽을까 하노라!"는 서로 전혀 다른 말입니다. 거기서 잘못된 선택으로 무서운 운명의 길을 가게 되었다는 말입니다. 문제는 믿음입니다. 무엇을 믿으며, 누구를 믿느냐, 그 믿는 동기가 어디에 있느냐, 그 깊은 뿌리가 되는 첫 번째 동기는 뭐냐…… 이것이 문제입니다. 어차피 미래는 믿음의 문제입니다. 불확실한 것입니다.

이 불확실한 미래를 확실하게 만드는 것이 믿음입니다. 미래는 가보지 못했습니다. 미지의 세계입니다. 이제는 믿음만이 우리에게 용기도 되고, 지혜도 되는 것입니다. 그런데, 누구를 믿느냐, 무엇을 믿느냐가 문제입니다. 또, 왜 믿느냐, 그 근본적 동기까지 문제가 되어서 믿음 자체가 흔들리기 시작할 때 모든 운명은 바뀌는 것입니다. 믿음에 따라 사람이 선택하는 것입니다. 자기 나름대로 믿음에 따라 선택하는 것입니다. 그렇게 선택하고 나면 그 선택한 바에 대한 운명은 이제 불가피합니다. 그대로 주어지는 것입니다.

성경을 읽어보면, 믿음은 참 귀한 것입니다. 역시 믿음이 모든 문제의 근본이요, 축복의 근본이요, 또한 하나님의 은사가 아닐 수 없습니다. 그래서 성경은 말씀합니다. 믿음은 하나님께서 주시는 은사다—저는 목회를 여러 해 동안 하면서 많은 사람을 보았습니다. 똑같은 설교를 하고, 똑같이 만나지만, 어떤 사람에게는 믿음이 주어지고, 어떤 사람은 믿지를 못합니다. 교회는 다니지만, 믿지 않습니다. 우리는 하나님이 아니기 때문에 심판할 수는 없지만, 그 사람은 교회만 다니지, 믿는 사람은 아닌 것입니다. 믿음은 하나님께서 주시는 축복입니다. 오래 믿었다고 잘 믿는 것도 아닙니다. 아주 특별하다고 잘 믿는 것도 아니며, 봉사를 많이 한다고 잘 믿는 것도 아닙니다. 역시 믿음은 하나님께서 주시는 선물이요, 하나님께서 택하신 백성에게 주시는 귀한 은사라는 것을 생각하게 됩니다.

믿음과 비슷하면서 우리에게 유혹거리가 되는 것이 있습니다. 바로 신념입니다. 믿음과 신념은 다릅니다. 믿음은 하나님께로부터 오는 은사입니다. 신념은 나 자신의 경험과 지식에서 오는 자기 확신이요 자기 의지입니다. 다시 말하면, 자기 사랑입니다. 자기 신앙입니다. 이런 주관적 신념을 마치 믿음인 양 착각할 때가 있습니다.

대단히 중요한 말씀입니다. 믿음과 신념은 다릅니다. 내가 여기 앉아서 "믿습니다! 믿습니다!" 하고 소리를 지른다고 믿음이 생기는 것이 아닙니다. 아무 말이 없어도 하나님께서 내게 은사를 주실 때 조용하게, 나도 모르게 믿음이 생기고, 모든 의심이 사라지는 것입니다. 믿음, 쉽게 말합시다. 믿어지는 것이 축복입니다. 믿어지는 것이 신비로운 것입니다. 믿어지는 것이 바로 성령의 역사입니다. 택함을 받은 자에게 주어지는 은사입니다. 그런데, 문제는 사람이 신념과 믿음, 그 어느 쪽에서 살아가느냐, 하는 것입니다. 이에 따라 그의 운명이 바뀌는 것입니다.

성도 여러분은 무엇을 믿고 살아왔습니까? 또, 앞으로 무엇을 믿고 살아갈 것입니까? 많은 분이 돈을 믿고, 권력을 믿고, 지식을 믿고, 경험을 믿습니다. 요즘 우리가 믿음에 대한 중요한, 좋은 상징적 진리가 있습니다. 부동산 문제로 많은 사람이 시달리고, 권력이 막 흔들리고 있습니다. 여러분, 부동산이 무엇입니까? 우리 한국 사람이 가진 믿음의 근거입니다. 여러분, 지식? 못 믿습니다. 그러면 돈은 믿을 수 있습니까? 은행? 못 믿습니다. 이제 믿을 수 있는 것은 땅 밖에 없습니다. 땅 밖에 없다고 생각하기에 이렇듯 부동산 문제가 심각해지는 것입니다. 믿음의 근거가 되어 있는 것입니다. 이 믿음이 근본적으로 흔들리고 있는 것이 오늘 이 시대의 주제입니다. 여러분은 무엇을 믿고 살아왔습니까? 내가 믿는 바, 그것은 신념입니다. 하나님께로부터 오는 은사, 그것은 주어진 거룩한 믿음입니다.

오늘본문에 보면, 2천 년 전에 276명이 탄 큰 배 한 척이 유다를 떠나 로마로 가고 있습니다. 지도상으로 보면 별로 먼 길이 아닌 것 같지만, 옛날에는 아주 먼 길입니다. 큰 범선을 타고 가는 것이기 때문입니다. 276명이라는 것이 정말 믿어지지 않을 정도로 2천 년 전에 그런 큰 배가 있었다, 이것입니다. 그런 배를 타고 로마로 가는데, 그 항해는 역시 깁니다. 아시는 대로, 지금 우리는 비행기를 타고 여행하지만, 옛날에는 비행기가 없어서 배를 타고 다녔습니다. 비행기가 있어도 너무 비싸서 웬만해서는 탈 수가 없었습니다. 그래 비용이 싼 배를 타고 여행을 했습니다. 저는 고맙게도 바로 그 시점인 1963년에 특별히 표를 한 장 얻어서 비행기를 타고 미국까지 유학갈 수 있었습니다. 도중에 세 번이나 갈아타야 했습니다. 그러면 공항 근처 호텔에서 숙박을 합니다. 그러면서 한 일주일 걸려서 미국까지 갔습니다. 저보다 2년 앞서 미국 유학을 떠난 제 친구는 돈이 없어서 배를 타고 갔습니다. 화물선이었습니다. 친구는 그걸 타고 인천항을 출발해서 샌프란시스코까지 갔는데, 꼬박 한 달이 걸렸다고 합니다. 옛날에는 그랬습니다.

그런데, 지금으로부터 2천 년 전의 이야기입니다. 유다에서 배가 떠나 로마까지 가는데, 한 계절이 지나갑니다. 여기서 가을에 떠나면 내년 봄에 도착하는 것입니다. 이렇게 먼 여행입니다. 이 배가 지금 로마를 향해 가고 있습니다. 가다가 중간에 미항이라는 항구에 기착하여 며칠 쉽니다. 그곳은 위락시설도 별로 없고, 아주 불편하기 짝이 없는 조그마한 항구입니다. 그러나 아주 안전한 곳입니다. 풍랑이 일어나도 문제가 없습니다. 그런 좋고 안전한 미항이라는 항구가 있었습니다. 거기에 기착한 것입니다. 며칠 뒤에 문제가 생겼습니다. 여기서 과동(過冬)할 것이냐, 아니면 여기를 떠나 뵈닉스로 갈 것이냐? 로마까지는 어차피 못 가지만, 조금만 더 가면 뵈닉스라고 하는 큰 섬이 있습니다. 거기에 가면 오락시설도 많고, 사람도 많고, 위락시설도 있어서 아주 풍성하게 한겨울을 지내고 로마로 갈 수 있습니다. 그 뵈닉스에 가서 겨울을 날 것이냐, 아니면 여기 미항에서 겨울을 날 것이냐, 하는 문제입니다. 이 문제를 놓고 이제 서로 다투기 시작합니다. 어차피 로마까지는 못 갑니다. 그러나 미항에서 겨울을 나느냐, 뵈닉스에서 겨울을 나느냐, 하는 것입니다. 미항은 좀 불편합니다. 그러나 모든 것이 안전합니다. 뵈닉스까지 간다는 것은 좀 위험한 일입니다. 그러니까 가서 향락과 함께 한겨울을 지내는 것은 좋지만, 지금 이 시간에 가는 것은 모험입니다. 위험합니다. 그러니까 불편한 곳에서 안전하게 지내느냐, 아니면 편하지만 위험한 모험의 길을 가느냐, 하는 기로에 선 것입니다.

그래서 많은 사람이 미항에서 지내자, 뵈닉스에 가서 지내자, 하면서 열띤 토론을 했습니다. 다시 말합니다. 미항은 안전합니다. 뵈닉스로 가는 것은 위험합니다. 이렇게 서로 토론하는데, 많은 사람이 이런 말을 합니다. "아무쪼록 뵈닉스에 가서 지내자. 여기는 너무 불편해. 거기 가서 지내자." 그런데, 이 말의 뜻이 너무나 아이러니합니다. 아무쪼록—이 말입니다. 아무쪼록? 이것은 모험입니다. 위험한 것? 알고 있습니다. 지금은 계절로 보아 안 될 때입니다. 위험합니다. 앞에 태풍이 밀려오고 있습니다. 그런데도 많은 사람이 "아무쪼록 뵈닉스까지 가자!" 합니다. 무엇입니까? 모험입니다. 모험 속에서 향락을 찾으려 하는 것입니다. 목숨을 걸고 향락의 길을 찾았던 것입니다. 아무쪼록 뵈닉스에까지 가서—이 요행을 바라는 마음, 이런 투기성 신념, 이것이 문제가 있는 것입니다. 위험한 길을 자처하게 됩니다. 그런데, 마지막 결정을 누가 하느냐 하면, 백부

장이 합니다. 백부장은 군인입니다. 백부장은 로마 황제를 대행하는
권력의 상징입니다. 백부장, 그가 마지막 결정을 하게 됩니다. 그런
데, 오늘본문에 아주 특별한 말씀 한마디가 있습니다. "백부장이 선
장과 선주의 말을 바울의 말보다 더 믿더라(11절)." 그리고 결정합
니다.

여러분, 여기서 엄청난 사건이 터집니다. 이걸 잊지 말아야 합
니다. 선장은 어떤 사람입니까? 그는 기술과 경험의 상징입니다. 선
장이 생각합니다. "나는 이 배를 30년 동안 탔습니다. 내 경험, 내
지식, 내 능력으로 충분합니다. 갑시다!" 이게 선장입니다. 자기 경
험, 자기 지식을 믿은 것입니다. 그런가 하면, 또 선주는 누구입니
까? 이 배의 총주인입니다. 그는 자본주의 경제의 상징입니다. 이
자본주가 "내 배다. 파손이 되든 말든 내 마음이다. 가자!" 하는 것
입니다. 그런데, 이보다 더 무서운 것이 있습니다. "여기서 겨울을
나지 말고, 아무쪼록 뵈닉스에 가서 과동하자는 사람이 더 많더라."
숫자입니다. 요새 말로 하면, 민주주의입니다. 여러분, 민주주의의
허상을 아십니까? 많은 사람의 시각은 옳은 것입니까? 아닙니다.
이걸 잊지 말아야 합니다. 숫자가 많다고, 많은 사람의 지지를 받았
다고 그것이 선이 되는 것이 아닙니다. 예수님께서는 홀로 십자가를
지셨습니다. 아무의 지지도 받지 못하셨습니다. 그러나 옳은 일이
요, 정의요, 진리입니다. 진리는 고독합니다.

여러분, 수의 폭력, 수의 허상에 속으면 안 됩니다. 많은 사람
이 지지한다고 진리가 아닙니다. 요새 흔히 우리가 보고 있지 않습
니까. 지지율이 올라가면 된 것입니까? 아닙니다. 99퍼센트가 지
지한다 해도 악은 악입니다. 한 사람이 주장해도 진리는 진리입니

다. 이걸 잊지 말아야 합니다. 오늘본문의 일은, 민주주의적으로 보면, 완전히 제대로 된 것입니다. 많은 사람이 원합니다. 지지율을 통해서 결정한 것입니다. 선주가 결정한 것입니다. 선장이 결정한 것입니다. 마지막으로 백부장이 결정합니다. 그래서 떠납니다. 가다가 처음에 남풍을 맞고, 그다음에 순풍을 받아서 잘 가게 되니까 득의한 줄로 알았다고 성경은 말씀합니다. 아마 만세를 불렀을 것입니다. "봐라! 잘했다. 우리가 이 떠나길 잘했다." 그랬는데, 풍랑을 만납니다. 무려 열나흘 동안이나요. 여러분, 배를 타고 풍랑을 만나본 일 있습니까? 이것은 경험하지 못하면 모릅니다. 저는 군에 있을 때 몇 번 겪어보았습니다. 기가 막힙니다. 배가 그대로 공중에 올라갔다가 그냥 물속으로 들어가는 것입니다. 그리고 한참 있다가 위로 나옵니다. 그 배 안에 타고 있는 사람은 아무것도 아닙니다. 시인들이 흔히 일엽편주라고 하지요? 옳은 말입니다. 그야말로 하나의 나뭇잎 같은 것입니다. 배라는 것이 풍랑 앞에서는 별것 아닙니다. 열나흘 동안이나 계속되는 풍랑 앞에서 처음에는 이 방법 저 방법으로 손을 썼지만, 마지막에는 다 손 들고 말았습니다. 이제는 먹지도 못하고, 모두가 다 취하여 정신없이 흔들립니다. 열나흘 동안 이렇게 정신없이 되었을 때 사도 바울이 나섭니다. "여러분, 제 말을 듣고 떠나지 않았으면 좋을 뻔하였습니다. 제가 그리 떠나지 말자고 했는데, 왜 떠났습니까?" 그러나 사도 바울은 또 말합니다. "저는 하나님을 믿습니다. 하나님께서 제게 말씀하셨습니다. '네가 가이사 앞에 서 있어야 하겠고, 내게 있는 사람들을 다 네 손에 붙였느니라. 생명은 안전할 것이다.' 이렇게 하나님께서 말씀하셨습니다. 그 하나님의 음성이 들려왔습니다. 그런고로 여러분, 안심하세요. 그동안 너

무 오랫동안 굶었는데, 식사하세요." 사도 바울, 이 조그마한 사람이
서서 식사기도를 하고, 음식을 나눠줄 때 모두가 다 그 음식을 먹습
니다. 모두 다 사도 바울 앞에 꼼짝을 못합니다. 전에는 백부장, 선
장, 선주가 제일이었지만, 지금은 사도 바울이 제일입니다. 이 고난
속에서 이러한 마음밭이 되었다는 말입니다. 사도 바울이 말합니다.
"저는 하나님을 믿습니다. 저는 하나님의 말씀을 믿습니다. 안심하
세요." 모든 사람이 사도 바울의 말에 귀를 기울입니다. 그래서 전설
에 따르면, 사도 바울이 로마에 간 다음에 276명, 그 많은 사람이 다
사도 바울의 전도사가 된 것입니다. 이번에 배 타고 오면서 보았다
고, "저 조그만 사람, 저 로마에서 온 죄수 한 사람, 저 사람은 하나
님의 사람이요!" 하고 전도했습니다. 그래서 사도 바울이 로마 선교
에 성공할 수 있었던 것입니다. 하나님의 오묘한 섭리가 참으로 놀
랍지 않습니까.

분명히 이 사람들은 자기 신념대로 살았습니다. 이 신념이 풍랑
속에서 거꾸러집니다. 아주 부러지고 맙니다. 아주 무너지고 사장되
고 맙니다. 그리고 남는 것은 믿음뿐입니다. 여러분, 어떻게 살아왔
든 간에 우리의 신념을 다 버리고, 이제는 '오직 믿음'입니다. 하나님
을 믿습니다. 어젯밤에 내게 계시해주신 하나님의 말씀을 믿습니다.
그리고 그 믿음을 가진 자를 따라야 할 것입니다. 신념에 따라서 갔
다가 큰 낭패를 본 사람들에게 하나님의 음성이 들려옵니다. "나는
하나님을 믿습니다. 오늘 우리는 큰 풍랑을 만났습니다. 우리는 하
나님을 믿습니다." 이 풍랑 속에서 하나님께서 예비하신 놀랍고 새
로운 역사가 창조될 것입니다.   △

능력을 잃어버린 제자

예수께서 무리가 달려와 모이는 것을 보시고 그 더
러운 귀신을 꾸짖어 이르시되 말 못하고 못 듣는 귀
신아 내가 네게 명하노니 그 아이에게서 나오고 다시
들어가지 말라 하시매 귀신이 소리 지르며 아이로 심
히 경련을 일으키게 하고 나가니 그 아이가 죽은 것
같이 되어 많은 사람이 말하기를 죽었다 하나 예수께
서 그 손을 잡아 일으키시니 이에 일어서니라 집에
들어가시매 제자들이 조용히 묻자오되 우리는 어찌
하여 능히 그 귀신을 쫓아내지 못하였나이까 이르시
되 기도 외에 다른 것으로는 이런 종류가 나갈 수 없
느니라 하시니라

(마가복음 9 : 25 - 29)

능력을 잃어버린 제자

아마도 한 20년 전 이야기입니다. 서울 반포에서 개척교회를 세우고, 어렵게 50명 정도의 교인이 모이는 상가 교회에서 목회를 하는 저의 사랑하는 제자 목사가 있었습니다. 이 젊은 목사가 한밤중 제게 전화를 걸어와 다급한 목소리로 이야기합니다. "목사님, 큰일 났습니다!" "무슨 일인데?" "오늘 주일 낮 예배 시간에 한 귀신 들린 여자가 예배 중에 소리를 질렀습니다. 예배에 방해가 되어서 제가 설교 중에 가운데로 걸어 들어가 그 귀신 들린 여자를 향해서 '예수의 이름으로 명하노니 귀신아 나가라!' 하고 소리를 질렀습니다." 이 귀신 들린 여자가 그대로 순종해주었으면 얼마나 좋겠습니까. 그런데, 그렇지를 않고, 외려 더 크게 소리를 지르면서, 심지어 목사님의 넥타이까지 잡아당겼다는 것입니다. 그렇게 큰 망신을 당했으니, 이제 부끄러워서 교인들 앞에 설 수가 없다고 털어놓는 것이었습니다. 그러면서 "목사님, 너무너무 괴롭습니다. 제가 앞으로 어떻게 하면 좋겠습니까?" 하고 물어왔습니다. 그래 제가 전화로 대답했지요. "사표 내라! 귀신도 몰라보는 목사, 그거 됐다 뭘 하냐?" 그랬더니, "목사님, 제가 얼마나 어렵사리 세운 교회인데요? 그건 안 됩니다!" 합니다. "그러면, 내 말을 잘 들어라. 네가 잘못 생각한 거야. 내가 예수의 이름으로라고 말하면 아무 때나 귀신이 나갈 줄 알았지? 그건 아니야. 네가 이 일을 위해서 기도한 일이 있어? 그런고로, 이제 네가 좋은 기회를 얻었다. 이제 그 아주머니를 집에 돌아가라고 하고, 한 사흘 동안 특별히 그 강단에 엎드려서 기도해라. 그리고 사흘 뒤에 다시 오라고 해서 안수기도 하면, 귀신이 나갈 것이다." 이렇게 가르쳐주었습니다. 정말로 그렇게 해서 이 귀신 들린 여자가 깨끗한 사람이 되었습니다. 이 소문이 퍼져서 그 교회는 아주 크게 부흥되었습니다. 고린도전서 4장 20절은 말씀합니다. "하나님의 나라는 말에 있지 아니하고 오직 능력에 있다." 하나님의 나라는 말이 아니라 능력이다─죄를 이기는 능력, 의심을 극복하는 능력, 낙심을 이기는 능력, 게으름과 교만을 이기는 능력, 그리고 모든 두려움을 물리치는 능력…… 여러분, 믿음은 곧 능력입니다. 말이 아니요, 지식이 아닙니다. 추상적인 이야기, 감상적인 이야기가 아닙니다. 이것은 곧 능력입니다.

'교향곡의 아버지'라고 불리는 하이든은 항상 귀한 음악을 작곡해서 사람들에게 들려주었습니다. 언제 들어보아도 심령이 맑아지는 것을 느낄 수 있기에 저는 고전음악 가운데서 특히 하이든의 음악을 아주 좋아합니다. 그는 유명한 대곡인 오라토리오 〈천지창조〉를 불과 며칠 사이에 작곡했습니다. 그 곡을 처음 연주할 때 많은 사람이 깊은 감동을 받아서 그에게 물었습니다. "어떻게 이런 귀한 음악을 작곡하실 수 있었습니까?" 그가 말합니다. "저희 집에는 작은 기도방이 있습니다. 늘 답답하고 어려울 때마다 그 기도방에 들어가서 기도하면 하나님께서 제게 영감을 주십니다. 저는 그저 그 영감을 악보에 기록했을 뿐입니다. 이 음악의 작곡자는 하나님이십니다."

여러분, 오늘본문의 이야기는 참으로 여러 가지 생각을 하게 하는 특별한 본문이라고 생각합니다. 제자들이 참으로 어이없는 부끄러움을 당한 사건이 여기에 있습니다. 예수님께서 변화 산에 올라가

시어 기도하셨습니다. 그런데, 세 명의 제자만 데리고 올라가셨습니다. 나머지 아홉 제자는 산 밑에 있었습니다. 이 세 제자는 산에 올라가 예수님께서 변화하시는 그 귀한 영광의 모습을 직접 체험합니다. 그런 큰 경험을 하고 아침에 내려옵니다. 그리고 아직 예수님께서 산에서 내려오시기 전인데, 어떤 아버지가 귀신 들린 자기 아들을 데리고 왔습니다. 예수님께 그 귀신을 내쫓아달라고 부탁하려고요. 하지만 마침 그 자리에 예수님께서 안 계셨습니다. 아직 산에서 내려오지 않으셨으니까요. 이때 제자들이 차라리 그에게 "예수님께서 내려오시면 모든 문제는 깨끗하게 해결됩니다. 아무것도 아닙니다. 그러니 조금만 기다리세요" 했더라면 좋았을 것을, 예수님의 그 아홉 제자 한 사람 한 사람이 돌아가며 스스로 그 귀신을 내쫓으려고 하였습니다. 이렇게 귀신 내쫓는 일을 조금 어려운 말로 '축사(逐邪)'라고 합니다. 사귀(邪鬼)를 내쫓는다는 것입니다. 그 제자들이 돌아가면서 이 축사를 시도한 것입니다. 그때 뭐라고 했겠습니까. "예수의 이름으로 명하노니, 귀신아, 나가라! 나가라! 나가라!" 제자 아홉이 돌아가며 다 이렇게 한 것입니다. 그런데도 귀신이 안 나갔습니다. 오히려 더더욱 발광을 합니다.

　여러분, 이런 사건은 직접 경험해보시면 기가 막힙니다. 기도하고 나가라 할 때 나가줘야지, 이게 안 나가 주는 날이면 그렇게 부끄러울 수가 없습니다. 큰 망신입니다. 이 어린아이의 아버지도 실망했습니다. 귀신을 내쫓아주면 깨끗해질 줄로 생각하고 기대감에 차서 왔다가, 이 예수님의 제자들이 소리소리 질렀는데도 귀신이 나가지 않으니, 낙심할 밖에요. 그때 예수님께서 산에서 내려오십니다. 예수님의 말씀을 들어보십시오. 중요합니다. "믿음이 없는 세대여, 내가 얼마나 너희와 함께 있어야 하겠느냐? 믿음이 없는 세대여! 이 한심한 사람들아!" 이렇게 말씀하시고, 어린아이의 아버지를 만나시는데, 성경에 기묘한 말씀이 있습니다. 이 어린아이의 아버지가 예수님께 이렇게 말씀드립니다. "당신이 무엇을 하실 수 있거든 제 아이의 병을 고쳐주시기 바랍니다." 무엇을 하실 수 있거든―왜 그랬을 것 같습니까? 물론, 우선은 제자들이 하지 못하였기 때문입니다. 저는 여기에 괄호를 치고 이런 한마디를 넣고 싶습니다. "제자들은 못 하였는데, 당신은 선생이시니까 혹시 하실 수 있거든 제 아이의 병을 고쳐주시기 바랍니다." 이렇게요. 그때 예수님께서 몹시 마음이 아프셨을 것 같습니다. 섭섭하셨을 것 같습니다. 그리고 하시는 예수님의 말씀입니다. "'할 수 있거든'이 무슨 말이냐?" 추호의 의심도 없으십니다. "'할 수 있거든'이 무슨 말이냐? 믿는 자에게는 능치 못할 일이 없느니라." 이렇게 말씀하시고, 이 어린아이에게 들린 귀신한테 "나가라!" 명하셨습니다. 그러자 어린아이가 깨끗해졌습니다. 아주 건강한 아이가 된 것입니다.

이렇게 되었을 때 제자들이 몹시 부끄러웠습니다. 예수님의 얼굴을 쳐다볼 수가 없었습니다. 그래서 조용히 예수님께 여쭈어봅니다. "어찌하여 저희는 귀신을 내쫓지 못하였나이까?" 여기에다가도 괄호를 치고 이 한마디를 꼭 써넣어야 합니다. "며칠 전까지는 했는데, 며칠 전까지는 이게 됐는데……" 마가복음 6장 7절이나, 누가복음 10장 17절에 보면, 제자들이 예수님의 명령을 받고 나아가 동네마다 다니면서 병을 고치고, 문둥병도 깨끗하게 하며, 귀신 내쫓는 일을 했습니다. 그렇게 며칠 전에는 굉장한 사건을 벌이고 돌아와서 예수님 앞에 자랑까지 했습니다. "그때는 됐었는데, 왜 오늘은 안 된 것입니까? 며칠 전에는 저희가 다니면서 문둥병자도 고치고, 귀신도 내쫓고, 다 했는데, 왜 오늘은 못했습니까?" 이렇게 질문하는 것입니다. 이에 예수님께서 대답하십니다. "기도 외에는 이런 종류가 나갈 수 없느니라." 여기에도 괄호를 치고 이 한마디를 넣어야 합니다. "기도 외에는, 다시 말하면, 엊그제까지 능력이 있었다 하더라도 오늘 기도하지 않았으면 오늘 할 수 없느니라." 이것이 예수님의 말씀입니다. 기도 외에는, 오늘 기도하지 않고는, 오늘 능력의 사람이 될 수 없고, 오늘 기도하지 않았으면, 오늘 무능한 존재로 나타날 수밖에 없다, 이것입니다.

여러분, 이 제자들, 어찌하여 며칠 전에는 귀신을 내쫓을 수 있었는데, 오늘은 왜 그렇게 못해서 부끄러운 사람이 되었습니까? 예수님께서 대답하십니다. "기도 외에는 이런 종류가 나갈 수 없느니라." 오늘 능력의 사람이 되려면 오늘 기도해야 하고, 오늘 이 현실 속에서 오늘 기도하지 않고는 오늘 주의 음성을 들을 수 없고, 오늘 주의 능력을 나타낼 수 없는 것입니다. 기도 없이 시작해서는 안 됩니다. 기도 없이는 말하지도 말아야 합니다. 기도하지 않고는 대답하지 말아야 합니다. 기도하지 않고는 생각하지도 말아야 합니다. 기도하지 않고는 만나지도 말아야 합니다. 먼저 기도하고, 그런 다음 생각하고, 계획하고, 행해야 할 것입니다. 이것을 꼭 잊지 말아야 합니다.

우스운 이야기입니다. 제가 막 소망교회에서 목회할 때 저를 위해서 봉사해준 비서가 하나 있었습니다. 대학을 졸업하고 바로 와서 14년 동안 아주 충성되게 일을 잘해주어서 제가 목회하는 데 많은 도움이 되었습니다. 그가 저를 위해서 하는 수고가 너무나 많아서 "내가 너를 도울 수 있는 길은 이거밖에 없으니까 네가 열심히 공부해서 연세대학에 들어가 박사가 되면 앞으로 교수도 될 수 있으니, 그렇게 하면 좋겠다" 하고, 연세대학교에 입학을 시켜줬습니다. 그리고 대학을 다니다 보니, 젊은 학생들을 많이 만나게 되었습니다. 그래 함께 어울리다가 연애를 하게 되었습니다. 그러던 어느 날, 그가 저한테 와서 "목사님, 저하고 결혼하자고 프러포즈 한 남자가 있어요. 괜찮은 것 같기는 한데, 결혼을 하는 것이 좋겠습니까, 하지 말아야 하겠습니까?" 하고 물어왔습니다. 그래 제가 이랬습니다. "그래, 좋은 생각이다. 축하한다. 단, 조건이 있다. 내가 휴가를 줄 테니까 곤지암 기도원에 가서 사흘 동안 기도해라. 아무 생각도 하지 말고, 기도하고 성경 읽고, 기도하고 성경 읽고, 30분 기도하고 30분 성경 읽고, 그렇게 사흘 동안만 해라. 그러고 나서 결정하자." 사흘 뒤에 내려와서 "결혼하겠습니다" 하기에 "그러면 해라" 했습니다. 그리고 제가 결혼주례를 해주었습니다. 지금 대학교수로 있습니다. 여러분, 이렇게 기도하는 것이 얼마나 중요한지 아십니까? 저는 목회를 하면서 이런 경험을 많이 해보았습니다.

어떤 때 보면, 장로님이나 권사님이 제게 와서 이렇게 질문하는데, 이런 사람이 제일 좋지 않습니다. "몇 월 며칠에 시간 있으십니까?" "왜 그러십니까?" "저희 딸(아들) 결혼주례를 해주시면 좋겠습니다." 주례시간까지 이미 다 정해놓고 온 것입니다. 어디 가서 물어보고 온 것입니까? 적어도 "이런 청년이 있는데, 결혼해야겠습니까, 하지 말아야겠습니까? 딸을 결혼시켜야겠습니까, 하지 말아야겠습니까?" 하고 물어보아야 맞는 것 아닙니까. 그런데, 이미 다 정해놓고 결혼주례를 해달라고 합니다. 신앙 없는 사람입니다. 그런데, 상대가 학벌이 좋습니다. 그래서 제가 주례를 하면서 이렇게 생각했습니다. '이건 아닌데……' 그런 결혼, 얼마 안 가 잘못되는 경우 많이 보았습니다. 왜 기도하지 않습니까. 일생이 달린 일인데, 그 귀중한 일을 기도하지 않고 하는 것이 말이 됩니까. 너무나 어이가 없었습니다. 별것 아닌 일에도 기도해달라고 하다가 정작 아주 중요한 일에는 제멋대로입니다. 아마 하나님께서 이러실 것입니다. "이게 도대체 어떻게 된 믿음이냐?" 기도 외에는 절대 안 된다는 것을 잊지 말아야 합니다. 오늘은 오늘 기도해야 합니다. 이 사건은 이 사건대로 기도해야 합니다. 기도 외에는 이런 일이 있을 수 없습니다.

예수님께서 제자들을 부르십니다. 아주 별것도 아닌 사람들이지만, 마태복음 10장에 보면, 예수님께서 부르실 때 세 가지 조건이 있습니다. 아주 유명한 말씀입니다. Calling, Giving, Sending입니다. 첫째는, Calling, 부르십니다. 자격을 묻지 않으십니다. 세리 같은 사람도 부르셨습니다. 어부도 부르셨습니다. 무조건적으로, 선택적으로 부르십니다. 둘째는, 부르신 다음 Giving, 권능을 주십니다. 귀신을 내쫓고, 병 고칠 수 있는 권능을 주십니다. 셋째는, Sending, 보내십니다. Calling, Giving, Sending, 다 좋습니다. 그런데, 여기에 딱 하나가 더 있어야 합니다. 바로 기도입니다. 기도해야 합니다. Calling에 대해서 기도해야 하고, Giving을 받아들일 때 기도해야 하고, Sending할 때, 보내심을 받을 때 기도하고 출발해야 합니다. 기도 외에는 이 세 가지 모두 의미가 없습니다. 이걸 잊지 말아야 합니다.

성경에 보면, 여러분이 너무나 잘 아는 이야기가 있지 않습니까. 예수님께서 십자가 지실 것을 예언하실 때 베드로가 옆에서 말합니다. "그런 일 없을 겁니다." 그러다가 마지막에 예수님께서 십자가 지실 것을 확실하게 말씀하시니까 이렇게 장담합니다. "저도 예수님 따라서 죽겠습니다. 죽을지언정 부인하지 않겠습니다." 확신합니다. 맹세합니다. 그러나 정작 베드로는 예수님을 세 번 모른다고 부인합니다. 이것은 베드로가 그냥 모른다고 한 것이 아닙니다. 첫째는 부인하고, 둘째는 맹세하고, 셋째는 저주까지 합니다. 이렇게까지 형편없이 타락합니다. 왜 그랬을 것 같습니까? 예수님께서 말씀하셨습니다. "깨어 기도하라!" 그런데, 기도하지 않았습니다. 장담한다고 되는 것이 아닙니다. 결심한다고 되는 것이 아닙니다. 혈서를 쓴다고 되는 것이 아닙니다. 오늘 기도해야 오늘 이 시험을 이길 수 있는 것입니다. 순간순간 말 한마디라도 잘못되는 것은 다 기도하지 않았기 때문입니다.

그런데, 가장 중요한 문제는 무의식중에, 게으른 중에, 평상적인 일을 하는 중에, 그만 모르는 사이에 믿음이 빠져나가는 것입니다. 교만은 남고, 믿음은 빠집니다. 게으름은 남고, 믿음은 빠집니다. 타락성은 나타나고, 소중한 믿음은 간 곳이 없습니다. 어느 사이에—이걸 잊지 말아야 합니다. 그런고로 깨어 기도하라—우리는 무의식중에 잘못될 수 있고, 또 기본적으로 인간은 타락하는 습성을 가지고 있습니다. 그런고로, 계속 사건마다, 순간마다 기도해야 합니다. 마르틴 루터의 유명한 말이 있습니다. '나는 아침마다 두 시간 기도한다. 만일에 바빠서 어쩌다 기도를 못 하는 날이면 그날은 마귀가 이긴다.' 그는 이런 말도 했습니다. '아침마다 기도하지만, 기도가 빠지는 순간은 꼭 실수한다. 마귀가 이긴다.'

제가 아주 존경하는 목사님이 한 분 계십니다. 제가 부목사로

있을 때 당회장이셨던 이기혁 목사님입니다. 이분은 그때 당회장이
셨고, 저는 부목사였습니다. 그 시절에 그분은 아침마다 사무실에
앉아서 조간신문을 보셨습니다. 그걸 저랑 나누어서 서로 한 장씩
번갈아 보았습니다. 그럼 그 기사들 가운데 끔찍한 사건도 있고, 정
치적인 사건도 있고, 여러 가지 혼란한 사회의 이야기들이 있지 않
았겠습니까. 그런 기사들을 한참 보다가 "세상에 뭐 이런 일이 다 있
나?", "세상에 무슨 이런 끔찍한 일이 다 있나?" 하면서 부정적인 어
두운 이야기들을 서로 하게 되면, 목사님께서 이러십니다. "신문들
다 이리 가져와." 그리고 그 신문들을 다 손에 말아 쥐고는 사무실을
나가십니다. 언젠가 제가 그분 뒤를 살살 뒤따라가 보았습니다. '어
디에 가실까?' 하고 궁금해서요. 목사님은 그 신문을 모아가지고 교
회에 들어가셔서 본당의 강대상 바로 앞에 무릎을 꿇으시고, 신문을
딱 펴놓으시고는 "하나님, 어찌하여 이런 일이 있습니까? 어찌 생각
하면 되겠습니까?" 하고 기도하셨습니다. 제가 그걸 보았습니다. 저
는 그 한 장면 때문에 한평생 이기혁 목사님을 존경합니다.

　　그는 기도의 사람이었습니다. 기도하지 않고 생각하지 말고, 복
잡한 문제를 가지고 왈가왈부하지 말고 기도할 것입니다. 기도함으
로써 죄를 이기고, 사망을 이기고, 사탄을 이기고, 율법을 이기고,
진노를 이길 수 있는 것입니다. 그래야 우리 마음속에 있는 의심과
나약함을 다 이길 수 있습니다. 오늘, 지금 기도하고야 오늘 이 문제
를 해결할 수 있습니다. 예수님께서 오늘본문 29절에서 하신 말씀을
마음에 깊이 새기시기 바랍니다. "기도 외에 다른 것으로는 이런 종
류가 나갈 수 없느니라." 여러분, 기도하고 말하고, 기도하고 생각하
고, 기도하고 우리의 신앙생활을 재점검해야 할 것입니다.　△

소원의 항구로

배들을 바다에 띄우며 큰 물에서 일을 하는 자는
여호와께서 행하신 일들과 그의 기이한 일들을 깊은
바다에서 보나니 여호와께서 명령하신즉 광풍이 일
어나 바다 물결을 일으키는도다 그들이 하늘로 솟구
쳤다가 깊은 곳으로 내려가나니 그 위험 때문에 그들
의 영혼이 녹는도다 그들이 이리저리 구르며 취한 자
같이 비틀거리니 그들의 모든 지각이 혼돈 속에 빠지
는도다 이에 그들이 그들의 고통 때문에 여호와께 부
르짖으매 그가 그들의 고통에서 그들을 인도하여 내
시고 광풍을 고요하게 하사 물결도 잔잔하게 하시는
도다 그들이 평온함으로 말미암아 기뻐하는 중에 여
호와께서 그들이 바라는 항구로 인도하시는도다 여
호와의 인자하심과 인생에서 행하신 기적으로 말미
암아 그를 찬송할지로다 백성의 모임에서 그를 높이
며 장로들의 자리에서 그를 찬송할지로다
(시편 107 : 23 - 32)

소원의 항구로

1951년 6·25 전쟁 때 경험한 아주 생생한 이야기입니다. 제 사랑하는 친구가 경험한 사건입니다. 황해, 그 바다 한가운데 두 섬이 있는데, 이 섬에서 저 섬으로 군부대가 이동하게 되었습니다. 그때 항해 수단은 군함과 같이 기동성 있는 함정은 없고, 그저 돛단배밖에 없는 상황입니다. 이 돛단배 하나를 징발하여 이 섬에서 저 섬까지 군인 몇 사람을 태워서 가게 되었습니다. 처음에 출발할 때는 바람이 아주 잘 불어서 돛을 달고 마치 어디 놀러 가는 것처럼 출발했습니다. 하지만 곧 비바람이 치기 시작하더니, 거침없이 무서운 파도가 몰려옵니다. 그 광풍에 배가 마구 떠밀려 갑니다. 그러다가 마지막에는 이 배가 그만 홀랑 뒤집혔습니다. 그래서 배의 돛이 밑으로 가고 거꾸로 배 밑창이 위로 올라왔습니다. 그렇게 되어서 온 부대 사람이 몰살되려는 참인데, 제 친구는 아주 큰 은혜로 배 밑창 위에 올라왔습니다. 그러나 온몸이 다 젖었고, 배는 바람에 맥없이 밀려갑니다. 그러다 밤이 되었습니다. 깜깜합니다. 이 배가 어디로 밀려가는지, 전혀 알 수가 없습니다. 노를 젓는 것도 아니고, 돛을 단 것도 아닙니다. 그저 무서운 광풍에 몰려서 그 밤에 이 배가 바람이 부는 대로 그냥 끌려가는 것입니다. 그리고 아침이 훤히 밝아왔습니다. 친구는 추위에 벌벌 떨면서 그 고생을 했지만, 살아있다는 것만으로도 오히려 하나님 앞에 감사하고 있었습니다. 그런데, 아침에 일어나서 정신을 차리고 보니, 어느새 배가 목적지에 도달해 있는 것입니다. 본디 가려고 했던 교동도에 무사히 도착한 것입니다.

그는 생각했습니다. '이 배가 만일에 적지로 들어갔으면 어떻게 되었을까? 바람이 좀 더 심하게 불어서 배가 파손이라도 되었으면 어떻게 되었을까?' 많은 친구들이 죽었지만, 자신은 이 배를 운전하고 있는 그 어부 두 사람에게 건져져서 이렇게 배 밑창에 올라앉아 목적지에 도달한 것입니다. 친구는 아침에 일어나서 하나님 앞에 감사기도를 드리고, 저한테 달려와서 그 모든 사정을 그대로 이야기해주었습니다. 그러면서 자신은 순간순간 일생을 통해서 그 순간을 잊을수가 없다고 했습니다. 그는 뒷날 마침내 목사가 되었습니다.

오늘본문은 말씀합니다. 풍랑을 통해서 소원의 항구에 도달했다—저는 이 성경말씀을 볼 때마다 그 친구 생각이 납니다. 놀라운 기적 아닙니까. 소원의 항구—오늘본문에서는 '바라는 항구'라고 번역되어 있습니다. 신비로운 말씀입니다. 소원의 항구는 목적지입니다. 최종목적지입니다. 궁극적 목적지입니다. 그런데, 신비로운 것은 소원의 항구와 하나님의 뜻이 일치하는 것입니다. 언제나 우리의 고민이 어디에 있습니까? 내 뜻과 하나님의 뜻이 반대로 간다는데 문제가 있는 것입니다. 내 소원은 이것인데, 하나님께서는 저리로 가라시는 것이고, 나는 이리 가고 싶은데, 하나님께서는 다른 길로 인도하시는 것 같아서, 하나님의 뜻과 내 소원의 충돌 때문에 항상 고민이 많은 것입니다.

그런데, 오늘본문의 말씀은 이렇습니다. 내가 원하는 소원의 항구로 하나님께서 인도하셨다—얼마나 놀랍고 희한한 말씀입니까. "내가 바라던 것, 내가 본디 바랐던 것, 또 바라야 했던 그 소원의 항구로 나를 인도하셨다. 그런고로 하나님을 찬양한다." 희한한 말씀 아닙니까. 한평생 우리가 바라는 소원이 바로 그것입니다. 문제는,

소원의 항구로 가는 과정이 다르다는 것입니다. Process, 과정에 문제가 있습니다.

거기로 가는 과정은 내가 생각한 것과는 다릅니다. 최종목적지는 하나님의 뜻과 내 뜻이 일치하지만, 그 최종목적지로 가는 길, 가는 방법, 가는 시간과 같은 과정은 다릅니다. 그의 뜻이요, 이제는 때때로 내 뜻이 아닙니다. 그러나 하나님은 결국 내 뜻을 포기하게 하시는 것 같아도 마지막에 가서는 His way and my way, 이 둘이 하나가 되게 하십니다. 이것이 오늘본문에 나오는 희한한 말씀입니다. 참 놀라운 복음이라고 저는 늘 생각합니다. 소원의 항구로 인도하시는도다—

여러분도 잘 아시다시피, 사도 바울이 배를 타고 로마로 갑니다. 어디까지나 로마로 가는 것이 최종목적입니다. 그러나 그 길이 순탄치 않았습니다. 사도 바울의 목적은 그가 로마로 가서 복음을 전하는 것입니다. 그러나 그 과정은 순탄치 않았습니다. 그가 한겨울에 지중해를 여행하는데, 배가 파손됩니다. 276명이나 탄 배가 파손이 되고, 다 죽을 지경이 되지만, 이런 과정을 통해서 사도 바울은 로마로 갑니다. 그런 지정학적 문제만 있는 것이 아닙니다. 이런 과정을 통하여 갔기 때문에 사도 바울은 로마에 가서 마음대로 복음을 전할 수 있었습니다. 죄수의 몸으로 있으면서도 특별한 혜택을 입어서 그는 자유롭게 친구를 만나고, 손님들을 초대하면서 복음을 전할 수 있었다고 말합니다. 여러분, 사도 바울에게 그런 큰 고난, 배가 파손되는 사건과 같은 그 순환의 역사가 없었다면 이런 기적이 있겠습니까. 로마가 그를 환영했겠습니까. His way and my way—그의 방법과 나의 방법은 같지 않습니다. 그러나 최종목적지는 일치한다는 것입니다. 이것을 오늘본문에서 배웁니다.

　요나가 니느웨 성에 가서 복음을 전하게 됩니다. 그러나 그는 그렇게 하고 싶지 않았습니다. 하지만, 요나는 하나님의 사람입니다. 복음을 전해야 할 사명이 있습니다. 이것을 His way, 하나님의 방법으로 가능케 한 것입니다. 너무나도 유명한 역사적 사건, 이스라엘 사람들이 애굽에서 나와 약속의 땅 가나안으로 갑니다. 그 길은 아무리 소걸음이라도 열나흘이면 넉넉히 갈 수 있는 거리입니다. 하지만, 무려 40년이나 걸렸습니다. 왜 40년이나 필요했습니까? 이 40년은 His way입니다. 하나님의 방법입니다. 그러나 최종목적지는 가나안입니다. 지정학적으로나, 정치적으로나, 문화적으로나, 종교적으로나 가나안입니다. 가나안에 도착하는 그 귀한 역사를 하나님께서 이루십니다. 그런데. 그 방법이 열나흘이 아니고 자그마치 40년입니다. 여러분이 너무나 잘 아시는 말씀입니다. 이스라엘 백성이 애굽에서 나올 때 열을 지어서 얼마나 감사하고, 찬송하며, 춤을 추며 나왔습니까. 하지만, 하나님께서 인도하시는 길은 홍해의 광야 길이었습니다. 이 길은 마땅히 북쪽으로 올라갔다가 동쪽으로 가야 합니다. 그런데도 하나님께서는 그냥 동쪽으로, 동쪽으로, 동쪽으로, 홍해의 광야 길로 인도하셨습니다. 이렇게 가면 앞에 홍해바다가 나옵니다. 어찌 하나님께서 이렇게 막다른 골목으로 인도하셨느냐는 것입니다. 왜 이 길로 인도하셨습니까? 우리가 생각하는 순탄한 길로 인도하시지 않으시고, 하나님께서 원하시는 길로, 홍해의 광야 길로 인도하사 마침내 홍해를 여시는 큰 기적, 이를 통하여 이스라엘 민족이 구원을 받게 됩니다.

　바울은 고린도전서 10장에서 말합니다. 우리의 조상들이 광야에서 바다의 세례를 받고—사도 바울은 이렇게 말하고 있습니다. 분명히 최종목적지는 확실한데, 그 가는 길은 내 뜻과 같지 않습니다. 그것이 오늘본문에 나타난 내용입니다. 25절부터 28절에 보면, 오늘본문의 말씀은 너무나도 커다란 놀라움을 우리에게 전해줍니다. "여호와께서 명령하신즉 광풍이 일어나 바다 물결을 일으키는 도다 그들이 하늘로 솟구쳤다가 깊은 곳으로 내려가나니 그 위험 때문에 그들의 영혼이 녹는도다." 혼이 녹았습니다. "그들이 이리저리 구르며 취한 자 같이 비틀거리니 그들의 모든 지각이 혼돈 속에 빠지는도다 이에 그들이 그들의 고통 때문에 여호와께 부르짖으매 그가 그들의 고통에서 그들을 인도하여 내시고." 이 본문이 우리에게 구절구절 우리에게 말씀해줍니다.

　너무 혼돈해서 정신을 못 차렸습니다. 어디로 가는지 모릅니다. 모든 지혜와 능력을 다 포기해버렸습니다. 여러분, 이걸 잊지 말아야 합니다. 포기하는 것과 부정하는 것은 다릅니다. 하나님께서는 우리가 모든 것을 부정하기를 원하십니다. 그러나 우리는 때때로 신앙 없이 포기할 때가 많습니다. 지각이 혼돈하도다—그래서 자기의 능력과 지혜와 경험 들을 다 포기해버립니다. 내가 부인하지 못하면 하나님께서 나로 부인하게 만드십니다. 내가 포기하지 않을 때 하나님께서 강권으로 포기하게 만드시는 것입니다. 이것이 하나님의 뜻입니다. 그때 저들이 여호와께 부르짖었다—그랬습니다. 여기서 '부르짖었다'라는 말의 뜻은 아무도 알 수 없지만, 이 정황으로 미루어 알 수 있는 것은 이것이 단순 기도라는 사실입니다. 부귀를 원하는 것도 아니고, 명예를 원하는 것도 아니며, 권세를 원하는 것도 아닙니다. "주여, 살려주십시오. 주의 뜻이 어디에 있습니까?" 단순한

기도입니다. 아주 단순하고 순결한 simple prayer, 이 단순한 기도가
나오는 것입니다. 그때 하나님께서 그 기도를 들으셨다는 말입니다.
　미국의 기업가이자 유명한 강연자인 테리 루퍼(Terry Looper)가
쓴 「하나님의 속도」라는 책이 있습니다. 거기서 그는 말합니다. 그
는 30년 동안 기업을 경영하기도 했고, 그 위에 신학을 하고, 하나님
의 사람으로 일하게 되지만, 언제나 그는 말합니다. "친구 되신 그리
스도와 만나고, 기도를 잃지 마라." 기도도 단순한 기도, 순수한 기
도에 도달할 때 비로소 하나님의 뜻을 알게 되고, 하나님의 능력과
지혜를 얻을 수 있다고 그는 말합니다. 그래서 하나님의 속도, 하나
님께서 정하신 속도에 내 속도를 맞춰야 하는데, 그것이 참으로 능
력 있는 생을 사는 비결이라고 그는 말하고 있습니다.
　단순한 기도입니다. "살려주소서. 주의 뜻대로 하옵소서. 주님
의 영광을 드러내주시옵소서." 아주 단순한 기도입니다. "여호와께
부르짖으매……" 그랬습니다. "하나님께서 그 기도를 들으셨다." 평
온한 때의 기도가 아닙니다. 풍랑 가운데 하는 기도, 그 절박한 시간
에 하는 simple prayer, 그 단순한 기도를 하나님께서는 들어주십니
다. 종교개혁자 칼뱅은 신앙생활을 늘 두 마디로 정의합니다. '하나
는 계속적인 자기부정이요, 또 하나는 순례자의 정체의식이다.' 그
렇습니다. 계속해서 자기를 부정해야 합니다. 내가 부정하지 못할
때 하나님께서 강권으로 부정하게 만드십니다. 내가 포기하지 않으
면 하나님께서 포기하게 만드십니다. 내가 어리석은 욕심에 매여 살
면 하나님께서 그 욕심을 버리도록 확실하게 역사하십니다. 그런고
로, 깨끗한 자기부정이 계속되고, 이 자기부정이 완전해질 때 하나
님의 영광을 볼 것이고, 주의 음성을 들을 것이라고 말합니다.

　그런가 하면, 순례자의 길을 확인해야 합니다. 순례자에게는 목
적지가 있습니다. 최종목적지가 있는 것입니다. 순례자는 목적을 향
한 단순한 정열을 가지고, 나머지는 나그네 생활을 하는 것입니다.
이것도 별것 아니고, 이것도 다 지나가는 것이고, 이것도 다 무상한
것이며, 오직 내가 가는 순례의 길, 저 앞에 있는 최종목적만이 소
중한 것입니다. 이것이 순례자의 길입니다. 그런고로, 소원의 항구
로 인도하신 하나님, 오늘도 소원의 항구로 우리를 인도하시는 하나
님, 그 신비로운 지혜와 능력을 마음에 되새겨야 할 것입니다. 시편
119편 71절에 제가 사랑하는 귀중한 요절이 있습니다. "고난 당하는
것이 내게 유익이라 이로 인하여 내가 주의 율례를 배우게 되었나이
다." 고난 당하는 것이 나에게 유익이라―말을 확 바꿔봅시다. "실
패하게 되는 것이 나에게 유익이라. 병드는 것이 나의 유익이라. 내
소원대로 안 되는 것이 나의 유익이라." 하나님의 능력과 하나님의
지혜와 하나님의 사랑을 믿는 자에게는 항상 이런 간증이 있습니다.
"고난 당하는 것이 내게 유익이라." 이것이 하나님의 사랑이라고,
고난 당하는 것이 내게 주시는 하나님의 축복이라고, 하나님의 능력
의 구체성이라는 것을 믿고 있는 것입니다. 바로 이것을 욥이 하나
님 앞에 고백하는 것입니다. "전에는 하나님을 멀리서만 듣더니 이
제는 하나님을 가까이 뵈옵습니다." 그 많은 고난 가운데 가까이 가
서, 전에는 듣던 하나님을 오늘은 볼 수 있게 되었다는 말입니다. 이
것이 하나님께서 하시는 일이며, 소원의 항구로 인도하시는 하나님
의 방법입니다. 소원의 항구―분명히 이것은 내 소원의 항구입니
다. 그러나 동시에 하나님의 소원이 있습니다. 하나님께서는 하나님
의 방법, 하나님의 시간, 하나님의 지혜, 하나님의 능력 속에서 우리

를 소원의 항구로 인도하고 계십니다. 우리는 그 과정에 있는 것입니다. 아직 소원의 항구에 도달하지 못했습니다. 소원의 항구로 가는 과정입니다. 여기서 우리는 생각해야 합니다. 하나님께서는 분명 하나님의 방법으로 소원의 항구를 향해 우리를 인도하실 것입니다. 그날의 기쁨, 그 나라의 영광을 바라보며, 오늘의 모든 고난을 잘 참고 기도하게 하시는 하나님의 뜻을 잘 헤아려야 할 것입니다.

제가 오래전에 미시간 대학에 갔을 때 한국에서 아주 유명하던 한 정치가를 만난 적이 있습니다. 그는 그때 어쩌다 일이 잘못되어서 감옥에 들어갔다가 한 7개월 동안 고생하고 나온 다음 미국의 미시간 대학에 가서 공부하고 있었습니다. 그를 만났을 때 저는 할 말이 없었습니다. 그토록 큰 일을 하던 분이 감옥에 들어갔다 나와서 지금 미국에 유배를 온 것입니다. 그래 하도 답답하니까 하루 종일 공부만 하는 것입니다. 그래 저는 '그를 만나 뭐라고 위로해야 할까? 어떤 성경을 읽고 기도해줘야 할까?' 하고 걱정했습니다. 한데, 저를 만나자마자 그가 이런 말을 해주었습니다. "저는 요셉을 생각합니다. 저는 영락교회 집사입니다. 그러나 성경 한 번을 제대로 본 일이 없습니다. 그저 형식적인 교인이었는데, 감옥에 들어가서 7개월을 있는 동안 성경을 제가 몇 십 번을 보았습니다. 모처럼 기도했습니다. 모처럼 성경을 읽었습니다. 그리고 주님을 만났습니다. 제가 감옥에서 억울하게 7개월 고생한 것은 하나님의 큰 축복입니다. 이 일이 아니었다면 오늘의 제가 있을 수 없을 것입니다." 이런 간증을 하는 것을 듣고 저는 위로하려고 갔다가 오히려 많은 위로를 받았고, 은혜를 받았습니다.

여러분, 다시 한번 생각합시다. "내가 고난 당하는 것이 유익이

라. 이로 인하여 하나님의 율례를 배우게 되었나이다. 내가 당한 모든 고난이 내게 유익이라. 이로 인하여 하나님께서 나를 소원의 항구로 인도하시는도다. 소원의 항구로 인도하시는도다." △

이 사람의 믿음

　예수께서 다시 갈릴리 가나에 이르시니 전에 물로
포도주를 만드신 곳이라 왕의 신하가 있어 그의 아들
이 가버나움에서 병들었더니 그가 예수께서 유대로
부터 갈릴리로 오셨다는 것을 듣고 가서 청하되 내려
오셔서 내 아들의 병을 고쳐 주소서 하니 그가 거의
죽게 되었음이라 예수께서 이르시되 너희는 표적과
기사를 보지 못하면 도무지 믿지 아니하리라 신하가
이르되 주여 내 아이가 죽기 전에 내려오소서 예수께
서 이르시되 가라 네 아들이 살아 있다 하시니 그 사
람이 예수께서 하신 말씀을 믿고 가더니 내려가는 길
에서 그 종들이 오다가 만나서 아이가 살아 있다 하
거늘 그 낫기 시작한 때를 물은즉 어제 일곱 시에 열
기가 떨어졌나이다 하는지라 그의 아버지가 예수께
서 네 아들이 살아 있다 말씀하신 그 때인 줄 알고 자
기와 그 온 집안이 다 믿으니라 이것은 예수께서 유
대에서 갈릴리로 오신 후에 행하신 두 번째 표적이니
라

(요한복음 4 : 46 - 54)

이 사람의 믿음

허브 밀러의 「Connecting With God」라는 유명한 저서가 있습니다. 이 책에 나오는 이야기입니다. 아주 작고, 한적하고, 고요한 마을에 어느 날 나이트클럽이 들어왔습니다. 젊은이들이 술을 마시고 타락하기 쉬운 나이트클럽이 마을에 들어온 것입니다. 마을 교회에서는 이 걱정되는 일을 위해서 철야기도로 모였습니다. 그들은 하나님 앞에 이렇게 간절히 기도했습니다. "하나님께서 직접 저 나이트클럽을 불태워주십시오." 얼마 뒤 정말로 번개가 내리쳐서 그 나이트클럽이 불에 타버렸습니다. 나이트클럽의 주인은 교회를 상대로, 그들이 기도했기 때문에 이렇게 되었다고 고소장을 제출했습니다. 교회는 이렇게 변명했습니다. "우리가 기도를 하긴 했지만, 직접 불을 지른 것은 아닙니다. 우리는 그저 기도만 했을 뿐입니다. 따라서 우리가 그 책임을 질 수는 없는 일입니다." 재판장이 다 듣고 나서 말했습니다. "나이트클럽 주인은 기도의 능력을 믿는데, 교인들은 기도의 능력을 믿지 않는군요. 나이트클럽 주인의 믿음이 교인들의 믿음보다 더 좋은 것 같습니다." 여러분, 믿음이 무엇입니까? 여러분은 도대체 무엇을 믿고 있습니까? 믿음을 한번 재점검해야겠습니다. 무엇을 믿고 있느냐, 어떤 형태의 믿음을 가졌느냐, 또 얼마나 믿음이 순수하냐, 아니, 믿음의 동기가 어디에 있느냐…… 그 진실을 깊이 물어야 하겠습니다. 정말로 하나님을 믿는 것입니까? 또, 우리는 믿는 대로 생각하고, 믿는 대로 행동하고 있는 것인가, 물어야 하겠습니다.

저는 성경을 읽을 때마다 이 두 구절이 늘 마음속에 자리 잡고 있어서 거듭거듭 생각하고, 또 확인합니다. 첫째는 데살로니가후서 3장 2절에 있는 말씀입니다. "믿음은 모든 사람의 것이 아니다." 그렇습니다. 제가 목회를 50년 동안 하면서 계속 느끼고, 경험하고, 간증할 수 있는 것이 하나 있습니다. 믿음은 모든 사람의 것이 아니라는 사실입니다. 바로 이 때문에 종교개혁자 장 칼뱅은 구원받을 사람은 처음부터 예정되어 있다는 '예정론'을 말하기까지 하였습니다. 정말로 믿음은 모든 사람의 것이 아닙니다. 여러분이 너무나 잘 알지 않습니까. 예수님의 제자는 열두 사람입니다. 많지도 않은 열두 사람—이들이 다 예수님을 모시고 3년 동안 같이 기거하면서 예수님의 모든 활동을 보았습니다. 말씀도 들었고, 이적도 보았고, 그 능력도 경험했습니다. 그러나 그 가운데 한 사람인 가룟 유다는 예수를 믿지 않았습니다. 깊이 생각해야겠습니다.

둘째로 제가 귀하게 여기는 말씀은 에베소서 2장 8절입니다. "믿음은 하나님의 선물이다." 그렇습니다. 하나님께서 믿음을 선물로 주셔야 믿음이 생기는 것입니다. 믿음은 우리의 의지가 아닙니다. 그 믿음의 동기가 우리 인간으로부터 와서는 안 됩니다. 믿음의 동기가 처음에는 잘못되었더라도 이것이 고쳐지고, 순화되고, 성화되고, 하나님의 뜻에 합당할 정도가 될 때까지 하나님께서는 믿음을 교정하시고, 수정하십니다. 이렇게 믿음을 바르게 성화하시는 것을 볼 수 있습니다. 믿음은 하나님의 선물입니다. 이것을 저는 너무너무 귀하게 느끼고 있습니다.

하나님께서는 객관적인 계시로 우리를 구원하십니다. 역사 속에서 말씀하시고, 선지자를 통해서 말씀하시고, 성령을 통해서 말씀하시고, 성경을 통해서 말씀하시며, 어떤 사건을 통해서 구체적으로 우리에게 다가오십니다. 가장 현실적인 것은, 설교 말씀을 통하여 하나님께서 우리에게 다가오시고, 말씀하고 계시다는 것입니다. 이런 객관적인 계시가 있는가 하면, 이것을 알아보고, 알아듣고, 마음을 열고, 믿고, 순종할 수 있는 마음도 선물입니다. 내 마음이 아닙니다. 내 의지로 예수님을 받아들일 수 있는 것이 아닙니다. 확실합니다. 똑같은 사건을 보았는데도 한 사람은 믿고, 다른 한 사람은 안 믿습니다. 이것만은 분명합니다. 그런고로, 믿음은 하나님의 선물입니다. 독생자 예수께서 이 땅에 오신 것이 선물입니다. 그를 믿고 받아들일 수 있는 믿음, 그것도 선물입니다. 그래서 마르틴 루터는 '객관적 계시', '주관적 계시'를 말합니다. 둘 다 하나님의 역사입니다. 말씀이 오시고, 말씀을 받아들입니다. 이 두 가지가 다 선물이요, 하나님의 역사임을 잊지 말아야 합니다.

그런데, 오늘본문에 나오는 사건은 아주 특별합니다. 예수님의 고향에서 생긴 일입니다. 그래서 성경은 분명히 말씀합니다. 예수님께서 처음 물로 포도주를 만드셨던 그곳에 가셨다고요. 고향은 예수님에 대하여 너무나 잘 알기 때문에 예수님을 하나님의 아들로 받아들일 수 있는 믿음이 없는 것입니다. 그래서 성경은 분명히 말씀합니다. 예수님께서 그 고향 근처에서 역사하시다가 마지막에 그곳을 떠나시면서 하시는 말씀입니다. "선지자가 고향에서 환영받은 일이 없다. 고향 외에서는 환영받지 못한 일이 없다." 선지자의 고향이라는 것이 무엇입니까? 너무 미리 알고 있는 것입니다. 그 형제가 누구입니까? 어머니가 누구입니까? 아버지가 누구입니까? "아, 그분 우리가 잘 아는 사람 아닙니까. 그 예수님, 내가 잘 알고 있는데, 내

친구인데……" 이럴 것입니다. 이렇게 잘 안다는 그 사실 때문에 예수님을 하나님의 아들로 받아들일 수 없었던 것입니다. 그 많은 이적을 보면서도 그들은 예수님을 하나님의 아들로 고백할 수 없었습니다. 선지자의 고향 같은, 그런 완악한 마음, 강퍅한 마음, 불신앙스러운 분위기 속에 있는 것입니다.

그런 속에서 오늘 이 왕의 신하가 믿음을 가진 것입니다. 이 왕의 신하는, 아마도 헤롯왕의 신하 같은데, 지체 높은 사람입니다. 웬만해서는 예수님 앞에 가서 무릎을 꿇을 사람이 아닙니다. 그런 그가 그럴 수밖에 없었습니다. 아들이 죽게 생겼기 때문입니다. 아들이 죽어가고 있었기 때문입니다. 성경은 거듭거듭 말씀합니다. 아들이 죽게 되었다는 것입니다. 그런데, 아들이 죽게 된 그 상황에서, 그 절박함에서 그는 예수님에 대한 소문을 듣습니다. 그 소문은 예수님께서 3년 동안 사역하신 다음이 아니라, 사역을 시작하실 때 생긴 것입니다. 예수님의 이적, 그 능력을 보이신 뒤에, 그러니까 나사로를 살리시고, 5천 명을 먹이시고, 바다 위를 걸어가시는, 그 모든 사건이 있은 다음에 생긴 것이 아닙니다. 그는 딱 하나, 예수님께서 가나에서 물로 포도주를 만드셨던 그 작은 기적 하나에 대한 소문을 들었을 뿐입니다. 그 작은 소문—여러분, 소문은 내 경험이 아닙니다. 다른 사람의 경험이 소문입니다. 다른 사람이 경험한 것을 내가 소문으로 듣는 것입니다. 따라서 소문을 어떻게 믿느냐, 하는 것이 중요합니다. 소문을 잘 정리하고, 소문 속에서 복음을 들어야 합니다. 여러분, 이걸 잊지 말아야 합니다. 허황한 소문을 몽땅 다 믿어도 안 되지만, 몽땅 다 부인해도 안 됩니다. 소문 속에 진리가 있고, 지혜가 있으니까요.

그런데, 왕의 신하는 지금 생각합니다. '예수님께서 가나에서 포도주로 물을, 물로 포도주를 만드셨다더라!' 그 소문을 그는 들어서 알고 있었습니다. 아마 그것뿐이었는지도 모릅니다. 그런데도 그는 자기 아들이 병들었을 때, 그래서 죽어갈 때 예수님께로 나아옵니다. 그 절박한 마음을 가지고 나옵니다. 생각해보십시오. 그 아들이 죽을 지경이 되지 않았다면, 그는 예수님께로 나아오지 않았을 것입니다. 그는 어지간한 사건이 아니고는 예수님 앞에 나아가 무릎을 꿇을 사람이 아닙니다. 그 지체 높은 사람이 말입니다. 그 멀지 않은 나사렛에 와서, 청년 예수 앞에 가서 무릎을 꿇을 사람이 아닙니다. 그러나 워낙 절박합니다. 아들이 죽어가고 있었기 때문입니다.

여기서 이 장면을 자세히 분석해보면, 시간적 한계와 공간적 한계가 극복됩니다. 아주 중요한 이야기입니다. 우리가 언제나 믿음을 가집니다마는, 시간적 한계를 넘지는 못합니다. 오늘본문에서는 '즉시'라는 말이 강조됩니다. "즉시 와서 고쳐주세요." 즉시 그래야지, 사흘 뒤에? 이건 안 됩니다. 그리고 그다음은 '내려오셔서'입니다. 이것은 공간적 관계입니다. 여기서가 아닙니다. "우리 집에 내려오셔서 제 아들의 병을 고쳐주세요." 이렇게 말합니다. 여기서 우리가 깊이 생각해야 합니다. 얼마나 간절합니까. 아주 정말로 간절합니다. 그런데, 여기서 시간적으로, 공간적으로 문제가 또 있습니다. 반복적으로—아마도 이 왕의 신하는 "즉시 오셔서"라고 말했을 것입니다. 그럼 예수님께서 "야, 가자!" 하시면서 이 사람하고 같이 그의 집에 가서서 그 아들 환자의 머리에 손을 얹으시고, 기도하시고, 안수하시고…… 아마도 그는 이렇게 되기를 바랐을 것입니다. 그러나 예수님의 방법은 다릅니다. 오늘본문에서 이렇게 말씀하십니다. "가라, 네 아들이 나았느니라. 가라, 네 아들이 나았느니라." 이걸 어떻게 하면 좋겠습니까? 이 순간에 예수님을 모시고 가야 하고, 당연히 그래야만 한다는 것은 자기 방법이요, 자기 생각입니다. 하지만, 예수님께서는 말씀하십니다. "가라, 네 아들이 나았느니라!" 이는 시간적으로, 공간적으로, 방법적으로 전혀 다른 차원의 말씀입니다.

여러분, 우리는 늘 하나님 앞에 기도할 때 마음이 조급합니다. '당장 되어야지, 당장 이루어져야지, 왜 이렇게 더딜까? 왜 이렇게 응답이 더딜까?' 또한, 공간적으로 이것이 내 마음에 안 듭니다. 더 중요한 것은 하나님의 방법이 마음에 안 든다는 것입니다. 오늘 다 잃어버리는 것 같습니다. 이 과정을 거쳐야 저기에 갑니다. 그러나 우리는 그러지 마시고, 그 위에 즉각적으로 오셔서 내가 원하는 방법대로 응답 주시기를 바랍니다. 그런데, 예수님께서는 이 왕의 신하에게 말씀하십니다. "가라, 네 아들, 나았느니라!" 저는 이 말씀을 볼 때마다 이 왕의 신하가 그 자리에서 믿고 갔다는 것을 생각합니다. 굉장한 믿음 아닙니까. 여러분, 우리가 하나님 앞에 기도합니다. 그때 하나님께서 이러십니다. "가라, 응답되었느니라." 갈 수 있습니까? 이때 "무슨 표적이라도 주십시오!" 하는 것이 우리 인간이요, 인간의 생각입니다. 인간적인 시간, 인간적인 공간, 인간적인 방법에서 헤어나지 못하는 것입니다. 때때로 나는 얻기를 바랐는데 잃어버리고, 나는 건강을 바랐는데 병들고, 나는 성공을 바랐는데 실패합니다. 이런 사건들이 있을 때마다 "어찌하여 하나님께서는 나를 버리시나이까?" 하면서 마치 모든 것이 끝나는 것 같은 고통을 느낍니다.

그런데, 오늘 이 사람은 절박한 마음으로 왔습니다. "즉시 오셔서 제 아들의 병을 고쳐주십시오!"라고 했습니다. 그러나 예수님께서는 가지 않으셨습니다. 그리고 말씀하십니다. "가라, 네 아들이 나았느니라!" 이 순간에 어찌해야 합니까? 여기서 만일에 폭발하여 "좀 가시자는데, 왜 이렇게 말씀이 많으십니까? 별로 어려운 일도 아닌데, 왜 예수님께서는 제 소원을 들어주지 않으십니까?" 하고 나왔다면 이야기가 어떻게 되겠습니까? 오늘본문은 우리에게 깊은 감동을 줍니다. 믿고 가더니―말씀만 믿고 갔습니다. 이제 하나님께서 아브라함에게 말씀하십니다. "고향을 떠나라!" 떠났습니다. 여러분, 아셔야 합니다. 베드로에게 말씀하십니다. 밤새껏 그물을 던져서 못 잡았지만, "말씀하시니, 그물을 내리리이다!" 하며 믿고 그물을 내린 것입니다. 안 될 줄 알지만, 믿고 순종하면서요. 하나님께서 모세에게 말하십니다. "가라, 내가 너와 함께함이라." "증거를 주세요." "네 손에 있는 것이 뭐냐?" "지팡이입니다." "됐다. 그거면 된다." "아니, 지팡이 하나 가지고 저더러 어떻게 하라는 말씀이십니까? 안 그렇습니까." 인간적으로는 순종할 수 없는 순간입니다. 그러나 믿음의 조상들은 모두 가라 하실 때 갔습니다. 떠나라 하실 때 떠났습니다. 믿고 가더니―이 한마디가 얼마나 우리에게 충격적인지 모릅니다. 처음에 품었던 동기는 예수님께서 오셔서 안수하시고, 병 고쳐주시는 것이었습니다. 그러나 예수님의 말씀은 아닙니다. 방법이 다릅니다. 시간도 다릅니다. 공간도 다릅니다. "가라, 네 아들이 나았다." 여기서 생각을 바꿉니다. 그리고 믿고 갔더니, 가서 보았더니, 아이가 벌써 나았습니다. "언제 어떻게 나았느냐?" "어제 일곱 시 무렵부터 열이 떨어졌습니다." "아, 예수님께서 말씀하신 바로 그 시간이로구나!" 알고, 그리고 온 집안이 믿으니라, 확인하고 나서 온 집안이 믿으니라—마음에 듭니다. 믿으면서 자기를 부인합니다. 믿고 순종합니다. 믿고 찬송합니다. 믿고 감사합니다. 내 눈에 보이는 것이 없습니다. 아직 내 손에 들어온 게 없습니다. 그러나 아들이 나았다는 말씀을 믿고 갔습니다. 이런 믿음, 믿고 가는 믿음, 가서 보고, 확인하고, 하나님을 찬송하는, 이 아름다운 믿음의 장면을 생각해보십시오. 이것이 신앙생활입니다.

때때로 우리는 우리 자신의 고집을 부립니다. 내 방법대로 되기를 바랍니다. 그런데, 아닙니다. 내 방법이 아니고, 내 시간도 아닙니다. 내 공간도 아닙니다. 나의 감각적 세계가 아닙니다. 오히려 부인하고, 하나님의 뜻을 이루어 가시는 것을 볼 때 귀한 믿음입니다. 믿고 가더니—그런 믿음입니다. "가서 아이가 나은 것을 보고 말씀하신 때인 줄을 알고 온 집안이 믿으니라. 온 집안이 믿으니라." 너무나 아름다운 해피엔딩이 여기에 있습니다. 여러분, 우리의 믿음이 어디에 있습니까? 우리의 믿음이 극복해야 할 것이 있습니다. 시간적으로, 공간적으로, 방법적으로 인간의 지혜를 다 극복하고, 다 부인하고, 완전히 나를 부인할 때, 깨끗하고 순수한 동기가 될 때 비로소 그 큰 은총을 깨달을 수 있고, 그 은총에 감사할 수 있는, 그런 믿음에 도달하게 되는 것입니다.   △

나는 날마다 죽노라

만일 죽은 자들이 도무지 다시 살아나지 못하면 죽은 자들을 위하여 세례를 받는 자들이 무엇을 하겠느냐 어찌하여 그들을 위하여 세례를 받느냐 또 어찌하여 우리가 언제나 위험을 무릅쓰리요 형제들아 내가 그리스도 예수 우리 주 안에서 가진 바 너희에 대한 나의 자랑을 두고 단언하노니 나는 날마다 죽노라 내가 사람의 방법으로 에베소에서 맹수와 더불어 싸웠다면 내게 무슨 유익이 있으리요 죽은 자가 다시 살아나지 못한다면 내일 죽을 터이니 먹고 마시자 하리라 속지 말라 악한 동무들은 선한 행실을 더럽히나니 깨어 의를 행하고 죄를 짓지 말라 하나님을 알지 못하는 자가 있기로 내가 너희를 부끄럽게 하기 위하여 말하노라

(고린도전서 15 : 29 - 34)

나는 날마다 죽노라

저희 할아버지는 한국선교 초창기에 선교사로부터 복음을 받고 예수를 믿으셨습니다. '소래성촌'이라고 하는 교회가 있는데, 제 고향에서 거기까지는 한 50리 길이 됩니다. 할아버지는 그 50리 길을 7년 동안 주일마다 가서 예배를 드리셨다고 합니다. 그 7년 동안 50리 길을 걸어가서 예배를 드리며, 예수를 믿고, 하나님의 사람이 되셨습니다. 그리고 선교사님께 물으셨습니다. "제가 사는 우리 고향에도 교회를 세우고 싶은데, 어떻게 하면 되겠습니까?" 선교사님 말씀이 이랬습니다. "기도하세요." 그래서 7년 동안 기도하셔서 저희 고향에 교회를 세우셨습니다. 이 할아버지가 7년 동안 기도하시던 장소가 있습니다. 온 동산에 바위가 있고, 풀이 나지 않는 곳이 있는데, 제가 언제 한번 소를 먹이러 나갔을 때 우리 동네 사람들이 저더러 물었습니다. "너, 여기가 어떤 곳인지 알아?" 그분은 믿지 않는 사람이었습니다. 저는 "모르는데요?" 했지요. "너희 할아버지께서 7년 동안 기도하신 곳이다." 집에 돌아와 할아버지께 여쭈었습니다. "왜 저한테 그 이야기를 안 하셨어요?" 그랬더니, 할아버지가 이렇게 말씀하시더군요. "좀 더 크면 이야기하려고 했다." 어쨌든 7년 동안 교회를 위해 기도하셔서 '돌다리 교회'를 세우셨습니다. 그때는 목사님이 귀하던 시절이어서 할아버지는 가끔 스스로 설교도 하셨는데, 할아버지의 롤 모델이 누구냐 하면, 바로 김익두 목사님이십니다. 그래서 그 김익두 목사님을 찾아가 그분이 하시는 부흥회를 다 따라다니시면서 은혜 많이 받으시고, 김익두 목사님을 최고의 신

앙의 표본으로 생각하시고, 저에게 김익두 목사님의 이야기를 가끔
해주셨습니다. 그래서 저는 마음속으로 '도대체 김익두 목사님이 누
굴까?' 하고 궁금해했습니다. 그러다 1950년 6·25전쟁 직전에 제가
꼭 한번 가보리라 마음먹고 신천 서북교회까지 걸어가 김익두 목사
님의 설교를 들었습니다. 그때 두 주일 동안 참 은혜를 많이 받았습
니다. 특히, 김익두 목사님이 친히 자기 자신의 과거에 대해서 하시
는 말씀을 아주 재미있게 들었습니다. 일생토록 잊을 수 없는 아주
중요한 시간이었습니다. 유명한 권능의 사람인 부흥사 김익두 목사
님을 제가 직접 만나보았고, 할아버지가 그렇게 존경하시는 분의 말
씀을 직접 들었던 것입니다. 그 이야기 가운데 하나입니다.

    어느 더운 여름날, 목사님이 부흥회를 인도하려고 보따리를 떡
걸머지고 부흥회 장소로 가고 있었습니다. 옛날에는 교통수단이 따
로 없어 누구나 대개 걸어서 다닐 때였습니다. 그래 가다 보니까 높
은 산이 나옵니다. 그 산을 넘어야 부흥회 장소로 갈 수 있는데, 올
라가자니 너무나 힘이 들고 땀도 많이 났습니다. 그래도 꾹 참으면
서 '저 산정에 올라가서 내가 좀 쉴 거다!' 하고 생각하면서 끝까지
올라갔답니다. 마침내 다 올라가서 보따리를 내려놓고 두루마기까
지 벗고는 저쪽에서 불어오는 바람을 시원하게 맞으며 휴식을 취하
였습니다. 그때 문득 맞은 편에서 술에 몹시 취한 젊은이 하나가 비
틀거리면서 그리로 올라오더니, 김익두 목사님을 보고는 다짜고짜
로 "너, 왜 나보다 먼저 올라왔냐?" 하면서 김익두 목사님을 딱 하고
때리는 것이었습니다. 누구나 산을 오르는 사람은 자기가 남보다 먼
저 올라가고 싶기 마련이겠지만, 그렇다고 자기보다 먼저 올라간 사
람을 때리다니, 될 말입니까. 그런데, 그렇게 이리 치고 저리 치는

데, 김익두 목사님은 아무 말도 하지 않고, 그 매를 그냥 다 맞았답니다. 그렇게 상대가 도무지 저항을 안 하니까 그 젊은이는 때리다가 지쳐서 헉헉 숨을 몰아쉬며 가만히 서 있더랍니다. 그때 김익두 목사님이 그 젊은이에게 "다 때렸소?" 하고 물었더니, "그래, 다 때렸다. 어쩔래?" 하더랍니다. 그때 정중하게 김익두 목사님이 말했습니다. "예수는 내가 믿고, 복은 자네가 받았네." 그 말의 뜻을 이 사람이 알 리가 없지요. 그래 김익두 목사님이 설명합니다. "오늘 내가 죽었으니, 네가 산 거야. 내가 김익두라는 사람이다!" 그랬더니, 그 젊은이가 깜짝 놀라면서 "아이구, 난 이제 죽었다!" 하고 살려달라며 목사님 앞에 손이 발이 되도록 빌더랍니다. 김익두 목사님이 왕년에 신천의 장에서 모르는 사람이 없는 유명한 깡패였기 때문입니다. 장을 보러 가는 사람들은 누구나 마을의 성황당 나무 앞에서 '오늘 김익두 만나지 않게 해주세요!' 하고 빌었답니다. 그만큼 목사님은 아주 불량하기로 소문난 분이었던 것입니다. 그런 엄청난 사람을 지금 이렇게 앞뒤 안 가리고 흠씬 때려놨으니, '이제 나는 죽은 목숨이다!' 싶었겠지요. 그때 김익두 목사님이 정중하게 의미심장한 말을 합니다. "내가 죽었으니, 네가 살았다. 내가 죽었으니, 오늘 자네가 산 거야. 내가 그리스도로 말미암아 죽기 전에 오늘 이런 일을 당했다면 너는 오늘 여기서 생이 끝났을 거다." 그 청년이 벌벌 떨면서 말합니다. "목사님, 제가 어떻게 하면 좋겠습니까?" "뭘 어떻게 해? 날 따라와야지!" 그렇게 데리고 간 그 청년이 한 주일 동안 부흥회에 참석하면서 마침내 회개하고, 예수를 믿게 되었습니다. 그 사람이 나중에 장로가 되었다고 김익두 목사님이 싱글벙글 웃으면서 이야기하시는 것을 제가 직접 들었습니다. 여러분, 이 한마디가 얼마나 중요합니까. "내가 죽었으니, 네가 살았다. 내가 죽었으니, 너를 살릴 수 있는 거다." 이런 귀한 복음이 여기에 있습니다.

그리스도께서는 우리를 위해 복음을 전하실 때 그리스도인이 되는 3대 조건을 말씀하셨습니다. "첫째는 자기를 부인하고, 둘째는 자기 십자가를 지고, 셋째는 나를 따를 것이니라." 이것은 교리적으로 소중한, 유명한 말씀입니다. 예수님의 십자가로 말미암아 우리가 구원을 받습니다. 그런데, 사도 바울은 그 십자가의 의미를 가장 바르게, 가장 정직하게, 가장 위대하게 깨달은 하나님의 종입니다. 바울의 십자가, 그 의미는 이렇습니다. 갈라디아 2장 20절 말씀입니다. "내가 그리스도와 함께 십자가에 못박혔으니, 그런즉 이제 내가 사는 것이 아니요, 내 안에 그리스도께서 사시는 것이라." I am crucified with Christ(내가 그리스도와 함께 십자가에 못박혔다)—헬라어 원문대로 순서에 따라 말하면, '내가 십자가에 죽었다'라는 것입니다. I am crucified(내가 십자가에 죽었다), 그리스도와 함께—이것을 잊지 말아야 합니다. 그러므로 십자가를 쳐다볼 때마다 예수님께서 십자가에 돌아가시는 것만 생각해서는 안 됩니다. 내가 함께 죽었다—여기서부터 그리스도인입니다. 이걸 항상 새롭게 거듭 다짐하며 재확인해야 합니다. '정말 죽었나?' 다시 한번 확인해야 합니다. '그리스도와 함께 죽었나?' 갈라디아서 5장 24절은 말씀합니다. "그리스도 예수의 사람들은 육체와 함께 그 정욕과 탐심을 십자가에 못 박았느니라." 사도 바울의 그 신비로운 고백은 이렇습니다. 내가 십자가를 바라보는 순간 정과 욕심은 없습니다. 내가 정과 욕심을 십자가에 못박는 것이 아니라, 십자가에 이미 못박혀서 그것을 확인하고, 그 십자가의 능력이 나의 정과 욕심을 다 사라지게 하는 것입니다. 십자가만 쳐다보면 정과 욕심은 없는 것입니다.

에바 그리우스 폰티쿠스라는 분의 유명하고 소중한 교훈이 있습니다. '인간의 감정에는 부정적인 속성이 있는데, 이것을 극복해야 한다. 인간의 속성 가운데 깊은 곳에 뿌리박은 자아란 이런 것이다. 비탄하는 것이다. 비탄, 곧 자기연민에 빠지는 것이다.' 여러분, 교만함만이 죄인 것은 아닙니다. 절망하는 것도 죄입니다. 자랑하는 것만이 죄인 줄 알면 안 됩니다. 낙심하는 것도 죄입니다. 왜냐하면, 그것은 그 자체로 불신앙이기 때문입니다. 십자가로 말미암아 옛사람이 죽고, 새 사람으로 살면, 새로운 가능성, 새로운 소망 가운데 살게 되는 것입니다. 또한, 우리 인간성 가운데서 가장 깊이 뿌리박은 죄악은 바로 분노입니다. 우리는 모두 나 자신에 대해서도, 남에 대해서도, 나아가 세상에 대해서도 분노하지 않습니까.

여러분, 각자 한번 자문해보십시오. 분노할 자격이 있습니까? 분노할 이유가 있습니까? 신앙인에게는 분노라는 것, 없습니다. 아직도 분노로 마음이 들썩들썩하면 나는 십자가에 못박힌 사람이 아닙니다. 십자가에 못박힌 사람은 분노가 없습니다. 그래야 하나님의 사람입니다. 그런가 하면, 또한 에바는 말합니다. 나태함, 게으른 것—우리는 흔히 게으름을 죄라고 생각하지 않습니다. 도둑질과 거짓말은 죄라고 생각하면서도 게으른 것은 죄라고 생각 못 할 때가 있는 것입니다. 스스로 자신을 속이는 것입니다. 하나님께서는 우리에게 많은 것을 은사로 주셨습니다. 그런데도 그 많은 은사를 다 땅에 묻어버리고, 소실해버리고 말았습니다. 이것이 얼마나 큰 죄인지 모릅니다. 나 자신을 십자가에 못박은 사람은 게으름으로부터, 나태함으로부터 자유합니다. 거기에 참된 신앙적 경건이 있습니다.

여러분, 사도 바울의 위대한 신앙, 다시 한번 더 깊이 들어가 보십시다. 고린도전서 2장 2절은 말씀합니다. "내가 너희 중에서 예수 그리스도와 그가 십자가에 못 박히신 것 외에는 아무 것도 알지 아니하기로 작정하였음이라." 이 말씀을 하게 된 배경은 이렇습니다. 사도 바울이 아덴에서 선교에 실패합니다. 그는 어떤 곳에 가든지 거기에 교회를 세웠지만, 아덴에서는 교회를 세우지 못합니다. 그 역사적인 흔적을 볼 수 있습니다. 왜입니까? 헬라철학의 본거지에 갔다가 그만 철학적 관점, 자기 철학적인 이해가 불쑥 나타나면서 선교에 실패한 것입니다. 예수 그리스도의 십자가를 전해야 할 시간에 그는 알지 못하는 신, 궤변 같은 이야기나 하면서 철학자들하고 토론만 하다가 그만 쫓겨나고 맙니다. 그래 낙심하여 고린도로 갔습니다. 하지만 더는 선교할 용기가 없어서 아르바이트로 밥을 벌어 먹고살았습니다. 물론, 거기에서 아굴라와 브리스길라를 만나게 되었지만, 전도할 용기는 이미 잃어버리고 없었습니다. 이때 주께서 말씀하십니다. "이 성에 내 백성이 많다. 주저하지 말고 입을 열어 담대히 복음을 전하라!" 사도 바울은 주님의 이런 재촉을 받고 다시금 용기를 얻습니다. 거기서 마침내 신학적으로 중생합니다. 십자가에 못박힌 것 외에는 알지 아니하기로 작정하였음이라―요즘의 철학용어를 빌린다면, '이성을 십자가에 못박는 것'입니다.

유명한 철학자 파스칼은 말합니다. '신앙이란 무엇이냐? 이성을 십자가에 못박는 것이다.' 그래서 사도 바울은 나의 판단, 별것 아닌 것, 머리 돌리는 것, 의심하는 것, 낙심하는 것…… 이른바 '합리적 이해'라고 하는 것을 싹 지워버리고, 십자가만 알기로, 십자가 외에는 알지 아니하기로 결심합니다. 그리고 다시 용기를 얻습니다. 그는 편지에서 이렇게 고백합니다. '내가 너희 가운데 있을 때 두려워하며 심히 떨었노라.' 심히 떨었노라—그는 핍박을 무서워하는 사람이 아니었는데도, 벌벌 떨 핍박이 없었는데도 고린도에서 심히 떨고 있었습니다. 그것은 십자가 중심의 복음에서 이탈했기 때문입니다. 이제 비로소 그걸 깨닫고 말합니다. "십자가 외에는 알지 아니하기로 작정했노라." 그 속에서 이성을 십자가에 못박아버리고 나니까 용기가 생깁니다. 오직 주님만 믿고, 하나님의 사람으로 위대한 역사를 이루게 되었던 것입니다. 저는 이 장면을 '사도 바울의 제2의 회심'이라고 늘 말하고 있습니다.

그리고 다시 돌아가서 사도 바울은 십자가의 신비를 말합니다. '십자가에 죽으심'의 신비—그리스도와 함께 죽을 때 그리스도와 함께 오는 용기를 말합니다. 그런 생명력, 창조력을 말하는 것입니다. 그래서 빌립보서 3장 10절, 11절은 말씀합니다. "그의 죽으심을 본받아 어떻게 해서든지 죽은 자 가운데서 부활에 이르려 하노니." 십자가의 죽음 저 뒤에는 부활이 있는 것을 알고 있습니다. 그런고로, 십자가라고 하는 통로를 통해서만 부활에 도달할 수 있다는 것을 아는 사도 바울은 유명한 신학자입니다. 죽으심을 본받아 부활에 이르려 하노라—이것이 그가 생각한 십자가의 의미입니다. 십자가 뒤에 부활이 있습니다. 십자가 없이 부활은 없습니다. 부활의 생명력은 십자가 뒤에 있는 것입니다. 바울은 이 신비를 알고 주를 믿었습니다. 주님께서는 다시 요한복음 12장 24절에서 이렇게 말씀하십니다. "한 알의 밀이 땅에 떨어져 죽지 아니하면 한 알 그대로 있고 죽으면 많은 열매를 맺느니라."

여러분, 밀알 한 알이 그대로 있으면 열매를 맺지 못합니다. 저는 이 밀알 이야기만 하면 꼭 생각나는 것이 하나 있습니다. 예전에 제가 시카고에 갔을 때 저는 그곳에 있는 박물관에서 미라를 보았습니다. 이집트에서 가져온 미라였는데, 해부되어 있었습니다. 그러니까 시체를 본 것입니다. 거기에 씌어 있는 설명 가운데 하나가 너무나 감동적이었습니다. 그 3천 년 된 미라를 해부해서 보았더니, 미라의 손에 밀알 몇 개가 쥐어져 있더라는 것입니다. 그 밀알을 가져다가 땅에 잘 심어봤더니, 정말로 싹이 났다고 합니다. 이 얼마나 중요한 이야기입니까. 밀알 한 알이 죽은 사람의 손아귀에 있으니까 3천 년이 지나도 열매가 없습니다. 하지만 땅에 떨어져 죽으니까 싹이 납니다. 이것이 사도 바울이 말하는 십자가의 의미입니다. 죽어야 열매를 맺고, 죽어야 사는 것입니다.

제가 프리스턴에서 공부할 때 마르틴 루터의 신학을 한 학기 동안 집중적으로 공부해보았습니다. 마르틴 루터의 신학을 가르치는 교수님의 말씀은 이랬습니다. "루터의 신학은 십자가의 신학이다. 십자가를 통해서 영생으로 향하는, 십자가를 통해서 부활로 향하는 것에만 집중하고 있다. 심지어 루터의 신학에는 윤리가 없다." 어떻게 사느냐는 중요하지 않습니다. 어떻게 죽느냐가 중요합니다. 그리할 때 그리스도와 함께 부활에 이르기 때문입니다. 그래서 그는 이런 말을 합니다. Daily Baptism, 날마다 세례—무엇입니까? 나로 죽고, 그리스도로 산다, 이것입니다. 내가 옛사람으로 죽고, 새 사람으로 사는 것입니다. 날마다 세례, 이것이 루터 신학의 결론입니다.

그리고 오늘 본문은 말씀합니다. "날마다 죽노라(31절)." 사도 바울은 말합니다. Daily Die, 날마다 죽다—아니, 좀 더 세밀하게는 날마다 죽는 것이 아닙니다. 사건마다 죽는 것입니다. 순간마다 죽는 것입니다. 아니, 죽음을 확인해야 합니다. '정말 죽었나?' 완전히 죽을 때 비로소 완전히 살 수 있는 것입니다. 이걸 잊지 말아야 합니다. 그리스도와 함께 죽은 것을 다시 한번 확인해야 합니다. 그럴 때 놀라운 충만함의 역사, 하늘이 열리는 축복, 부활 생명을 오늘도 경험할 수 있는 것입니다. "나는 날마다 죽노라." 번역을 조금 바꾸면 이것입니다. "날마다 나를 죽이노라." 자연사가 아닙니다. 죽음이 아닙니다. "죽이노라. 사건마다, 날마다 나 자신을 죽이노라." 그러고 나서야 미래가 있습니다. 소망이 있습니다. 오늘을 사는 생명력이 있습니다. 두고두고 마음에 새겨보십시다. 나는 날마다 죽노라, 나는 날마다 죽노라— △

일체의 비결을 배운 사람

내가 주 안에서 크게 기뻐함은 너희가 나를 생각하던 것이 이제 다시 싹이 남이니 너희가 또한 이를 위하여 생각은 하였으나 기회가 없었느니라 내가 궁핍하므로 말하는 것이 아니니라 어떠한 형편에든지 나는 자족하기를 배웠노니 나는 비천에 처할 줄도 알고 풍부에 처할 줄도 알아 모든 일 곧 배부름과 배고픔과 풍부와 궁핍에도 처할 줄 아는 일체의 비결을 배웠노라 내게 능력 주시는 자 안에서 내가 모든 것을 할 수 있느니라

(빌립보서 4 : 10 - 13)

일체의 비결을 배운 사람

1960년, 제가 나이 30세 때 미국 잡지 「타임」을 읽다가 아주 크게 충격받은 일이 있었습니다. 거기에 실린 논문에서 소개한 「Death and Dying」이라고 하는 책 때문이었습니다. 저는 급히 그 책을 주문했습니다. 그때는 마음대로 쉽게 책을 주문할 수 없었던 시절이었습니다. 그래서 아는 선교사님께 부탁하여 그 책을 구입했습니다. 「타임」지가 선정한 20세기 10대 사상가의 한 사람인 엘리자베스 퀴블러 로스가 그 책의 저자입니다. 아주 고맙게도 이분을 제가 1975년 풀러에서 공부할 때 직접 만날 수 있었습니다. 그분이 학교에 와서 특강을 했는데, 그걸 듣고 제가 많은 깨달음도 얻고, 은혜도 받았습니다. 그 책은 참 많은 사람에게 깊은 감동을 주었습니다. 거기에는 이유가 있습니다.

책의 주제가 '죽음의 심리학'입니다. 그런데, 죽음을 앉아서 생각하거나 철학적으로 생각한 것이 아닙니다. 그는 무려 6백 명을 상대로 그들 각각의 임종을 지켜보았고, 그 데이터를 모아서 책을 쓴 것입니다. 그렇게 생생한 현장경험을 바탕으로 쓴 책이기 때문에 더욱 깊은 감동이 있습니다. 논리적으로 쓴 것이 아닙니다. 죽어가는 사람하고 서로 대화한 내용을 그대로 옮겨놓은 것입니다. 이분이 마지막으로 쓴 것으로, 제게 깊은 감명을 주었던 또 다른 책이 있습니다. 바로 「Life Lesson」입니다. 우리나라에는 '인생 수업'이라고 번역이 되어 나왔는데, 지금 스테디셀러입니다.

인생은 공부입니다. 목적 가치에 대한 공부입니다. 인도의 지

도자인 간디는 말합니다. '우리 인간이 짓는 죄 가운데 가장 큰 죄가
공부 안 하는 것이다. 공부를 하지 않는다면 인간이기를 포기하는
것이다.' 이것은 소유의 문제가 아닙니다. 존재의 문제입니다. 얼마
나 버느냐, 얼마나 가졌느냐의 문제가 아닙니다. 어떤 사람이 되느
냐, 이것이 공부의 목적입니다. 이걸 잊지 말아야 합니다. 퀴블러 로
스는 이렇게 정의합니다. '목적 가치를 지향하는 공부, 그리고 바른
방향으로 목적을 거듭 수정해 나가는 것이 인간의 삶이다.' 또 말합
니다. '삶은 상실 연습이다. 얻는 연습이 아니고, 버리는 연습이다.
그 연습을 해야 한다.'

　왜 그런 것입니까? 우리는 다 가질 수도 없고, 다 가질 필요도
없고, 언젠가는 다 버려야 하는데, 내가 버리느냐 빼앗기느냐, 거기
에 차이가 있습니다. 그래서 어떤 때는 버려야 얻을 수 있습니다. 그
런 일이 많습니다. 그러니까 꼭 버려야 얻을 수 있는 것들이 있는데,
그 버릴 것을 버리지 못해서 얻을 것을 얻지 못하는 것입니다. 잊어
버려야 할 것을 잊어버리지 못하기 때문에 알아야 할 것을 알 수 없
게 된다, 이것입니다. 그래서 '상실 연습'입니다. '인간의 일생은 계
속해서 잃어버려 가는 과정이다. 상실해 가는 훈련이다.' 이렇게 퀴
블러 로스는 말하고 있습니다.

　또한, 세 번째는 가장 귀중한 것입니다. '관계를 소중히 여기는
것이다.' 관계 개선, 관계의 소중함을 깨달았다는 것입니다. 그렇습
니다. 여느 때는 그리 중요하지 않습니다. 그러나 내가 병들고 어려
울 때는 관계가 소중합니다. 한 번의 전화가 소중하고, 한 번의 만남
이 소중합니다. 이 만남의 관계, 그 소중한 것을 우리가 모르고 살고
있습니다. 아니, 귀찮게 살고 있습니다. '그러나 세월을 살아가면서

인간 연습, 인간 학습을 해가면서 관계의 소중함을 깨달아 가는 것이다. 그리고 관계를 찾아가는 것이다.'

사도 바울은 오늘본문에서 말합니다. 나는 배웠다―이 배움이라는 것은 세 단계로 이루어집니다. 아주 간단한 이치입니다. 첫째, 계속해서 우리는 생각을 통하여 배웁니다. 머리를 통하여 배웁니다. 그래서 미래로 향하는 학습이 이루어지는 것입니다. 어렸을 때는 현재만 생각합니다. 어린아이들은 현재에 대해서 말고는 아무런 생각이 없습니다. 좀 나이가 들어야 과거를 생각합니다. 과거에 잘못되었던 것들을 계속 생각하며 괴로워하고, 후회하고, 뉘우치고, 회한에 빠지는 것입니다. 그러나 조금 더 성숙하면 미래를 생각합니다. 이 모든 것을 떠나 더 밝은 미래를 향하여 이성의 기능을 최대화하는 것입니다. 더 먼 미래, 아주 영원한 미래―다시 말하면, 이러한 지식, 이러한 철학적 지식이 생각을 통하여 우리에게 오는 것이 필요합니다. 그런가 하면, 둘째, 우리가 이제는 가슴으로 성숙해 갑니다. 느낌이 어린아이가 생각하는 것과 다릅니다. 어른들은 크게 생각하고, 크게 느끼고, 깊이 느끼면서 감성의 영역을 넓힙니다. 아니, 사랑의 영역을 넓힙니다. 용서의 영역을 넓힙니다. 이렇게 가슴을 넓히는 공부가 있는 것입니다.

마지막으로 셋째, 공부는 몸으로 배우는 것입니다. 머리로 하는 것도 아니고, 가슴으로 하는 것도 아닙니다. 공부는 체험으로 하는 것입니다. 언젠가 저는 군대 가서 3년 동안 많은 고생을 하고 돌아온 어떤 청년을 만난 적이 있습니다. 청년이 제게 인사를 합니다. "제대하고 왔습니다." 그래 제가 그 청년한테 이렇게 물었습니다. "그래, 수고했구먼. 딱 하나만 물어볼게. 그래 3년 동안 뭘 배웠나?" 그랬더니, 그 청년이 빙그레 웃으면서 이야기하는데, 그걸 제가 아직도 기억하고 있습니다. "중요한 것을 배우고 왔습니다." "그게 뭔가?" "무엇이든 내 마음대로 되지 않는다는 것입니다. 그걸 제가 배웠습니다. 마음만 먹으면 뭐든 내 마음대로 할 수 있을 것 같은데, 군대에서는 아니었습니다. 오직 명령만이 있을 뿐입니다. 그래서 제가 군대에 있으면서 배운 것은 '내 마음대로 할 수 없다'라는 것입니다." 그렇습니다. 몸으로 배우는 것입니다.

사도 바울은 본문에서 배웠다는 말을 두 번 합니다. "자족하기를 배웠노라. 일체의 비결을 배웠노라." 참 귀한 말씀입니다. 그는 지금 로마 감옥에 있습니다. 그렇게 갇힌 신세로 그는 이렇게 말합니다. "나는 배웠노라. 통달했노라." 그가 무엇을 배웠는지 봅시다. 그는 스스로 만족하기를 배웠습니다. "어떤 형편에서든지 자족하기를 배웠다. 스스로 만족하는 것을 배웠다." 없으면 없는 대로, 있으면 있는 대로 주어진 환경에서 만족하는 것입니다. 우리는 환경의 동물이어서 환경이 좋으면 기뻐하고, 환경이 조금만 어려우면 죽겠다고 엄살을 떠는데, 아닙니다. 어른이 무엇입니까? 성숙한 사람이 무엇입니까? 성숙한 사람은 어려운 일을 당해도 호들갑을 떨지 않습니다. 조금 어려움을 겪는다고 함부로 죽겠다고 하지 않습니다. 일이 조금 잘 되었다고 기고만장하지도 않습니다. 자족하기를 배워야 합니다. 저는 자족하기를 배운다고 할 때마다 꼭 생각나는 것이 하나 있습니다. 라인홀트 니부어의 기도문입니다. 너무나 유명하기에 원문대로 소개합니다. "God, grant me the serenity to accept the things, I cannot change, the courage to change the things I can, and the wisdom to know the difference." 경건한 미국 사람들은 이 기도를 많이 합니다. 이 기도에서 그는 딱 세 가지를 구합니다. 바로 냉정함, 용기, 지혜입니다.

냉정이란 무엇입니까? 할 수 없는 일을 만날 때는 냉정해야 합니다. 할 수 없는 일이 있습니다. 불가능한 일이 있습니다. 그러면 냉정하게 생각해야 합니다. 벌벌 떨 것 없습니다. 그렇다고 이제는 망했다며 좌절할 것도 없습니다. 내가 할 수 없는 일을 만날 때는 이렇게 기도하십시오. '냉정함을 주시옵소서. 절망하지 않게 하여주시고, 냉정한 마음으로 하나님의 뜻을 찾게 하여주시옵소서.' 또, '용기를 주시옵소서. 할 수 있는 것은 할 수 있도록, 고칠 수 있는 것은 고칠 수 있도록 도와주시옵소서'라고 기도하십시오. 그런데, 용기를 낼 수 있으면서도 내지 않습니다. 그처럼 불행한 일이 또 있겠습니까. 우리 기도가 무엇입니까? '할 수 있는 일을 하게 하여주시기를 바랍니다. 게으른 사람이 되지 않게 하여주시기를 바랍니다. 핑계하는 사람이 되지 않게 하여주시기를 바랍니다. 할 수 있는 일은 다 하도록, 할 수 있을 때 다 하도록 용기를 주시기 바랍니다.' 그런가 하면, 또 이런 기도입니다. '할 수 있는 것과 할 수 없는 것, 이 두 가지를 식별할 수 있는 지혜를 주시옵소서.' 다른 말로 바꾸면, 이런 기도입니다. '하나님의 뜻을 알게 하여주시고, 그럴 수 있는 지혜를 주시옵소서.' 이것이 라인홀트 니부어의 기도입니다.

사도 바울은 그런 면에서 아주 도통한 사람입니다. 스스로 만족합니다. 있어도 없는 것처럼, 없어도 있는 것처럼 주어진 환경에 만족합니다. 불평하지 않습니다. 그리고 하나님의 뜻을 기다립니다. 그대로 행복합니다. 곧, 그는 항상 행복할 수 있는 비결을 가지고 있는 것입니다. 자족하기를 배웠다―그렇지 않습니까. 살림할 때 돈이 많아서 사는 사람도 있지만, 돈이 없어도 사는 사람이 있습니다. 돈 때문에 망하는 사람이 있고, 돈 때문에 성공하는 사람도 있으며, 실패하기 때문에 성공하는 사람도 있습니다. "자족하기를 배웠노라." 이 얼마나 귀중한 말씀입니까. "범사에 행복하고, 범사에 감사하고, 범사에 창조적으로, 생산적으로 사는 큰 비결을 내가 배웠다." 그의 말입니다.

여러분은 어디까지 왔습니까? 사도 바울은 말합니다. "자족하기를 배웠노라. 스스로 만족하기를 배웠노라. 언제나 감사할 수 있는 인격을 내가 배웠노라." 사도 바울은 두 번째로 간증합니다. "일체의 비결을 배웠노라." 무슨 뜻입니까? 하나님의 뜻을 생각하며, 하나님의 뜻 앞에 내 뜻을 굽히면서 새로운 비결을 배웠다, 이것입니다. 새로운 목적을 재확인했습니다. 새로운 성공을 확인했습니다. 그리고 하나님의 능력 안에서 쓰이는 존재임을 발견하게 됩니다. 일체의 비결—이 비결은 신비라는 말입니다. 논리적인 이야기가 아닙니다. 일체의 신비로운 그 무엇을 배웠노라—얼마나 귀중한 인격입니까. 하나님의 능력으로 쓰임을 배웠노라, 깨달았노라—빌립보서 1장에서 그는 말합니다. 제가 사랑하는 요절입니다. "나의 당한 일이 복음의 진보가 된 것을 너희가 알기를 바라노라." 참으로 귀한 말씀입니다. '내가 지금 감옥에 있다. 나의 당한 일이 절대 하나님의 일에는 실패가 아니다. 나 자신에게도 실패가 아니다. 내가 당한 일이 복음의 진보가 되었음을 너희가 알기를 바란다.'

여러분, 당한 일, 잘한 것, 못한 것, 성공한 것, 실패한 것……알 바 아닙니다. 다 정리하시기 바랍니다. 나의 당한 일이 복음의 진보가 되었다—복음 전파에 꼭 유효하게, 효과적으로 쓰인다는 것을 깨닫고 있는 것입니다. "나의 당한 일이 복음의 진보가 된 것을 알기를 바라노라." 그런고로 일체의 비결을 안 것입니다. 조금 잘못되었다고 나무랄 것도 없고, 내가 감옥에 들어간다고 해서 선교를 망치는 줄로 생각할 것도 없습니다. 내가 혹 병이 든다고 해서 뭐가 크게 잘못되었다고 생각하지 않는다는 말입니다. 일체의 비결을 알기 때문입니다. 왜 그렇습니까? 하나님의 신비로운 역사를 알기 때문입니다. 일체의 비결이 바로 그것입니다.

하나님의 신비로운 역사, 하나님의 능력, 하나님의 지혜, 하나님의 사랑…… 이것을 알고 있기에 "일체의 비결을 나는 깨달았노라" 하는 것입니다. 그래서 성숙한, 배운 사람으로 살아가고 있다는 말입니다. 실제상황 속에서 그는 목적을 항상 새롭게 했습니다. 궁극적인 최종목적을 바라보고 있었습니다. 마지막에 어디로 가고 있느냐를 바울은 알고 있었습니다. 그는 디모데후서 4장 7절, 8절에서 이렇게 말합니다. "나의 달려갈 길을 마치고 믿음을 지켰으니 이제 후로는 나를 위하여 의의 면류관이 예비되었으므로 주 곧 의로우신 재판장이 그 날에 내게 주실 것이며 내게만 아니라 주의 나타나심을 사모하는 모든 자에게도니라." 그는 순교를 앞에 두고 예비된 면류관을 바라보았습니다. 이것이 일체의 비결을 세운 사람의 모습입니다.

여러분, 조금 어려운 일이 있다고 호들갑을 떨지 마시고, 근심하지도 마십시오. 또, 뭐가 좀 잘되었다고 자랑하지도 마십시오. 그저 사도 바울처럼 진중하게 "일체의 비결을 배웠노라!" 하시기 바랍니다. 그는 로마 감옥에서 순교를 앞두고 이렇게 고백하고 있습니다. 최종목적을 알 수 있었기 때문에 일생을 돌아보는 것입니다. 아니, 현재를 생각합니다. 그러면서 그는 중요한 간증을 합니다. "내게 능력 주시는 자 안에서 모든 것을 할 수 있느니라." 저는 이 말씀의 옛날 번역이 마음이 듭니다. "내게 능력 주시는 자 안에서 능치 못할 일이 없느니라." 능치 못할 일이 없느니라—그의 고백입니다. 이 얼마나 귀중한 깨달음입니까. 이 깨달음은 현재의 생활 속에서 실천해 나가는 것입니다. 그래서 로마서 8장은 말씀합니다. 합동하여 선을 이룬다—'사랑하시는 자 앞에서 아들을 아끼지 아니하시고 우리에게 주신 분이 그 아들과 함께 모든 것을 은사로 주지 아니하시겠느냐. 그런고로 합력하여 선을 이룬다.' 이 진리를 그는 믿고, 현실 속에서 고백하고 있습니다. '나는 배웠노라. 자족하기를 배웠노라. 일체의 비결을 배웠노라. 일체의 신비로운 역사를 배웠노라. 그런고로 나는 만족한다. 나와 함께 기뻐하자.'

여러분, 이 높은 수준의 신앙을 우리가 배워야겠습니다. 오늘 우리는 참 어려운 시간을 지나가고 있습니다. 그러나 이것은 하나님의 실패가 아닙니다. 하나님께서 하시는 역사의 큰 관문입니다. 하나님께서 위대한 역사를 이루어 가고 계시는 것입니다. 이것을 안다면 우리도 고백할 수 있어야 합니다. 자족하기를 배웠노라—배워야겠습니다. 일체의 비결을 배웠노라—그렇습니다. 우리도 일체의 비결을 배워가야 하겠습니다. '내게 능력 주시는 자 안에서 내가 모든 것을 할 수 있느니라. 아니, 하고 있느니라. 현실 속에서 이루어지고 있느니라. 그런고로 나는 자족하노라. 그런고로 나는 기뻐하노라.' 이 신앙고백이 바로 오늘 우리의 현실에 주어지는 신앙고백이 되어야 할 것입니다.   △

가장 큰 행복을 아는 사람

이는 너희가 흠이 없고 순전하여 어그러지고 거스르는 세대 가운데서 하나님의 흠 없는 자녀로 세상에서 그들 가운데 빛들로 나타내며 생명의 말씀을 밝혀 나의 달음질이 헛되지 아니하고 수고도 헛되지 아니함으로 그리스도의 날에 내가 자랑할 것이 있게 하려 함이라 만일 너희 믿음의 제물과 섬김 위에 내가 나를 전제로 드릴지라도 나는 기뻐하고 너희 무리와 함께 기뻐하리니 이와 같이 너희도 기뻐하고 나와 함께 기뻐하라

(빌립보서 2 : 15 - 18)

가장 큰 행복을 아는 사람

지금 코로나라고 하는 큰 시련으로 말미암아 온 세계가 큰 고통을 느끼고 있습니다. 온 세계가 마치 정지된 것 같은 암울한 터널을 지나가고 있습니다. 우리나라도 코로나 때문에 현재까지 395명이나 목숨을 잃었다며 난리를 떨고 있습니다. 하지만, 우리는 정작 큰 것은 잊어버리고 하찮은 일을 가지고 오히려 괴로워하고 있는 것 같습니다. 우리나라의 자살률이 OECD 국가들 가운데서 단연 1위입니다. 지난해에 나온 통계청의 자료를 보면, 우리나라에서 한 해에 13,799명이나 스스로 목숨을 끊은 것으로 되어 있습니다. 2017년에는 12,463명, 2018년에는 13,670명이니, 거의 하루에 39명씩 자살하고 있는 셈입니다. 한번 생각해보십시오. 다들 코로나라는 병에 걸린 사람들을 살려보겠다고 몸부림을 치고들 있는데, 다른 한편에서는 멀쩡한 사람들이 스스로 목숨을 끊고 있습니다. 하루에 39명씩이나 말입니다. 우리만의 일이 아닙니다. 미국에서도 해마다 45,000명씩 스스로 목숨을 끊는다고 합니다. 미국인의 평균수명이 이 때문에 지난 3년 동안 연이어 줄어들고 있답니다. 그러니까 우리는 정작 엄청난 일은 외면하면서 어쩌면 별것 아닌 하찮은 일을 가지고 지금 그렇게나 걱정하고 호들갑을 떨고 있는 것인지도 모른다, 이것입니다. 어떤 외부의 여건으로 말미암아 죽는 것은 아무것도 아닙니다. 스스로 목숨을 끊는 사람이 이렇게나 엄청나게 많은 것입니다. 14,000명이 한 해에 목숨을 끊는데, 상당수가 젊은이들입니다. 놀랍지 않습니까. 그런데, 이 모든 자살의 원인이 무엇인지 전문으로 연구한 심리학자들의 답은 간단합니다. 외로움입니다. 외로워서 그렇다는 것입니다. 고독입니다. 고독은 곧 행복의 문제입니다. 경제적으로 채워질 문제가 아닙니다. 부요의 문제가 아닌 것입니다. 이것은 존재의 문제입니다. 행복에는 첫째로 biological, 생리학적인 행복이 있고, 둘째로 philosophical, 철학적인 행복이 있고, 셋째로 theological, 신학적인 행복이 있습니다.

여러분, 행복은 소유의 문제가 아닙니다. 행복은 가치관의 문제입니다. 우리는 알고, 느끼고, 창조할 때 비로소 행복한 것입니다. 이걸 잊지 말아야 합니다. 우리는 소유라고 하는 것, 얻는다는 것을 행복으로 생각합니다. 이것은 생리학적인 행복입니다. 동물이 배고플 때 먹고, 배부르면 누워서 잠자고…… 이런 것들 말입니다. 동물이든 사람이든 소유욕은 다 마찬가지입니다. 동물적이고 생리학적인 행복이 있는 것입니다. 다음은 Becoming, '성취'라는 행복입니다. 내가 어떤 사람이 되어가고 있느냐, 하는 것입니다. 그런가 하면, 가장 귀한 행복이 있으니, 바로 Giving, 베푸는 행복입니다. 받는 행복보다 주는 행복이 더 큽니다. 하나님께서는 우리에게 자녀를 생산하는 능력을 주셨습니다. 어린아이가 커가는 모습을 가만히 보십시오. 어린아이는 어머니에게서 사랑을 받으면 행복합니다. 그런가 하면, 어머니는 그 어린아이를 사랑하면서 행복합니다. 그 어린아이와 그 어린아이를 위해서 수고하면서 행복한 어머니—어느 쪽의 행복이 더 크겠습니까? 아마도 자식을 키운다는 것은 Giving이라는 원초적 행복에 대한 수련이라고 생각합니다. 아낌없이 주고, 희생하고, 수고하면서 행복한 것입니다. 아이들을 위해서 그 많은 수고를 하면서 행복한 것입니다. 그것이 인간의 본질이라고 생각합니다. 여러분, 받는 이보다 주는 이가 더 행복한 것입니다. 주는 행복을 모른다면 영영 그는 인간 됨을 잃어버린 것입니다. 그런가 하면, 창조적 행복이 있습니다. 내가 하는 적은 수고로 말미암아 아름다운 역사가 이루어집니다. 자녀가 훌륭하게 커서 자기 길을 걸어갑니다. 창조적 기쁨입니다. 무엇인가 나를 통하여 하나님의 뜻 가운데서 이루어져 가는 것을 보고 느낄 때, 그에게 진정한 행복이 있는 것입니다.

사도 바울은 행복을 알고 있었습니다. 행복을 느끼고 있었습니다. 그리고 행복한 생을 살고 있었습니다. 지금 사도 바울은 로마 감옥에 있습니다. 인간적으로나, 정치적으로나, 물질적으로 생각하면, 도대체가 상상하기조차 어려운 고난을 치르고 있는 것입니다. 그래서 사실 여부는 알 수 없지만, 제가 로마에 갔을 때 꼭 보고 싶었던 것이 바로 그 바울이 갇혀 있었던 감옥입니다. 그 감옥은 지하실에 있습니다. 바로 그 옆에 원형극장이 있고요. 그 원형극장에서 떠드는 소리가 거기까지 들릴 정도입니다. 그리고 사도 바울을 묶었던 쇠사슬이 아직도 있습니다. 그 깜깜한 감옥 안에서 저 원형극장에서 떠드는 소리를 들으며 사도 바울은 옥중서신을 썼습니다. 빌립보서가 바로 그것입니다. 바울은 그 어려운 고난 속에서도 행복했습니다. 빌립보서의 주제가 무엇입니까? 행복입니다. '나는 행복하다. 너희도 행복해라.' 그렇습니다.

그 행복의 가장 근본이 되는 것은 하나님의 소원입니다. 그걸 내가 알고 있다는 것입니다. 오늘본문 13절에서 그는 이렇게 말합니다. "너희 안에서 행하시는 이는 하나님이시니 자기의 기쁘신 뜻을 위하여 너희에게 소원을 두고 행하게 하시나니." 하나님의 기쁘신 뜻 앞에 내가 있고, 네가 있고, 그리고 오늘의 현실이 있다—그래서 행복합니다. 하나님의 기쁘신 뜻을 알기 때문에 행복합니다. 하나님의 기쁘신 섭리를 알기 때문에 행복합니다. 이 어려운 사건 속에서 하나님께서 이루고자 하시는 신비로운 구원의 역사를 창조해 가고 있는 것을 느끼기 때문에 그는 감옥에 있으면서도 행복했습니다.

My way가 아니라, His way입니다. 내 뜻이 아니라, 그분의 뜻이 이루어지는 것을 보면서 행복한 것입니다. 먼저, 기본적으로 하나님의 자녀 된 정체성을 말합니다. "나는 하나님의 자녀다. 하나님의 사람이다. 하나님의 사역을 위해서 내가 감옥에 있다." 이런 인식으로 말미암아 그는 행복했던 것입니다. 그래서 빌립보서 1장 12절에서 유명한 말을 합니다. "나의 당한 일이 복음의 진보가 된 것을 너희가 알기를 바라노라." 저는 이 말씀을 늘 사랑합니다. 나의 당한 일, 과거도 현재도 미래도 내가 당하는 모든 일들을 합해서 복음의 진보가 된 것을 알기를 바란다―

여러분, 오늘 우리가 당하는 코로나라고 하는 사건도 은혜 가운데서 생각해보십시오. 분명, 복음의 진보가 될 것이며, 복음의 진보가 되는 사건으로 발전할 것입니다. 사도 바울은 그렇게 알았기 때문에 행복했습니다. 개인적으로는 빌립보서 3장 12절이 제가 가장 좋아하는 요절입니다. "그리스도께 잡힌 바 된 것을 잡으려고 좇아가노라." 잡힌 바 되었다―무슨 뜻입니까? 노예가 되었다, 포로가 되었다, 이것입니다. 그렇습니다. 그는 다메섹 도상에서 예수의 포로가 되었습니다. 이제는 자기의 의지, 자기가 지나온 생, 자기의 명예 따위는 다 버리고, 나를 붙잡으신 그 주군께 충성을 다하고 있습니다. 그러면서 하는 말입니다. "그리스도께 잡힌 바 된 그것을 잡으려고 좇아가노라." 잡힌 바 되었다는 말은 억지로 되었다는 뜻입니다. 피동적입니다. 그러나 '좇아가노라'는 자동적이요 자발적입니다. 억지로 된 것이 선택한 것으로, 수동적으로 된 것이 능동적으로 한 것으로 바뀐 것입니다. "잡힌 바 된 것을 잡으려고 좇아가노라. 그래서 나는 감옥에 있다. 그런고로 나는 행복하다."

또, 사도 바울은 말합니다. "나의 수고가 헛되지 아니하고……" 저는 이 말씀이 너무나 마음에 와닿았습니다. 수고가 헛되지 않다—여러분, 헛되지 않은 수고가 몇 가지 있습니까? 우리가 많은 일을 해보지만, 하다 보면 잘못되고, 헛되고, 완전히 헛수고인 경우가 너무나 많습니다. 그러나 사도 바울은 말합니다. "헛되지 아니하다. 내가 하는 수고는 헛되지 않다." 이것이 바울의 마음을 기쁘게 한 것입니다. 현대에서 가장 큰 문제가 허무주의입니다. 모든 일이 의미가 없다는 것입니다. 심지어는 자식을 위해서 수고를 많이 하고도 '어느 순간에 가서 내가 저걸 낳고 미역국을 먹었나? 헛되다!' 합니다. 여러분, 그 수고가 정말 헛된 것입니까? 헛되다고 생각하는 순간, 그는 불행합니다. 그러나 헛된 것이 아닙니다. 어떤 수고도 헛된 것이 아닙니다. 바울은 그것을 깨닫고 있습니다. 그래 더 놀라운 말을 합니다. "그리스도의 날에 자랑할 것이 있게 하려 함이라." 오늘 이 땅에서는 아닙니다. 주님 앞에 갔을 때 자랑할 것이 있도록 거기에 자랑을 축적하고 있는 것입니다. 그리스도의 날에 자랑할 것이다—얼마나 귀중한 이야기입니까. 우리가 좀 더 실제적으로 생각하더라도 세월을 살아가면서 지난 일을 돌아볼 때 자랑스럽습니다. "그것 참 자랑스러웠다. 그것 참 잘된 일이었다." 세월이 가면 갈수록 자랑스럽게 느껴지는, 그것이 바로 행복입니다.

반대로 생각하면, 지난 일이 전부 다 후회스럽습니다. 그러면 잘못한 것입니다. 이것도 잘못이었고, 저것도 잘못되었습니다. 가슴을 치고 회개해도 돌이킬 길이 없습니다. 이것이 불행입니다. 그러나 행복한 사람은 자랑스럽습니다. 저는 자랑이라고 하면 꼭 잊히지 않고 생각나는 것이 하나 있습니다. 제가 1963년, 프리스턴 신학교에 가서 공부할 때입니다. 그때 그 신학교에는 여학생이 없었습니다. 그곳은 남자학교였습니다. 그러니까 거기 다니는 젊은 남학생들이 여자가 보고 싶어서 주말이 되면 한 번씩 이웃 여자대학에서 여학생들을 데려옵니다. 그러면 Grey Hound Bus에 예쁜 여학생들을 가득 태운 버스 수십 대가 와서 죽 늘어섭니다. 그러면 그 버스들에서 예쁜 아가씨들이 우르르 내립니다. 그리고 거기서 프리스턴 대학생들과 함께 앉아 저녁 6시부터 11시까지 파티를 열고 데이트를 하는 것입니다. 춤도 춥니다. 요란합니다. 그 시간에는 너무나 시끄러워서 도무지 공부를 할 수가 없습니다. 그래 밖으로 나가서 그들이 노는 것을 구경해보았습니다. 그렇게 잘들 놀다가 11시가 딱 되면 여학생들을 다시 버스에 모두 태워서 돌려보냅니다.

그렇게 돌아갈 때 한 예쁜 아가씨가 잘생긴 남학생 하나를 붙들고 이름과 전화번호를 알려달라고 사정합니다. 하지만 절대 이름도 말하지 않고, 전화번호도 가르쳐주지 않습니다. 그러고는 우리 즐거웠다고, "안녕, 굿바이!" 하고 맙니다. 여학생은 이제 막 울면서 애원합니다. 그래도 가르쳐주지 않습니다. 제가 옆에서 그걸 보다가 그 남학생에게 한마디 했습니다. "저 여학생 되게 예쁜데, 왜 기회를 놓치나? 저렇듯 애절하게 간청하는데, 전화번호 좀 가르쳐주면 안 돼? 이름이라도 좀 가르쳐주지?" 그랬더니 "No!" 합니다. 절대 안 된다는 것입니다. 이에 제가 한마디를 더 했더니, 대답을 간단하게 합니다. "It's my pride." 프린스턴을 위한 프라이드다, 프린스턴의 자존심이다, 이것입니다. 그다음 말이 중요합니다. "저런 아가씨 하나 때문에 내가 공부를 망칠 수는 없잖아?" 중요한 이야기입니다. 프라이드, 자존심이 다 망가지면 안 되는 것입니다. 그럼 행복이 없으니까요. "과거를 생각할수록 잘한 것 같아. 지금 하고 있는 일도 너무너무 좋아. 앞이 환해." 자존심과 정체 의식이 무너지면 살았어도 죽은 것입니다. 자랑이 있어야 합니다.

사도 바울에게는 더더욱 중요합니다. 그리스도의 날에 Eschatological Pride, 종말론적인 자랑입니다. "그리스도의 날에 너희는 나의 자랑이 되고, 나는 너희 자랑이 되리라." 사도 바울은 말합니다. 그리스도의 날에 자랑을 두고 오늘을 산다는 말입니다. 그런가 하면, 사도 바울은 특별히 행복할 만한 자격이 있는 사람입니다. 행복을 느끼고, 행복대로 행복을 살았습니다. 희생을 기뻐했기 때문입니다. "믿음의 제물 위에 내가 나를 관제로 드릴지라도 기뻐하리라" '관제'라는 말은 '선지피를 붓는다'라는 뜻입니다. 피를 붓는다는 행위를 말합니다. "내가 너희들의 그 믿음 위에, 그 희생 위에, 그 봉사 위에 피를 쏟아붓는다. 너희들이 너무나 잘하고 있다. 그런고로, 나는 이대로 피를 쏟아부어서 제물이 되어도 좋다."

여러분, 이런 행복 느껴보았습니까? 이렇게 한번 말해보았습니까? "내가 너를 위해서는 이대로 죽어도 좋다." 그럴 수 있을까요? "내가 지금 하고 있는 일을 위해서는 이대로 죽어도 좋다. 아니, 여기서 생이 끝나도 나는 행복하다." 사도 바울은 그렇게 행복을 살았습니다. 그렇게 순간순간을 보냈습니다. 믿음과 제물 위에 내가 나를 관제로 드릴지라도 나는 기뻐하리라―간혹 연애하는 사람들의 대사 속에 이런 말이 나옵니다. "너무 행복하면 이대로 눈을 감아도 좋다." 그럴까요? 아니, 그래도 그것은 좋다고 생각합니다. 일생에 단 한 번이라도 그런 시간을 가져봤어야 합니다. "이대로 죽어도 좋다. 이대로 죽어도 여한이 없다. 관제로 드릴지라도 나는 기뻐하리라." 이것이 사도 바울의 행복관입니다. 그 극치라고 생각합니다. 그뿐만이 아니라, 함께 기뻐합니다. 이와 같이 너희도 기뻐하고, 나와 함께 기뻐하자ー

여러분, 행복은 단독이 아닙니다. 행복은 독선이 아닙니다. 음식을 먹어도 함께 먹고, 이야기를 해도 함께 할 때, 거기에 행복이 있는 것입니다. 예수님께서 말씀하십니다. "두세 사람이 내 이름으로 모이면 그곳에 내가 함께하리라." 얼마나 '함께'라는 말이 중요합니까. 기쁨이란 혼자만의 것이 아닙니다. 나 혼자만 행복할 수는 없습니다. 기쁨은 함께 얻는 것입니다. 사도 바울의 그 놀라운 행복관, 이런 큰 행복으로 말미암아 빌립보 교회와 모든 사람이 함께 기뻐하게 된다, 이 말입니다. 성공적인 인간이란 사랑의 대상이 있고, 사랑하는 이를 위해 희생할 마음이 있고, 그 희생을 기뻐하고, 그 희생으로 말미암아 오늘 아름다운 열매를 보는 것에 행복이 있는 것입니다.

이름은 말씀드리지 않겠습니다마는, 지금 백 세가 된 대학교수가 있습니다. 그는 오래전, 그러니까 한 30년 전에 아내를 잃었습니다. 그런데, 제가 알기로는 상처하기 전에 10년이 넘도록 사모님에게 치매가 있었습니다. 그 치매에 걸린 사람을 돌아보느라고 그분이 고생을 많이 했습니다. 옆에서 위로하기도 힘들 정도로 너무나 어려운 시간을 보냈습니다. 그러다가 사모님이 돌아가셨습니다. 20년 동안이나 병 가운데 있었던 아내를 위해 줄곧 시중들고 봉사했는데, 그 아내가 기어이 세상을 떠난 것입니다. 그다음에 그 교수님이 한 마디 하는 것을 제가 직접 들었습니다. "살아있을 때는 솔직히 그렇게 편하게 생각하지 못했어. 때로는 '그저 빨리 갔으면 피차가 좋을 텐데'라는 생각도 했어." 그러나 막상 가고 나니까 이제는 자신이 살아야 할 이유가 없다는 것입니다. 위하여 희생하고, 위하여 사랑하고, 위하여 수고할 대상이 없으니까 내가 살아야 할 이유가 없어지더라, 이것입니다. 이런 철학적인 이야기를 했습니다.

여러분, 깊이 생각해야 합니다. 참으로 사랑하고, 참으로 희생할 때 그 사랑과 희생 속에서 나의 행복을 찾는 것입니다. 나의 높은 행복을 사랑하는 것입니다. 예수님께서는 십자가를 지시기 전날 밤 이렇게 말씀하셨습니다. "내 기쁨을 너희에게 주노라. 이것은 세상이 주는 기쁨과는 다르다. 너희는 나를 떠날 것이다. 나는 혼자 있는 것이 아니다. 아버지께서 나와 함께하시느니라." 예수님께서는 고독하지 않으셨습니다. 이걸 잊지 말아야 합니다. 고독이란 가장 무서운 시험입니다. 조용하게 다가오는, 죄가 아닌 것 같으면서도 가장 무서운 죄가 바로 고독이라는 것입니다. 이걸 잊지 말아야 합니다. 시험에 빠져서는 안 됩니다. 항상 새로운 마음으로 행복을 재확인해야 합니다. 내가 하나님의 자녀 된 것을 확인하고, 내가 하나님의 사람됨을 확인하고, 하나님의 사람으로, 하나님의 소원 속에서 역사하고 있음을 확인하고, 그리고 내 적은 수고와 희생을 통하여 아름다운 복음의 역사가 이루어지는 것을 환히 전망하면서 사도 바울처럼 고백하는 것입니다. "그리스도의 날에 너희는 나의 자랑이 되고, 나는 너희의 자랑이 되리라! 나는 기뻐하노라!" 그 행복, 그 넘

치는 행복이 항상 우리 생활에도 현실적으로 함께해야 한다고 생각
합니다. △

가장 큰 행복을 느낀 사람

　　형제들아 내가 너희와 같이 되었은즉 너희도 나와
같이 되기를 구하노라 너희가 내게 해롭게 하지 아니
하였느니라 내가 처음에 육체의 약함으로 말미암아
너희에게 복음을 전한 것을 너희가 아는 바라 너희를
시험하는 것이 내 육체에 있으되 이것을 너희가 업신
여기지도 아니하며 버리지도 아니하고 오직 나를 하
나님의 천사와 같이 또는 그리스도 예수와 같이 영접
하였도다 너희의 복이 지금 어디 있느냐 내가 너희에
게 증언하노니 너희가 할 수만 있었더라면 너희의 눈
이라도 빼어 나에게 주었으리라 그런즉 내가 너희에
게 참된 말을 하므로 원수가 되었느냐
　　　　　　　　　　(갈라디아서 4 : 12 - 16)

가장 큰 행복을 느낀 사람

6·25전쟁 때 있었던 실화입니다. 미국 샌프란시스코의 외곽에 있는 으리으리한 저택으로 한밤중에 전화가 걸려 왔습니다. 그리도 기다리던 아들의 전화입니다. 한국전쟁에 참전했던 아들이 이제 드디어 제대하고 집으로 돌아온다는 소식이었습니다. 그런데, 이 아들의 전화에서 특별한 말이 이어졌습니다. "저와 여기서 전우로 가까이 지내는 친구가 있습니다. 그는 한쪽 눈, 한쪽 팔, 한쪽 다리에 부상을 입었어요. 한쪽 다리는 끝내 절단했고요. 제가 한평생 같이 살고 싶어서 그를 데리고 가려 합니다. 만일 여의치 않다면 다만 1년이라도 이 친구와 같이 살고 싶습니다." 그때 이 아들의 말을 듣고 있던 어머니가 이렇게 대답했습니다. "얘야, 네가 군대생활을 오래 하면서 너무나 감상적인 인간이 되었구나. 지금은 그렇게 네가 그 친구를 동정해서 같이 데리고 있고 싶어 하지만, 그는 장차 네게 큰 짐이 될 것이다. 지금이야 친구로 그렇게 같이 살 수 있겠지만, 얼마 지나지 않아 네게 몹시도 무거운 짐이 될 것이다." 그 순간 전화가 끊어졌습니다. 그리고 몇 시간 뒤에 해군본부로부터 집으로 전화가 걸려 왔습니다. 충격적인 소식이었습니다. "아드님께서 호텔 12층에서 투신했습니다." 여러분, 이것은 실화입니다.

사랑할 때 '내가 사랑하는 사람이 사랑받을 만한가? 내가 사랑할 만한 가치가 있나? 이 사랑을 주면 어떤 결과가 오나? 어떤 보상이 있나? 어떤 대가가 주어지는 것인가?' 이런 생각을 하면 사랑이 아닙니다. 사랑은 아무 보상도 바라지 않을 뿐만 아니라, 그다음에 어떻게 되느냐 하는 가치판단도 있을 수 없습니다. 무조건 사랑해야 사랑입니다. 물론, 사랑받는 사람으로서는 이렇게 생각할 수 있습니다. '나한테 이런 사랑을 받을 만한 가치가 있을까? 나는 이런 사랑에 보답할 수 있을까? 나는 저분의 뜻에 따라 어떤 수준의 인격을 갖출 수 있을까? 나는 사랑받을 만한 존재가 될 수 있을까?' 하지만, 이렇게 존재가치를 평가하면 그것은 사랑이 아닙니다. 사랑은 수용입니다. 무조건적 수용입니다. 무조건 사랑하고, 무조건 받아들여야 합니다. 한데, 이 무조건 사랑한다는 것까지는 어느 정도 생각할 수 있습니다. 그러나 내가 무조건적인 사랑을 받아들여야 한다는 점에 대해서는 전혀 생각하지 못합니다. 내가 사랑받을 만한 존재입니까? 내가 정말 그 사랑의 열매를 맺었습니까? 그 사랑에 대한 보답이 있었습니까? 사랑은 그런 것입니다. 깊이 생각해야 합니다.

조금 우스운 이야기입니다. 1978년에 저는 이화대학 총장의 특별부탁을 받고 '배우자 선택에 대하여'라는 제목으로 학생 수천 명이 모인 대강당에서 2시간 동안 강연을 한 적이 있습니다. 주제는 간단히 '어떤 사람하고 결혼해야 할까?'였습니다. 저는 그때 마침 한가하여 로스앤젤레스 도서관에 가서 책 한 권을 읽었습니다. 「세상에서 가장 아름다운 여자」라는 제목이 너무나 좋았습니다. 얼마나 재미있던지, 한 나절만에 다 읽었습니다. 그때 읽었던 내용이 지금까지도 아주 선명하게 머릿속에 남아있습니다. 그때나 지금이나 여자를 판단하는 기준은 똑같습니다. 가장 아름다운 여자가 누구냐? 첫째는 깨끗한 여자입니다. 아무리 예쁘다고 하더라도 세수하지 아니한 얼굴을 예쁘다고 할 사람은 없습니다. '단정하고 깨끗해야 한다. 무조건 단정하고 깨끗한 것이 중요하다. 몸도 마음도 깨끗해야 한다.' 둘째는 수용성입니다. 듣고 받아들이려는 자세, 사람을 영접하는 수용적 자세입니다. 인간관계에서는 항상 받아들이는 자세가 좋아야 합니다. 그런가 하면, 셋째가 영접하는 것, 접대하는 것입니다. 차를 우려내어 대접하고, 음식을 만들어 대접하고…… 이렇게 대접하는 것을 즐기는 사람입니다. 가족을 위해서 음식을 만드는 것을 노동으로 생각하는 사람은 가정을 이룰 자격이 없습니다. 그 자녀들을 위해서 음식을 만들고, 남편을 위해서, 식구를 위해서 음식을 만드는 일 자체가 즐거워야 합니다. 한마디로, 부엌 생활이 즐거워야 아름다운 여자입니다. 차를 끓이면서 '내가 어쩌다가 이 팔자가 됐나? 나는 왜 이런 일을 해야 하나?'라고 생각하는 사람은 아름다운 여자가 아닙니다. 이런 내용의 책이었습니다.

그런데, 강연을 하고 났더니, 앞에 앉은 한 여학생이 질문이 있다며 손을 번쩍 들어 올렸습니다. 그래서 물어보라고 했더니, 그 예쁜 여학생이 자리에서 벌떡 일어서서 아주 맹랑한 질문을 합니다. "만일에 교수님이 지금 총각이시라면 어떤 여자와 결혼하시겠습니까?" 그래서 제가 한참 웃다가 이렇게 말했습니다. "아, 정말 그 질문, 구체적으로 해줘서 참 고맙구먼!" 그리고 이렇게 한마디 했습니다. "내가 좋아하는 여자는 예쁜 여자는 아니야. 나는 생김새는 상관없어. 그런데, 딱 한 가지, 수용성이 좋은 여자라야 해." 그러면서 덧붙였습니다. "예를 들면, 내가 무슨 말을 한다고 치자. 그러면 그 말을 귀담아듣다가 '아, 그렇네요. 나도 그런 생각을 해요. 아, 어쩜 내 생각하고 그렇게 같아요?' 하는 여자 말이야. 반대로, 내가 무슨 말을 하면 '말도 안 돼! 정신 나갔어요?' 하고 반응하는 여자하고는 살기 힘들 것 같다. 그건 아름다움이 아니니까."

여러분, 사랑이란 무엇이겠습니까? 세 가지 차원에서 생각해야 합니다. 중요합니다. 먼저, 이성적 사랑이 있습니다. 이것은 지식으로 판단하는 것입니다. 사랑할 만한 이유가 있습니다. 수준에 맞아야 합니다. 대화가 되어야 합니다. 지적으로 걸맞은 상대가 되어야 하는 것입니다. 그래야 사랑하게 됩니다. 왜 그렇습니까? 상대가 하는 말이 옳으니까요. 이성으로 판단하여 '그의 생각이 옳다. 나와 같다. 내가 생각했던 것과 마찬가지다' 하고 이성적으로, 지성적으로 사랑을 받아들이는 것입니다. 또한, 받아들이는 사랑이 있습니다. 가슴으로 받는 것입니다. 흔히 유행가 가사처럼 무작정 좋은 것입니다. 그냥 미치는 것입니다. 이유를 묻지 말아야 합니다. 무작정 그냥 좋은 것, 그냥 가슴으로 받아들이는 사랑입니다. 마지막으로, 헌신하는 사랑이 있습니다. '저분을 위해서라면 이대로 죽어도 좋다.' 이런 마음입니다.

사도 바울도 그랬습니다. 지난 주일 설교에서 말씀드린 것처럼 "너희 믿음과 봉사 위에 내가 나를 관제로 드릴지라도 나는 기뻐하리라. 너희를 위해서라면 내가 피를 쏟아 붓고 오늘 죽어도 나는 기뻐하리라" 하는 것은 이론적으로 따질 문제가 아닙니다. 전적으로 받아들이는 의미의 헌신적 사랑이 있는 것입니다. 그런데, 문제는 무엇입니까? 사랑은 믿어야 하는 것입니다. 믿지 않으면 사랑이 아닙니다. 어떤 사랑도 믿을 때만 사랑으로 응답합니다. 하나님께서 우리를 사랑하셨다—요한복음 3장 16절입니다. "하나님이 세상을 이처럼 사랑하사 독생자를 주셨으니……" 여러분, 이걸 우리가 믿습니다. 믿는 순간 어떤 반응이 옵니까? '내가 이 사랑을 받을 만한가? 내가 이 사랑을 받을 만한 존재가 되고 있나? 또, 그 사랑의 열매를 맺고 있나?' 여기서 좋게 출발하다가 점점 사랑이 식고, 사랑의 배신자가 되는 것입니다. 사랑받았다—여기서 사랑의 정체 의식을 가져야 합니다.

저는 신약성경 누가복음 15장에 나오는 탕자를 볼 때마다 웃습니다. 탕자가 집을 나갔다 돌아왔습니다. 형편없는 몰골입니다. 돌아오는 목적도 다만 먹는 것입니다. '아버지 집에는 먹을 것이 많은데……' 하면서 돌아온 것입니다. 그러니까 무슨 좋은 마음으로 돌아온 것이 아닙니다. 그렇게 돌아와서 보니, 아버지가 자기를 격하게 환영해줍니다. "반지를 끼워라. 옷을 입혀라. 신을 신겨라. 소를 잡아라. 잔치하자. 나는 즐겁다. 아, 죽었던 아들이 살아 돌아왔다!" 그러니, 이제 아들은 어떻게 해야겠습니까? 저는 이 아들이 참 한심하고, 체면도 없다고 생각합니다. 만일 이렇게 말했다면 어떻게 되었겠습니까? "아버지, 너무 그러지 마세요. 제가 많이 부끄럽습니다. 제 꼴이 말이 아닙니다." 이것이 이치에 맞지 않습니까. 하지만, 이 아들은 참 뻔뻔스럽습니다. 떡하니 앉아서 그 잔치를 다 받아먹고 있습니다. 형이 질투하는 걸 뻔히 알면서도 그 잔치를 다 누렸습니다. 그런데 여러분, 이 뻔뻔스러움이 바로 믿음입니다.

제가 어느 가정에 심방을 가서 누구더러 예수 믿으라고 했더니, 그 사람이 예수 믿는 사람을 비난하는 것이었습니다. 부인은 예수 믿고, 자기는 안 믿는데, 예수 믿는 사람을 비난합니다. "밤낮 회개하고, 밤낮 죄짓고, 밤낮 회개하고, 밤낮 죄짓고…… 이젠 좀 그만하지!" 그러면서 하는 말이 이랬습니다. "예수 믿는 사람들은 체면도 없다고 합니다. 뻔뻔스럽습니다. 밤낮 죄짓고, 또 회개하고, 밤낮 죄짓고, 또 회개하고…… 그게 도대체 뭡니까?" 그래서 제가 간단하게 대답했습니다. "원래, 뻔뻔한 것, 그게 믿음입니다."

그렇습니다. 자격이 없습니다. 앞으로 보장도 없습니다. 그러나 감사하는 것입니다. 이것이 사랑입니다. 이것이 사랑에 대한 수용이고 믿음입니다. 이걸 잊지 말아야 합니다. 그러니까 사랑받는 사람의 처지에서 그 자격이나 형편이나 장래의 보장 따위는 전혀 생각하면 안 되는 것입니다. 그것은 사랑이 아닙니다. 사랑하는 입장에서 생각해야 합니다. '이 사람이 어떻게 될 것인가? 사랑할 만한 자격이 있나?' 그다음에 '이 사람이 사랑의 열매가 있을 것인가? 경건하게 살 것인가? 보답을 할 것인가?' 하고 생각하면 세상에 사랑할 만한 사람이 어디 있겠습니까. 사랑할 때는 무조건 그 장래가 어떻고, 보상이 어떻고…… 이런 것은 전혀 생각하지 말고 사랑하는 것입니다. 그런가 하면, 더 중요한 것은 사랑받는 입장입니다. '내가 이 사랑을 받을 만한가? 하나님께서 세상을 이처럼 사랑하사 독생자를 주셨는데, 나는 이 거룩한 사랑을 받을 만한가? 내가 과연 그런 존재인가?' 이렇게 스스로에게 한번 물어보시기 바랍니다. 그래서 종교개혁자들은 하나같이 말합니다. '무자격한 가운데, 전혀 자격이 없고, 소망도 없는 가운데 사랑을 받는 것이다.' 아무 보장도 없습니다. 또, 보장 여부를 묻지도 않습니다. 이것이 사랑입니다. 이런 수용의 자세가 필요합니다. 사랑을 받으면서 '내가 이 사랑을 받을 만한가, 받을 만하지 못한가?' 하고 생각하면 안 됩니다. '이 사랑의 결과가 어떻게 될 것인가?' 하고 생각해서도 안 됩니다. 오직 사랑하는 자만을 생각해야 합니다. 사랑하는 자의 마음만 받아들이는 것입니다. 탕자가 그 아버지의 마음을 받아들이는 것입니다. 내 아들이 죽었다가 살아 돌아왔다고 기뻐하는 그 마음만 그대로 수용하는 것이 사랑이지, '내 체면이 말이 아닌데, 내가 이 사랑을 받고 나서 사람 구실을 할 수 있을 것인가?' 하는 것을 왜 생각합니까? 그것은 사랑이 아닙니다. 오늘본문은 제가 개인적으로 매우 중요하게 여기는 말씀입니다.

사도 바울은 육체의 가시, 사탄의 사자가 있었습니다. 그것이 무엇인지 알 수 없지만, 제가 개인적으로 연구해서 파악한 대로는 간질병입니다. 그는 간질병 때문에 종종 쓰러졌습니다. 저는 고맙게도 중학교 2학년, 3학년 때 간질병 환자하고 짝을 했습니다. 얘가 밤낮 쓰러지는 걸 제가 여러 번 직접 보았습니다. 제가 예수 믿는다고 간질병 환자랑 앉으라고 해서 같이 집에 데리고 가서 놀기도 하고, 그 집에 가기도 하면서 밤낮 쓰러질 때마다 제가 그 아이를 돌보았습니다. 간질병, 별것 아닙니다. 한 15분 있으면 털고 일어납니다. 그런데, 쓰러질 때는 소리 지르고, 그냥 거품을 물고 그러지만, 늘 보니까 별것 아니었습니다. 그래서 제가 이 본문을 중요하게 여깁니다. 사도 바울이 말합니다. "내가 너희 가운데 있을 때에 너희의 믿음을 시험할 만한 것이 내 육체에 있으되 너희가 나를 업신여기지 아니하고 그리스도와 같이 영접했느니라." 귀한 말씀입니다.

그런데, 오늘본문에 특별한 구절이 하나 있습니다. 육체의 약함으로 복음을 전했다―이것은 정말 바울에게 물어봐야만 알 수 있는 특별한 의미의 말씀입니다. '육체가 약함에도 불구하고'라는 말이 아닙니다. 헬라어 원문대로 보면 '육체의 약함으로 복음을 전했다'입니다. 고린도후서에 이런 말씀이 있습니다. "내가 복음을 전하지 아니하면 화가 있으리라 저주받을 것이다." 그런 사도 바울의 전도 의식이 있습니다. 그러나 육체의 약함으로 말미암아 복음을 전했다―그것은 참 비겁하기도 하고, 초라하기도 하고, 자기를 비하하기 쉬운 말입니다. 내가 건강하면 밖으로 나갈 사람이지만, 병들었기 때문에 경건한 것입니다. '내가 일이 잘되면 세상으로 나갈 사람이지만, 병들었기 때문에 나는 겸손하게 복음을 전해야 해.' 이런 의미입니다.

육체의 약함으로—아마도 간질병은 갈라디아서에 있는 말씀대로일 것입니다. "너희 가운데 있을 때에 너희의 믿음을 시험할 만한 것이 내 육체에 있으되 나를 업신여기지 아니하고 그리스도와 같이 영접했느니라." 그는 감사하고 있습니다. 그 장면을 잘 생각해보시기 바랍니다. 드라마틱합니다. 사도 바울이 갈라디아 교회에 가서 설교하다 말고 쓰러졌습니다. 다들 얼마나 놀랐겠습니까. 그러나 갈라디아 교인들은 놀라지 않았습니다. 사도 바울을 업신여기지도 않았습니다. "주의 종이, 남의 병을 고친다고 하는 사람이 뭐 저 모양인가?" 이러지 않았습니다. 그리스도와 같이 영접했습니다. 그것이 너무나 고마웠습니다. 사도 바울은 받아들이는 마음이 좋았습니다. "나 같은 사람을, 이렇게 부족한 사람을 너희가 그리스도와 같이 영접했느니라." 참으로 감사하다—이제 다시 이어 나갑니다. "너희가 할 수만 있었다면 자기의 눈이라도 빼어주었으리라." 기가 막힌 이야기입니다. 여러분, 이런 생각 해보았습니까? 여러분은 주변의 사랑을 받고 있습니까? 아내의 사랑, 남편의 사랑, 자식의 사랑……다 좋습니다. '내가 필요하다면, 저 사람은 나를 위해 자기 눈이라도 빼어줄 것이다.' 이런 생각 해보았습니까? 이렇게 느낀다면 그는 세상에서 제일 행복한 사람입니다. 주변에 있는 사람들을 생각해보시기 바랍니다. 남편, 나를 위해서라면 어떨까요? '내 자녀가, 내 이웃이, 우리 교인들이 나를 위해서라면 눈이라도 빼어줄 것이다.' 그것을 받아들이는 마음, 그런 수용적 자세가 얼마나 소중합니까. 바울은 그런 사람입니다. 그런 믿음의 사람이었습니다.

여러분은 주위에서 사랑을 받고 삽니까? '이 사람이 나를 얼마나 사랑하나?' 이렇게 저울질하고, 의심하고, 평가합니까? 아닙니다. '내가 필요하다면 나를 대신하여 죽을 수도 있는 사람이다. 자기눈이라도 빼어줄 수 있는 사람이다.' 그런 사람들로 둘러싸여 있다면 얼마나 행복한 사람이겠습니까. 그것이 바로 믿음생활, 신앙생활입니다. 주님께서 우리를 위하여 십자가를 지셨습니다. 바울은 그의 편지에서 계속 말합니다. "그리스도께서 위하여 죽으신 형제를 망하게 하지 마라." 사람을 평가할 때 그의 장래가 어떻고, 소망이 어떻고, 가치가 있느냐 없느냐…… 아닙니다. 딱 하나, 그리스도께서 위하여 죽으신 형제—이렇게 하고 이웃을 보았습니다. 오늘 사도 바울의 이 귀한 마음을 생각해보십시다. "너희가 나를 위해서라면 눈이라도 빼어주었으리라." 그런 사랑하는 사람들 속에 둘러싸여 있습니다.

얼마 전에 우리 교회 나오는 집사님 한 분이 세상을 떠났습니다. 그분이 한 2년 전에 참 회사가 어려운데도 불구하고 4천억이라는 돈을 풀어서 직원들에게 다 나눠준 일이 있었습니다. 그 일이 신문에도 크게 났습니다. 제가 그 신문을 보고 예배 마치고 나갈 때 예배당 문 앞에서 그분의 손을 딱 붙들고 "어떻게 그런 마음을 가지셨습니까? 어떻게 그 많은 돈을 풀어서 직원들에게 나눠주셨습니까?" 하고 칭찬했습니다. 그랬더니, 그분이 빙그레 웃으면서 딱 한 마디 합니다. "고마워서 그랬습니다. 저는 편히 잠을 잡니다마는, 저 사람들은 밤잠도 못 자고 연구합니다. 연구실에서 밤을 새웁니다. 그렇게 수고하는 것이 너무나 고마워서 뭘 어떻게 좀 도와주고 싶었지만, 형편이 여의치 않았는데, 마침 돈이 좀 생겼기에 고마운 마음을 갚고자 그렇게 했습니다." 이 얼마나 귀한 마음입니까.

　여러분, 병원에 가 계십니까? 간호사들이 환자들을 위해서 수고하는 것, 얼마나 고맙습니까. 의사들이 피를 묻혀가며 수고하는 것, 얼마나 고맙습니다. 항상 고마운 것입니다. 사실 그 고마워하는 마음 자체가 행복한 것입니다. 이것이 바로 수용성입니다. 사랑에 대한 번역이 있습니다. 누구와 사랑하느냐, 왜 사랑하느냐는 묻지 마십시오. 그것은 사랑이 아닙니다. 자격이 있느냐, 없느냐? 이 사랑의 결과가 어떻게 될까? 이것도 묻지 마시기 바랍니다. 사랑이 아닙니다. 이 사랑에 소망이 있나, 장래성이 있나? 묻지 마시기 바랍니다. 절망은 사랑에 대한 배신입니다. 참된 사랑은 그저 받아들이는 것입니다. 가슴을 열고 무궁무진한 하나님의 사랑을 그대로 받아들이는 것, 주변 사람들의 사랑을 바울처럼 받아들이는 것, 그것입니다. '내 주변 사람들은 내가 혹 실수를 하더라도 나를 그리스도와 같이 영접하는 사람들이고, 내가 필요하다면 눈이라도 빼어줄 사람들이다. 그들이 여기에 있다.' 그런 사람, 그런 사랑 속에 내가 앉아 있는 것입니다. 이것이 그리스도인의 신앙 의식입니다.　△

가장 큰 행복을 찾은 사람

이러므로 우리가 하나님께 끊임없이 감사함은 너희가 우리에게 들은 바 하나님의 말씀을 받을 때에 사람의 말로 받지 아니하고 하나님의 말씀으로 받음이니 진실로 그러하도다 이 말씀이 또한 너희 믿는 자 가운데에서 역사하느니라 형제들아 너희가 그리스도 예수 안에서 유대에 있는 하나님의 교회들을 본받은 자 되었으니 그들이 유대인들에게 고난을 받음과 같이 너희도 너희 동족에게서 동일한 고난을 받았느니라 유대인은 주 예수와 선지자들을 죽이고 우리를 쫓아내고 하나님을 기쁘시게 하지 아니하고 모든 사람에게 대적이 되어 우리가 이방인에게 말하여 구원받게 함을 그들이 금하여 자기 죄를 항상 채우매 노하심이 끝까지 그들에게 임하였느니라
(데살로니가전서 2 : 13 - 16)

가장 큰 행복을 찾은 사람

　「누가 내 치즈를 옮겼을까」, 「선물」과 같은 명작을 쓴 베스트셀러 작가인 스펜서 존슨의 「행복」이라는, 최근에 나온 책이 있습니다. 이 책에서 그는 행복한 삶을 위한 가장 기초적인 조건이 무엇인지를 우리에게 제시해주고 있습니다. 그것은 바로 자기 자신에 대한 사랑이라고 그는 말합니다. 소유가 아닙니다. 물질도 아니고, 명예도 아니고, 권세도 아닙니다. 가장 중요한 것은 자기가 자기 자신을 사랑해야 한다는 것입니다. 예수님께서는 이웃에 대해서도 깊은 뜻의 말씀을 하십니다. "네 이웃을 네 몸과 같이 사랑하라." 여러분, 한 번 더 생각해보십시오. 이웃을 네 몸과 같이—이 말씀은 자기 자신을 사랑하지 않는 사람은 남을 사랑할 수 없다는 말입니다. 자기 자신을 사랑하지 않기 때문에 남을 사랑할 수 없게 되는 것입니다. 자기 자신을 소중히 여기고 사랑한다는 것이 사랑의 근본임을 예수님께서 암시하고 계십니다.

　자기 자신에 대한 사랑에 대해 그는 깊이 이 문제를 연구하고 우리에게 논리적으로, 체계적으로 설명해주고 있습니다. 자기 자신을 사랑하는 길이 어디에 있습니까? 첫째, 삶을 단순화해야 한다는 것입니다. 생각이 너무 복잡하면 안 됩니다. 단순해야 합니다. 다시 말하면, 과거로부터 '출애굽' 해야 합니다. 자꾸 옛날로 돌아가는 생각을 하면 절대 자기 자신을 사랑할 수 없습니다. 과거는 이미 지나간 것입니다. 교훈이 될 수는 있지만, 다시 과거로 돌아가는 가치관을 가져서는 안 됩니다. 그런가 하면, 미래에 대한 두려움입니다. 미래는 본디 나 자신의 것이 아닙니다. 하나님의 것입니다. 그래서 앞으로 어떻게 되느냐에 대해서는 걱정할 것이 없습니다. 그것은 하나님께 맡기고, 미래에 대한 불안, 불확실성에서 벗어나야 합니다. 셋째가 중요합니다. 다른 사람과 비교하지 말아야 한다는 것입니다. 들을 때는 비교할 수 있는 내용이 되지만, 내적으로 보면 비교할 것이 없습니다. 좋은 집에 산다고 행복합니까? 부자라고 행복합니까? 권세 얻었다고 행복합니까? 전혀 아닙니다. 적어도 우리는 이것은 알고 있습니다. 외적인 상황하고는 관계가 없습니다. 그래서 다른 사람과 비교하지 말아야 한다는 것입니다. 비교하면서부터 불행해집니다.

두 번째로 생각하는 것은 자기 자신의 내면에 대한 성찰이 있어야 한다는 것입니다. 자기 자신을 깊이 성찰해야 합니다. 그런 성찰적 능력과 지혜를 가져야 합니다. 세 번째가 중요합니다. 이것은 '최상의 자기'라고 번역됩니다. Best self, 이 '최고의 자기'에 귀를 기울여야 합니다. 제가 신학대학에서 한 10년 동안 '기독교 윤리'라는 과목을 가르친 적이 있습니다. 그때 가장 중요했던 것은 '가치관'이었습니다. 그 가운데에서도 가장 중요한 것은 스스로에 대한 가치관입니다. 이것을 중심으로 해서 기독교 윤리를 한 학기 동안 가르치는 것입니다. 그렇게 여러 해 동안 가르치면서 제가 얻은 마지막 결론이 있습니다. 가치관의 중심은 딱 한 절입니다. "그리스도께서 위하여 죽으신 형제를 식물로 망하게 하지 말라." 이 한 요절이 제가 한 학기 동안 가르친 기독교 윤리의 중심이었습니다. 그리스도께서 위하여 죽으신 형제를 볼 때 그가 어떤 사람이냐, 그의 과거가 어떠냐, 그의 장래가 어떠냐, 하는 것은 판단할 일이 아닙니다. 딱 하나,

그리스도께서 저분을 위해서 십자가에 죽으셨다―바로 여기에 초점을 맞추고 이웃을 보아야 합니다. 그래야 사랑할 수 있습니다. 그런가 하면, 자기 자신에 대해서도 내가 하나님 앞에 설 때 '그리스도께서 위하여 죽으신 나'에서 자기를 평가해야 합니다. 과거도 아니고, 미래도 아닙니다. 경제력도 아니고, 지식도 아닙니다. 나를 위하여 그리스도께서 십자가에 죽으셨습니다. 그 거룩하고 엄청난 은총의 시각에서 자기를 보아야 한다는 것입니다. 이것이 윤리의 핵심입니다.

　독일의 신학자인 본회퍼는 39살에 순교했습니다. 그가 쓴 글들 가운데 제가 늘 마음에 깊이 감동 받는 것이 하나 있습니다. 그는 이렇게 썼습니다. "나는 '내가 누구냐?'라는 질문에 시달린다. 무슨 일을 할 때, 뭔가를 생각할 때, 어떤 연구를 할 때마다 나는 '내가 누구냐? 내 존재가 뭐냐? 도대체 나는 무엇을 할 수 있는 존재냐? 나는 누구냐?' 하는 문제에 계속 시달리고 있다. 그러나 다시 생각하면, 이처럼 어리석은 질문은 없다. 왜냐하면, 나는 벌써 하나님의 섭리와 능력과 사랑 안에 포로가 되어 있기 때문이다." 내가 나를 평가하기 전에 하나님의 은총 속에 내가 있음을 알면 내가 나를 놓고 뭐가 어떻다고 평가할 필요가 없습니다. 존재가치, 그것은 쓸모가 아닙니다. 효과도 아닙니다. 결과도 아니고, 운명도 아닙니다. 다만, 하나님의 은총이 있을 뿐입니다. 사도 바울은 모름지기 30세를 전후하여 다메섹 도상에서 예수님을 만나 예수님의 포로가 되었고, 사도로서 한평생을 봉사하며 수고했고, 마지막에는 순교까지 합니다. 그의 존재의식은 어디에 있는 것입니까? 사도 바울은 아마도 이렇게 생각한 것 같습니다. '나의 나 됨은 어디에 있느냐?' 갈라디아서 1장 15

절에서 그는 이렇게 말합니다. "내 어머니의 태로부터 나를 택정하시고 은혜로 나를 부르신 이가 이방인의 사도를 만들었다." 시간적으로 보십시오. 어머니의 태로부터—나기 전에, 자신이 나기 전부터 어머니의 태로부터 "나를 택정하사 이방인의 사도가 되었다"라고 말하고 있습니다. 이 시점이 중요합니다. 내가 공부를 잘하고, 내가 건강하고, 내가 능력이 있어서가 아닙니다. '어머니의 태로부터'라고 사도 바울은 생각하는 것입니다. 어머니의 태로부터 택함을 받았다—그런고로, 나한테는 선택권이 없습니다. 그대로 그 은혜에 응답하고 살 뿐입니다.

간증 삼아 한 말씀 드립니다. 목사님들을 모아놓고 세미나를 할 때 가끔 제가 이런 심각한 질문을 받습니다. 본인들도 많이 고민해보고 하는 질문입니다. "목사님, 목사님은 한평생 목사로 사시면서 목사가 되신 것을 후회해보신 일은 없으십니까?" '내가 목사를 하지 말걸······' 하는 생각을 해본 일이 없느냐는 질문입니다. 여러 번 받았습니다. 이것은 당사자도 많이 고민하고 심각하게 던지는 질문입니다. 저는 없다고 대답합니다. 그럼 왜 없는지, 그 이유를 설명해야 하지 않겠습니까. 제가 어렸을 때부터 어머니가 제게 가르쳐주셨습니다. "내가 서른 살에 단산을 했다가 마흔한 살에 너를 낳았다. 내가 10년 동안 기도해서 너를 낳았다. 10년 동안 내가 하루에 두 번씩 교회에 나가서 기도하고 너를 낳았느니라. 그런고로, 너는 목사가 되어야 한다." 이렇게 줄곧 들어왔고, 이와 관련하여 저도 한 가지 사건을 기억합니다. 아주 어렸을 때입니다. 낮잠을 자고 있었는데, 제 친척 되는 분이 어쩌다 제 머리 위를 타 넘고 지나갔습니다. 그때, 평소 그렇게 자비로우셨던 어머니가 갑자기 "어떤 아들인데, 네가 머리 위로 지나가느냐!" 하고 호통을 치셨습니다. 그 모습을 제가 직접 보았고, 기분이 좋았습니다. 그렇게 자랐기 때문에 저는 목사 말고 다른 것은 생각해본 일이 없습니다. 바로 그것입니다. 본질적인 문제입니다. 어머니의 태로부터 택정함을 받아 이방인의 사도가 되었노라―여기에 무슨 다른 비판이나 반성이나 평가가 있을 것입니까. 내가 하나님을 택한 것이 아닙니다. 하나님께서 나를 택하신 것입니다. 내 존재의식의 근본이 거기에 있다는 말입니다.

특별히, 예수님의 제자들에 대해서도 자세히 보면, 마태복음 10장에서, 또 다른 여러 본문에서 말씀합니다. 예수님의 제자는 딱 세 마디, Calling, Giving, Sending입니다. 먼저, Calling, '부르심'입니다. 부르실 때 무슨 자격을 보고 부르신 것이 아닙니다. 세리 마태는 지금 세관에 앉아 로마를 위해서 세금을 받고 있는 사람입니다. 천대받는 사람입니다. 그런 그를 예수님께서 부르셨습니다. "나를 따르라!" 그는 따릅니다. 여기 무슨 자격이 있습니까. 부르셨다는 것, 그 자체가 자격일 뿐입니다. 이걸 잊지 말아야 합니다. 부르심을 받았다는 것은 내가 하나님을 택한 것이 아닙니다. 예수님께서 친히 말씀하십니다. 너희가 나를 택한 것이 아니라, 내가 너희를 택했다―선택 자체가 이 선택적 교리에 있다는 말입니다. 그런가 하면, Giving, '주심'입니다. 불렀으니까 이제는 일할 만한 능력을 주시는 것입니다. 병 고치는 능력도 주시고, 귀신 내쫓는 능력도 주시고, 말씀 전하는 능력도 주시고, 다 주셨습니다. 그리고 세 번째는, Sending, '보내심'입니다. "이방인에게 가지 말고, 유대 사람에게 가라. 이리로 가라. 너는 여기로 가라!" 이것이 사도입니다. 이런 하나님의 종들에게 무슨 쓸데없는 걱정, 쓸데없는 의심, 또 흔들림이 있겠습니까. 사명에 충실하다면 말입니다. 하나님께서 나를 쓰신다, 하나님께서 나를 employ, 고용하셨다, 하나님께서 나를 강권적으로 포로 삼으셨다…… 여기에서부터 출발하는 것입니다. 사도 바울은 늘 말합니다. "그리스도께서 나를 위하여 죽으셨다. 그리고 그 부르신 분께 내가 응답하고 있을 뿐이다." 이걸 잊지 말아야 합니다. 그러면서 하나님의 말씀을 전하게 됩니다. 여기에 신비로운 역사가 있습니다. 아주 깊고 오묘한 역사가 나타납니다. 실제적으로 말입니다.

칼 바르트는 말씀에는 세 가지가 있다고 말합니다. 첫째가 선포된 말씀이고, 둘째가 기록된 말씀이며, 셋째가 계시의 말씀입니다. '계시의 말씀'이란 예수님 자신의 생애를 비롯한 역사적 사건을 말합니다. 예수님을 중심으로 한 역사적 사건, 그 자체가 계시된 말씀입니다. 둘째는 기록된 말씀, 성경말씀입니다. 그다음에 선포되는 말씀, 이것은 설교말씀입니다. 오늘 여러분은 지금 이 자리에 앉아서 설교말씀을 듣고 있습니다. 바로 이것이 선포되는 말씀의 역사라는 말입니다. 신비로운 것입니다. 여기서는 설교자와 듣는 자 사이에 성령께서 역사하십니다. 그러므로 말씀이 되는 것입니다. 전하는 자와 받는 자가 전하고 받는 그 사이에 일어나는 성령의 역사에 대해서는 아마 오랫동안 신앙생활을 해보신 분들은 알 것입니다. 설교말씀을 들을 때 어떤 경우에는 그저 조용히 들었는데, 크게 은혜 될 수 있습니다. 어떤 때는 완전히 졸다가 공치는 날도 있습니다. 성령의 역사다, 이것입니다. 그러므로 말하는 자와 듣는 자 사이에 주님의 능력이 나타난다는 말씀입니다.

여러분, 잘 아는 말씀 아닙니까. 베드로와 요한이 성전에 올라가다가 나면서부터 앉은뱅이 된 사람을 만납니다. 그 순간 성령의 역사가 나타납니다. "은과 금은 내게 없거니와 내게 있는 것으로 네게 주노니 나사렛 예수의 이름으로 일어나라." 벌떡 일어납니다. 저는 늘 생각합니다. 이 순간 베드로가 더 놀랐을까, 앉은뱅이가 더 놀랐을까? 저는 베드로가 더 놀랐다고 생각합니다. 깜짝 놀라서 '어떻게 이런 일이 있을 수가 있지?' 하고 생각하는 것입니다. 예루살렘 온 천지가 다 놀랐습니다. 이 사건에서 교회가 세워지는 것입니다.

베드로와 이 앉은뱅이 사이에 주님의 부활하신 생명력이 역사한 것입니다. 베드로를 통해서 딱 한 마디 말씀이 떨어집니다. "일어나라!" 하지만, 나사렛 예수의 이름을 부를 때 예수의 능력이 나타납니다. 이것이 바로 카리스마적 관계요, 은총적 관계입니다. 이것이 설교입니다. 하나님의 말씀을 전한다―전하는 자도 나를 통하여 하나님의 능력이 나타나는 것을 생각하며 전하고, 받는 자는 하나님의 말씀으로 받고, 하나님의 말씀으로 듣는 이것이 사건화된다는 말입니다. 사람의 말로 아니하고, 하나님의 말씀으로 들었다―오늘본문은 제가 목사로서 상당히 소중히 여기는 말씀입니다. 사람의 말로 아니하고, 하나님의 말씀으로 그렇게 듣고, 그렇게 믿고, 그렇게 따르고, 그렇게 순종하고…… 여기서 참된 행복을 찾은 바울의 모습을 볼 수 있습니다.

"오늘 이 편지를 쓰면서 내가 너에게 가서 복음을 전할 때 사람의 말로 듣지 아니하고 하나님의 말씀으로 들었노라." 그러면 나는 누구입니까? '나를 통해' 하나님의 말씀이 전해진 것입니다. 사도 바울은 이것을 감격해하고 있습니다. 여기에 바울의 존재가 있는 것입니다. 말씀의 도구로, 말씀의 능력으로 주께서 십자가에 돌아가시는 그 거룩한 역사가 오늘의 현실 속에서 생명화되는 순간에 내가 도구로 사용되었다는 말입니다. 하나님의 손으로, 하나님의 입으로 사용되었다, 이것입니다. 나를 통하여 하나님의 말씀이 전해지고, 하나님의 말씀이 나타나게 되었다—이런 놀라운 감격이 있습니다. 바로 신앙고백입니다.

여러분이 잘 아는 사도행전 10장 33절에 보면, 고넬료가 베드로를 맞이할 때 하는 말이 있습니다. "주께서 당신에게 명하신 모든 것을 듣고자 하여 우리가 다 하나님 앞에 있습니다." 고넬료는 로마의 백부장입니다. 군복을 입은 백부장입니다. 베드로는 갈릴리 어부입니다. 초라한 사람이 여기에 들어섰습니다. 그가 베드로 앞에서 하는 말입니다. "우리가 다 하나님 앞에 있나이다." 이 경건, 이 신비로운 예배, 이것이 바로 교회의 근본이라는 말입니다.

예전에 제가 신학대학에서 '신학서론'을 강의한 일이 있습니다. 그때 썼던 교재들 가운데 오토의 책이 있었습니다. 그 책에서 오토는 기독교에 대한 모든 것을 차근차근 합리적이고 신학적으로 설명해가는 가운데 성경에 대해서 이렇게 말합니다. 제가 늘 기억하고 있습니다. '사도 바울은 데살로니가전서를 쓸 때 이 편지가 장차 성경이 되리라는 것을 미리 생각했을까?' 신약성경에서 데살로니가전서가 가장 처음 기록된 책입니다. 그다음에 다른 책들이 차례차례 기록됩니다. 그것들이 다 모여서 지금의 성경이 된 것입니다. 그렇다면, 사도 바울이 데살로니가전서를 쓸 때 장차 이것이 성경이 되어 교회에서 읽히리라고 생각했을까요? 아마 못했을 것입니다. 왜냐하면, 개개인의 이름이 그대로 다 나오기 때문입니다. 사사로운 이름이라는 것은 있을 수 없지 않습니까. 사도 바울은 미처 몰랐습

니다. 자신이 이렇게 편지를 쓰고 있지만, 이것이 하나님의 말씀이
되어 전해질 것이라고는요. 거기까지는 생각하지 못 한 것입니다.
그러나 그것이 현실화되었습니다. 하나님의 신비로운 역사입니다.
그래서 바울은 행복합니다. "내가 너희에게 가서 복음을 전할 때 너
희가 내 말을 사람의 말로 듣지 아니하고 하나님의 말씀으로 들었느
니라." 나는 너희에게 가서 하나님의 말씀을 전했느니라, 감사합니
다—바울의 행복이 거기에 있습니다.

　　자신이 하나님 말씀의 도구로 쓰이고, 자신이 엄청난 구원의 역
사를 현실화하고, 생명화하고, 사건화하는 일에 쓰이고 있다는 것은
너무나 행복한 일입니다. 나도 모르게 하나님의 섭리 가운데 이같은
위대한 역사가 이루어지고 있다—이것은 카리스마적 관계입니다.
그래서 마침내 사도 바울은 빌립보서 1장 12절에서 이렇게 말합니
다. 제가 좋아해서 외우고 있는 말씀입니다. "내가 당한 일이 도리어
복음의 전파에 진전이 된 줄을 너희가 알기를 원하노라." '내가 당한
일'이 무엇입니까? 내 현실입니다. "감옥에 가서 매 맞고, 고생하고,
바다의 물에 빠지고, 많은 핍박을 받고…… 아, 내가 당한 일, 때로
는 말도 안 되는 고난, 억울한 고난을 내가 당했는데, 이 내가 당한
모든 일이 복음의 진보가 된 것을 알기를 바란다." 이런 내용의 편지
를 쓰는 시간에도 사도 바울은 감옥에 있습니다. 그럼, 감옥에 갇혔
다고 복음의 역사가 중단됩니까? 아닙니다. 오히려 감옥에 있으므
로 복음이 더 크게 전해지고, 더 위대한 역사가 이루어집니다. 이 사
실을 그는 알고 있습니다. 이것이 카리스마적 신앙입니다. 그래서
그는 생각합니다. 내가 당한 일이 복음의 진보가 된 것을 너희가 알
기를 바란다—사도 바울은 로마서 7장에서 말합니다. "나의 나약함,

나의 실수, 나의 부족함, 나의 허물까지도, 심지어는 내가 당하고 있는 육체의 가시, 사탄의 사자, 이것까지도 합력하여 복음의 진보가 된 것을 너희가 알기를 바란다." 우연은 없습니다. 하나님의 사람에게 우연은 없습니다. 모든 사건 하나하나가 복음의 진보, 곧 복음을 전하고, 복음을 확실하게 하기 위하여 있어야 할 사건들입니다. 그리하여 '합력하여 선을 이룬다'라는 고백을 합니다.

사도 바울이 데살로니가 교회를 생각하며 말합니다. "내가 너희에게 가서 복음을 전할 때 너희들이 내 말로 듣지 않고 하나님의 말씀으로 들었는가?" 그것을 감사하고, 그 속에 내 삶의 가치가 있습니다. 하나님의 말씀을 전하고, 하나님의 능력과 구원의 역사에 동참하는 그 거룩한 축복과 행복에 사도 바울은 감격하고 있습니다. 크든 작든, 우리가 당하는 모든 사건에서 하나님께서는 역사하십니다. 하나님의 말씀은 전해지고 있습니다. 이 크고 위대한 역사를 생각하고, 그 속에 내가 있음을 알고, 늘 감사하며 자신을 사랑할 줄 알아야 합니다. 자신의 현실을 사랑할 줄 알아야 합니다. 자기 주변에서 이루어지는 모든 일에 깊이 감사하는 가운데 하나님의 위대한 역사는 이루어지는 것입니다.   △

자원하는 심령의 은총

나를 주 앞에서 쫓아내지 마시며 주의 성령을 내게
서 거두지 마소서 주의 구원의 즐거움을 내게 회복시
켜 주시고 자원하는 심령을 주사 나를 붙드소서 그리
하면 내가 범죄자에게 주의 도를 가르치리니 죄인들
이 주께 돌아오리이다 하나님이여 나의 구원의 하나
님이여 피 흘린 죄에서 나를 건지소서 내 혀가 주의
의를 높이 노래하리이다 주여 내 입술을 열어 주소서
내 입이 주를 찬송하여 전파하리이다 주께서는 제사
를 기뻐하지 아니하시나니 그렇지 아니하면 내가 드
렸을 것이라 주는 번제를 기뻐하지 아니하시나이다
하나님께서 구하시는 제사는 상한 심령이라 하나님
이여 상하고 통회하는 마음을 주께서 멸시하지 아니
하시리이다 주의 은택으로 시온에 선을 행하시고 예
루살렘 성을 쌓으소서 그 때에 주께서 의로운 제사와
번제와 온전한 번제를 기뻐하시리니 그 때에 그들이
수소를 주의 제단에 드리리이다
(시편 51 : 11 - 19)

자원하는 심령의 은총

　아마도 한 20여 년 전 일인 것 같습니다. 그날 저는 미국 LA에 있는 어느 교회에 가서 부흥회를 인도했습니다. 그리고 설교를 마친 다음 교인들이 다 나갈 때 문 앞에 서서 인사를 하였습니다. 그때 제가 잘 아는 목사님의 사모님이 왔습니다. 제가 오래전부터 잘 알던 분입니다. 그 사모님의 남편 목사님은 50세가 넘어서 늦게 유학을 시작했습니다. 제가 여러 번 말렸지만, 꼭 한번 그러고 싶다고 해서 미국 유학길에 오른 것입니다. 하루는 그 목사님이 LA의 한 식당에서 저녁식사를 하고 문을 나서다가 그만 교통사고를 당했습니다. 그 때문에 식물인간이 되어 병석에 눕게 되었습니다. 제가 몇 번 병문안을 갔습니다. 저는 사모님에게 어떻게 인사를 드려야 할지 참 난감했습니다. 그래서 그냥 일반적인 인사로 "반갑습니다!" 했는데, 사모님이 정색하며 제 손을 잡고는 한마디 합니다. "아직 안 죽었어!" 깜짝 놀랐습니다. 제 가슴이 아주 무너지는 것 같았습니다. '세상에 이렇게 착한 사모님 입에서 어찌 이런 말이 나올 수 있을까?' 아직 안 죽었어—그 말이 두고두고 기억납니다. 공교롭게도 그 1년 뒤, 제가 다시 LA에 부흥회를 인도하러 갔을 때 사모님이 또 오셨습니다. 그때는 목사님께서 이미 돌아가신 뒤였습니다. 부흥회를 인도하고 난 뒤 또 문 앞에서 사모님을 만났습니다. 이제는 제가 좀 가벼운 마음으로 "안녕하십니까?" 하고 인사를 했습니다. 그러자 사모님이 제 손을 딱 잡고는, 작년 이맘때 저한테 한 말이 있으니까, 이렇게 말합니다. "목사님, 제 목사님이 살아계실 때는 '왜 이렇게 오랫

동안 나를 괴롭히나?' 생각했는데, 막상 그분이 돌아가시고 나니까
이제는 제가 살아야 할 이유가 없네요. 제가 봉사해야 할 사람이 없
으니까 제가 살아야 할 이유가 없습니다." 이렇게 제 손을 잡고 우는
것을 보았습니다. 여러분, 이 일은 깊은 뜻으로 충격을 주는 이야기
입니다. 일은 합니다. 그러나 마음을 담아서 하지는 못합니다. 봉사
도 합니다. 그러나 처음 마음이 아닙니다. 그곳에 불행이 있는 것입
니다.

오늘본문은 다윗 왕의 그 유명한 참회록 가운데 하나입니다. 총
150편의 시편 가운데 다윗 왕의 참회록이라고 이름이 붙은 유명한
참회의 시가 7편 있습니다. 그 가운데서 가장 대표적인 시편이 오늘
본문인 제51편입니다. 그는 여기에서 하나님께 참회의 기도를 드립
니다. 진실한 마음으로, 정직한 마음으로 하나님 앞에 참회하면서
가장 중요한 두 가지 기도를 합니다. "하나님이시여, 정직한 영을 새
롭게 하옵소서." 하나님 앞에 정직하기를 바하지만, 어느 사이에 정
직하지 못했습니다. "하나님, 제게 정직한 심령을 주옵소서. 하나님
앞에 정직하게 해주소서." 이것이 그의 첫 번째 기도 제목입니다. 두
번째로 그는 이렇게 기도합니다. "하나님이여, 자원하는 심령을 주
소서." 이것이 두 번째 기도 제목입니다. 자원하는 심령이 아닌 것은
무엇입니까? 억지로 하는 것입니다. 마음에는 없으면서도 하는 수
없이 억지로 하는 것입니다. 잘못된 기도입니다.

예수님께서 친히 하신 비유의 말씀 가운데 아주 특별한 의미를
지닌 것이 있습니다. 한 아버지가 두 아들을 불러놓고 큰아들에게
말합니다. "포도원에 가서 일해라!" 큰아들이 대답합니다. "가겠습
니다!" 그래 놓고는 가지 않았습니다. 둘째 아들은 "안 가겠습니다!"

라고 대답해 놓고는 뒤에 갔습니다. 저는 이 두 아들을 놓고 볼 때 아들 하나가 더 있었으면 좋겠다고 생각합니다. 가겠다고 하고 가는 아들입니다. 이것이 가장 맞는 태도겠지요. 가겠다고 대답해 놓고는 정작 안 가는 것은 말할 필요도 없겠습니다. 또, 안 가겠다 하고 가는 것도 별로 좋은 태도는 아닙니다. 가겠다고 하고는 가야 합니다. 아니, 기다렸다는 듯이 "감사합니다!" 하고는 "아버지의 포도원으로 가서 일하겠습니다!" 하는, 자원하는 마음이 있어야 하는 것입니다. 잘 생각해야 합니다. 억지로 하는 것은 선하지 않습니다. 부득이해서, 어쩔 수 없이 하게 되어서, 피할 수 없어서 하는 것 또한 도리가 없습니다.

그보다 가장 무서운 것은 보상을 바라는 마음입니다. 순종합니다. 그러나 상을 바랍니다. 선한 일을 합니다. 하지만 복을 원합니다. 그래서 기도합니다. "하나님, 흔들어 넘치도록 복을 주십시오!" 보상과 대가를 바라는 마음으로 기도하는 것입니다. 보상과 대가에는 여러 가지가 있습니다. 예수님께서 말씀하셨습니다. "사람에게 보이려고 하지 마라. 사람에게 보이려고 기도하지도 말고, 사람에게 보이려고 구제하지도 말아라." 하지 말라는 말씀이 아닙니다. 사람들에게 보이려고 하지 말라는 것입니다. 무엇입니까? 사람들에게 신경을 쓰지 말라, 이것입니다. '사람들이 뭐라고 하나? 사람들이 칭찬할 것인가?' 이렇게 사람들을 생각하며 하나님 앞에서 일하지 마라—이런 뜻입니다.

다음과 같은 재미있는 설명이 있습니다. 여러분도 잘 아시는 선한 사마리아 사람의 비유입니다. "불한당에게 맞은 사람이 여리고 길 위에 누워 있었다. 지나가던 제사장이 그걸 보고도 그냥 지나갔다. 이어 레위 사람이 그걸 보고는 역시 그냥 지나갔다. 그런데, 평소 그들이 멸시하던 사마리아 사람은 그 불쌍한 사람을 구제했다. 누가 이 불한당에게 맞은 사람의 이웃이냐?" 이렇게 예수님께서 물으셨습니다. 제자들이 대답합니다. "자비를 베푼 자니이다." 이때 예수님께서 딱 한 마디 하십니다. "너희도 그와 같이 하라." 여기에 재미있는 설명이 있습니다. 만일에 거기가 여리고 길이 아니고, 외딴 길이 아니고, 예루살렘 한복판에서 그런 일이 있었다고 칩시다. 그래서 그 불한당 만난 사람이 누워 있었다면 제사장과 바리새인이 그냥 지나갔겠습니까. 아마도 다른 사람은 손도 못 대게 하면서 "저리 가라! 내가 돌보겠다!" 하지 않았을까요? 그러나 아무도 보는 사람이 없었기 때문에, 아무도 보지 않는 곳에서 이루어진 일이었기 때문에 다 못본 체 그냥 지나간 것입니다. 사람들에게 보이려고 하는 일은 아름답지 못합니다.

그런가 하면, 하나님의 진노가 무서워 양심의 가책을 느끼면서 하거나, 하지 않으면 벌 받을 것 같아서 행했다면, 그 얼마나 불쌍한 이야기입니까. 또한, 아무것도 모르고 습관적으로 봉사하는 것도 합당치 않습니다. 이 모든 일은 다 피곤합니다. 짜증 납니다. 낙심됩니다. 때로는 화도 냅니다. 왜요? 보상이 없기 때문입니다. 열매가 없기 때문입니다. 효과가 없기 때문입니다. 다 잘못하고 있는 것입니다. 그래서 다윗 왕은 기도합니다. "하나님이시여, 자원하는 마음을 주소서!" 이 마음은 곧 '처음 마음'을 말합니다. 요한계시록 2장에는 예수님께서 에베소 교회를 향하여 주신 메시지 가운데 가장 핵심이 되는 말씀이 있습니다. "너희들이 이단을 척결한 것이나, 불의한 자를 심판할 것이나, 공의롭게, 정의롭게 하려고 애쓴 것은 너무나 잘

284

한 일이지만, 잘못한 것이 있다. 처음 사랑을 버렸느니라. 첫사랑을 버렸느니라. 처음에 가졌던 마음을 버렸고, 초심을 버렸느니라." 초심—그것이 바로 자원하는 마음입니다. 그 첫사랑의 마음, 그 행복, 그 감격이 없다는 말입니다. "하나님이여, 처음 사랑을 회복시켜주소서. 처음 마음으로 돌아가게 해주소서. 처음에 가졌던 뜨거운 마음으로 다시 회복시켜주소서." 이런 기도가 있어야 하겠습니다.

이 자원하는 마음이란 목적에 합당한 마음입니다. 처음에는 좋은 목적으로 시작합니다. 그러나 어느 순간 수단이 목적을 배신합니다. 하나님의 일을 한다고 하고, 더 잘한다고 하다가 그만 본래의 목적에서 이탈하는 것입니다. 하나님을 위한다고 하다가 어느 사이에 자기를 위하고 있습니다. 이웃을 위한다고 했습니다. 그런데, 어느 사이 스스로에게 집중합니다. 극단적인 이기주의로 돌아갔다, 이 것입니다. 이 얼마나 가증하고 잘못된 타락입니까. 자원하는 마음은 보상을 바라지 않는 마음입니다. 결과에 대해 연연하지 않는 것입니다. 순수한 마음으로, 감사한 마음으로 벌써 받았습니다. 받은 바가 너무나 많습니다. 그에 응답할 뿐입니다. 이것이 얼마나 하나님 앞에 합당하고, 얼마나 하나님께 영광이 될는지, 그것까지는 생각하지 못합니다. 감사하는 마음이 바로 자원하는 마음입니다. 그 마음 자체가 은총입니다. 시종일관 똑같은 마음으로, 뜨거운 마음으로 사랑할 수 있다면 얼마나 큰 축복입니까. 행복입니다. 행복 자체입니다. 봉사할 수 있으니, 행복한 것입니다. 내가 봉사할 수 있는 대상이 있으니, 행복한 것입니다. 내가 받는 사람이 아니고, 주는 사람이 된 것이 행복한 것입니다. 다른 사람에게 부담을 주자는 것이 아니라, 내가 다소라도 섬길 수 있다는 것, 주의 마음으로 살아갈 수 있다는 것이 행복한 것입니다. 자원하는 마음을 위해서 기도해야 할 것입니다.

　우리가 잘 아는 대로 '억지로'라는 말만 나오면 꼭 생각나는 사람이 하나 있습니다. 바로 구레네 사람 시몬입니다. 억지로 십자가를 졌다고 했습니다. 어떻게 해서 졌는지는 성경에 기록되지 않았으나, 짐작은 갑니다. 예수님께서 십자가를 지시고 골고다 언덕을 올라가실 때 로마 군인들이 예수님을 모질게 매질합니다. 예수님께서 쓰러지실 때마다 매를 칩니다. 전설에는 일곱 번 쓰러지셨다고 전하는데, 쓰러지실 때마다 내려쳤습니다. 그걸 보다 못해서 구레네 시몬이 이렇게 조금 동정적인 말을 했나봅니다. "여보시오! 너무 그렇게 매질하지 마시오!" 그랬더니, 로마 군인이 말합니다. "그럼, 네 놈이 대신 져라!" 그래서 그 구레네 시몬이 억지로 십자가를 지게 되었다, 이것입니다. 그것이 무엇을 의미하는지, 예수님께서 누구이신지는 알 바가 아닙니다. 그저 동정 어린 말 한 마디를 했다가 예수님을 대신하여 십자가를 지고 골고다 언덕을 올라가게 된 것입니다. 그야말로 억지로 짊어진 십자가입니다. 무슨 뜻인지도 모릅니다. 시쳇말로, 재수 없이 일을 당한 것입니다. 그러나 그 뒤에 시몬은 예수님을 보았습니다. 부활하신 예수를 만났습니다. 얼마나 감격했겠습니까. '내가 어쩌다 예수님의 십자가를 대신 졌다는 말인가?' 한평생 그는 자기 어깨를 만져보며 하나님 앞에 감사기도를 했다고 전해집니다. 그 결과로 시몬의 아들들인 알렉산더와 루포가 바울의 뒤를 이어서 선교사가 됩니다. 그런가 하면, 또 알 수 없는 말 한마디가 있습니다. 사도 바울은 '알렉산더와 루포의 어머니 곧 내 어머니'라고 말합니다. 어떤 인연으로 이런 관계가 되었는지 모르겠지만, 그 시몬의 부인은 '알렉산더와 루포의 어머니는 바울의 어머니'라고 할 만큼 바울이 고맙게 여기는 분이었습니다. 그 가문 전체가 이렇게 구원받고, 하나님의 거룩한 사역에 쓰이는 영광된 가정이 되었습니다. 여러분, 십자가를 질 때는 억지로 졌습니다. 뜻도 모르고 졌습니다. 그러나 뒤늦게 깨닫고 감사하고, 뒤늦게 깨닫고 감격합니다. 그것이 바로 '억지 십자가'가 주는 거룩한 결과입니다.

여러분, 행위는 있습니다. 형식적인 행위가 있고, 봉사도 합니다. 수고도 합니다. 때로 희생도 합니다. 그러나 마음이 없습니다. 처음 마음이 없습니다. 순수한 정성이 없습니다. 자원하는 심령이 꼭 필요합니다. "주여, 자원하는 심령을 주소서. 깨끗한 심령을 주소서. 목적과 동기에 합당한 마음을 주소서. 주님께서 기뻐하실 만한 산 제물로 하나님 앞에 드려지게 해주소서." 이런 기도, 얼마나 아름답고 귀한, 현실적인 기도입니까. "하나님이시여, 정한 마음을 주시옵소서. 하나님이여, 자원하는 마음을 주시옵소서." 이렇게 기도해야겠습니다. 우리는 이런 기도와 함께 살아가야겠습니다.

우리는 많은 제한 속에 살아갑니다. 그러나 중심은 내 것입니다. 얼마만큼의 사랑이 있는가? 얼마만큼의 첫사랑이 있는가? 얼마만큼의 정성이 있는가? 얼마만큼의 감사와 자원하는 마음이 있는가? "하나님이시여, 정한 마음을 창조하소서. 하나님이시여, 내 안에 정한 마음을 주소서. 자원하는 마음을 주소서." 그리고 다시 출발해야겠습니다.   △

오직 믿음으로 살리라

　어리석도다 갈라디아 사람들아 예수 그리스도께서
십자가에 못 박히신 것이 너희 눈 앞에 밝히 보이거
늘 누가 너희를 꾀더냐 내가 너희에게서 다만 이것을
알려 하노니 너희가 성령을 받은 것이 율법의 행위로
냐 혹은 듣고 믿음으로냐 너희가 이같이 어리석으냐
성령으로 시작하였다가 이제는 육체로 마치겠느냐
너희가 이같이 많은 괴로움을 헛되이 받았느냐 과연
헛되냐 너희에게 성령을 주시고 너희 가운데서 능력
을 행하시는 이의 일이 율법의 행위에서냐 혹은 듣고
믿음에서냐 아브라함이 하나님을 믿으매 그것을 그
에게 의로 정하셨다 함과 같으니라 그런즉 믿음으로
말미암은 자들은 아브라함의 자손인 줄 알지어다 또
하나님이 이방을 믿음으로 말미암아 의로 정하실 것
을 성경이 미리 알고 먼저 아브라함에게 복음을 전하
되 모든 이방인이 너로 말미암아 복을 받으리라 하였
느니라 그러므로 믿음으로 말미암은 자는 믿음이 있
는 아브라함과 함께 복을 받느니라 무릇 율법 행위에
속한 자들은 저주 아래에 있나니 기록된 바 누구든지
율법 책에 기록된 대로 모든 일을 항상 행하지 아니
하는 자는 저주 아래에 있는 자라 하였음이라 또 하
나님 앞에서 아무도 율법으로 말미암아 외롭게 되지
못할 것이 분명하니 이는 의인은 믿음으로 살리라 하
였음이라
(갈라디아서 3 : 1 - 11)

오직 믿음으로 살리라

너무나 유명한 이야기가 있습니다. 미국의 초대 대통령 조지 워싱턴은 아주 어렸을 때 아버지의 사랑을 많이 받았다고 합니다. 어느 날 워싱턴이 아버지를 따라 마차를 타고 이웃 마을에 장을 보러 갔습니다. 한데, 자기를 따라다니는 그 아들이 좀 거추장스러웠던지, 아버지가 아들에게 이렇게 말했습니다. "그러지 말고, 내가 일 다 보고 다시 너를 데리러 올 테니, 여기 골목에 서 있거라." 조지 워싱턴은 그러겠다고 답했습니다. 하지만 아버지는 시장에서 일을 다 보고 나서 아들과 함께 왔다는 사실을 깜박 잊어버린 채 혼자 마차를 타고 집에 돌아갔습니다. 남편을 맞이한 부인이 깜짝 놀라서 아들은 어디 갔느냐고 물었습니다. 아버지는 그제야 아들 생각이 났습니다. "아이쿠! 내가 아들을 골목에다 세워놓고 그냥 왔구먼!" 그러고는 서둘러 다시 밤중에 마차를 몰고 그 동네로 갔습니다. 조지 워싱턴은 깜깜한 밤이 되어서도 그 골목 어귀에 그대로 서 있었습니다. 동네 사람들이 와서 "애야, 추위에 떨지 말고 여기 와서 저녁을 같이 먹자!" 하고 권했지만, 워싱턴은 이렇게 말하면서 버텼습니다. "아니에요. 우리 아버지가 저더러 이 자리에 있으라고 하셨으니까 오실 것입니다. 아버지가 오실 때 헤매게 해드려서는 안 되니까 저는 꼭 이 자리에 있어야 합니다." 그러고는 그 자리에 그냥 서 있었습니다. 그 아들을 보고 아버지는 너무나 반가웠습니다. 그 아이를 데리고 집에 돌아오면서 아버지가 속으로 깊이 뉘우쳤다는 이야기입니다. 여러분, 믿음이 얼마나 중요합니까. "우리 아버지는 반드시

오실 것입니다. 나는 아버지를 믿습니다." 이것이 조지 워싱턴의 믿음의 시작입니다.

믿고 산다―어차피 믿고 살아야 합니다. 유명한 회의론자가 있었습니다. 의심에 대하여 설명하고, 세상 사는 것이 허무하다는 '허무론'에 대해 가르치는 철학자였습니다. 이 철학자의 말을 듣고 많은 젊은 사람이 스스로 목숨을 끊었습니다. "들어보니 맞구나!" 그러면서 세상살이가 별것 아니라고 생각하여 많은 사람이 스스로 목숨을 끊었습니다. 여기서 중요한 것이 있습니다. 이 철학자는 식사할 때마다 속으로 은근히 이렇게 걱정이 되었습니다. '누가 나를 죽일지도 몰라!' 그래서 이 철학자는 항상 개를 데리고 다니면서 밥을 먹을 때마다 개에게 그걸 먼저 먹여보았습니다. 개가 먹은 다음 좀 기다렸다가 그 개가 죽지 않고 무사한 것을 확인하고서야 자기가 먹었다고 합니다. 여러분, 이 얼마나 비참한 일입니까. 의심입니다. 생각해보면, 우리가 평소 여러 가지로 많은 의심을 하지만, 실은 엄청나게 믿고 살고 있는 것입니다. 믿지 않고서야 어떻게 살 수 있겠습니까.

여러분은 어떤지 몰라도 저는 은수저를 좋아하지 않습니다. 제가 그동안 선물로 은수저를 많이 받았거든요? 하지만 저는 그 은수저를 잘 사용하지 않습니다. 이유는 간단합니다. 사람이 은수저를 사용하게 된 유래를 제가 어렸을 때 들었거든요. 은은 독에 약합니다. 그래서 독이 있는 음식에다 은수저를 넣으면 바로 까맣게 색이 변합니다. 그래서 의심 많은 사람은, 특별히 옛날에 임금님들은 은수저로 음식을 한번 휘휘 저어 보고 난 뒤에 괜찮으면 비로소 안심하고 밥을 먹었다고 합니다. 그 사실을 알고 나자, 은수저가 영 마음에 들지 않더라고요. 그래서 저는 은수저를 쓰지 않습니다. 음식을 먹을 때마다 그 속에 독이 들어 있는지 의심한다면 어떻게 살겠습니까. 어찌 생각하면, 우리가 다 믿고 사는 것입니다. 음식 먹는 것도 믿음입니다. 굉장한 믿음입니다. 믿을 바에는 완전히 믿어야지, 이것도 의심하고, 저것도 의심한다면, 세상에 그런 불행이 어디 있습니까. 생각해보십시오. 우리가 사는 것, 음식을 먹는 것이 다 믿는 것입니다. 그러니 믿는다는 것이 얼마나 중요합니까.

사실 수많은 병들 가운데 심리학적으로 가장 무서운 병은 의부증이나 의처증이라고 합니다. 의부증이나 의처증은 남편을 의심하고, 아내를 의심하는 것입니다. 그러면 못삽니다. 우리 교인들 가운데 이런 병이 있는 분들 만나 보면, 의심 때문에 다들 비쩍 말랐습니다. 그리고 하나같이 신경질적입니다. 그런 분들 볼 때마다 '세상에, 이런 사람하고 같이 살려면 정말 힘들겠다!' 하고 생각하게 됩니다. 의부증, 의처증, 참 무서운 병입니다. 또 있습니다. 부모가 자녀를 의심하는 것입니다. 얼마나 무섭습니까. 거꾸로, 자녀가 부모를 의심한다면 어떻게 되겠습니까. 의심은 죄입니다. 의심은 마귀의 시험입니다. 어차피 믿고 살아야 합니다. 믿을 바에는 전적으로 믿으십시오. 그것이 사는 길입니다. 그런데, 똑똑한 사람들이 이리 머리 굴리고, 저리 궁리하면서 의심하기 시작하면, 사태는 점점 더 걷잡을 수 없게 됩니다. 의심으로 밤을 꼬박 새웁니다. 결국 우울증으로 발전합니다. 우울증이 지나치면 자살까지 갑니다. 큰일 아닙니까. 건강을 잃어버리게 되는 많은 이유들 가운데 가장 큰 것이 바로 의심입니다. 믿음이 없다, 이것입니다.

오늘 본문 말씀은 대단히 귀중합니다. 갈라디아서의 주제가 이것입니다. "의인은 믿음으로 말미암아 살리라." 이 말씀의 헬라어 원문은 '호 디카이오스 에크 피스테오스 제세타이'입니다. 두 가지로 해석할 수 있습니다. 하나는 '믿음으로 말미암아 의인은 산다'입니다. 이것은 교리적인 해석입니다. 달리 해석할 수도 있습니다. '의인은 믿음으로 산다.' 이것은 윤리적인 해석입니다. 그러니까 이 말씀에는 신앙고백적 교리와 윤리가 함께 들어 있는 것입니다. 신앙고백과 생활윤리입니다. 종교개혁의 교리는 '솔라피데, 솔라그라티아, 솔라글로리'입니다. 오직 믿음으로, 오직 은혜로, 오직 하나님의 영광으로—이것은 율법에 반대되는 말입니다. 깊이 생각해야 합니다. 율법과 은혜의 관계, 사도 바울이나 마르틴 루터나, 모든 개신교회에서 가장 중요하게 생각하는 교리가 바로 이것입니다. 율법이냐, 은혜냐—교리만이 아닙니다. 우리 날마다의 생활 그 자체와 깊이 관계되어 있는 말씀교리입니다. 율법은 가장 인간적이요, 우리 인간이 하나님께 나아가는 도리입니다. 그러므로 내 공로로, 내 의로, 내 선으로, 내 진실로 구원받는다는 뜻입니다. 내 의로—이것은 율법입니다. 그래서 바울은, 또 종교개혁자들은 심지어 이런 극단적인 발언까지 합니다. "율법은 죽이는 법이다." 이렇게까지 율법을 극단적으로 해석하는 것을 볼 수 있습니다.

그런가 하면, 은혜란 무엇입니까? 하나님의 것입니다. 하나님께 속한 것이고, 하나님의 은혜입니다. 오직 은혜, 하나님께서 주신 은혜에 대한 응답이 믿음입니다. 우리가 하나님께 나아가는 의와 공로가 아니고, 하나님의 은혜를 내가 받아들이는 것입니다. 그것이 믿음입니다. 은혜에 대한 응답은 믿음뿐입니다. 어떤 사람이 좋은 마음으로 누구에게 좋은 일을 한다고 합시다. 그것을 그대로 믿을 때 좋은 일이 됩니다. 의심하면 "이 사람이 이렇게 하고 난 다음, 앞으로 어떻게 하려나?" 하면 절대 은혜가 될 수 없습니다. 사랑도 믿음을 떠나면 사랑이 아닙니다. "이 사람이 사랑한다고 하면서 앞으로 나를 어떻게 할 것인가?" 어떻게 될 것 같습니까? 사랑은 믿어야 하는 것입니다. 믿는 것밖에 없습니다.

제가 목회하면서 가끔 결혼 적령기를 지난 여성분을 볼 때가 있습니다. 그런 분들끼리 친구가 되어 제 방에 찾아오는 것입니다. 그래 떠들면서 이런저런 얘기를 하는데, 그때 제가 "왜 아직 결혼을 안 했어요?" 하고 물으면 대답은 간단합니다. "세상에 어느 놈을 믿겠어요?" 그래 제가 한마디 했습니다. "한번은 속아야 해요." 그렇습니다. 한번은 속아야 결혼이 됩니다. 머리 굴려서 요리 생각하고, 조리 생각하다 보면, 세상에 어느 놈을 믿을 수 있겠습니까. 내가 나 자신도 못 믿는데, 누가 누구를 믿을 수 있겠습니까. 결국은 믿음뿐입니다. 믿음은 은사입니다. 성령께서 주시는 은혜입니다.

오늘본문을 자세히 보면, 사도 바울이 믿음을 설명하다가 중요한 예를 듭니다. 아브라함이 하나님을 믿으매—아브라함을 예로 들었습니다. 아브라함은 믿음을 가지고 고향을 떠납니다. 갈 바를 알지 못하고 떠납니다. 히브리서에 보면, 하나님께서 가라 하시니 가는 것입니다. "내가 지시할 땅으로 가라!" 하시니, 가는 것입니다. 믿음으로 고향을 떠납니다. 그다음에 어떻게 되는지 묻지 않습니다. 그것이 믿음입니다. 갈 바를 알지 못하고, 하나님의 말씀을 따라 순종합니다. 그 순종이 믿음입니다. 그런가 하면, 로마서 4장 19절에 아주 심오한 말씀이 있습니다. "백 세나 되어서 자기 몸의 죽은 것 같음을 알고도 믿음이 약해지지 않았다." 자기 자신에 대한 말입니다. 나의 약함—아니, 인간적으로는 불가능한데도 하나님의 말씀을 믿었습니다. 내가 판단하고, 합리적으로 이해하고, 경험으로 이해하고, 감정적으로 납득이 가는 이야기가 아닙니다. 말씀하시니 따르리이다—그냥 그대로 믿은 것입니다. 그런가 하면, 그는 75세에 하나님의 음성을 듣습니다. 그리고 25년을 기다립니다. 그러나 주시겠노라고 약속하신 아들은 아직도 생기지 않았습니다. 그래도 그는 믿음이 약해지지 않았습니다.

아브라함의 생애에서 가장 중요한 것은 아브라함의 믿음이 줄기차게 유지된 것이 아니라는 점입니다. 그도 이런저런 고비마다 휘청휘청했습니다. 창세기 17장에서 하나님 말씀하십니다. "아브라함아 너는 내 앞에서 완전하라(1절)." 무슨 말씀입니까? "왜 휘청휘청하느냐? 좀 제대로 믿어라!" 이것입니다. 하나님께서 정말로 이런 말씀을 하십니다. 아브라함은 약속의 땅 가나안에 왔지만, "이 땅을 너와 네 후손에게 주마!" 하고 하나님께서 약속하셨으면 흉년이 들든, 홍수가 나든, 기다려야 하지 않겠습니까. 흉년이 들었다고 해서 약속의 땅을 버리고 애굽으로 피난을 가다니요? 불신앙입니다. 또, 바로 왕이 혹시나 자기 아내를 빼앗을까 의심스럽다고 세상에 멀쩡한 자기 아내를 누이라며, 택도 없는 거짓말까지 합니다. 역시 불신앙입니다. 그렇지 않습니까. 그리고 하나님의 약속을 믿고 살면서 한 10년 동안을 기다렸습니다. 아내는 점점 나이 들어가고요. 결국은 아마도 단산했다고 생각합니다. 그때 사라와 아브라함이 타협하여 아주 합리적으로 하갈이라는 몸종을 통해서 이스마엘을 얻습니다. 이탈입니다. 하나님에 대한, 신앙에 대한 이탈행위입니다. 물론 인간적으로는 '내 아내 사라가 나이가 많아 단산했지만, 그래도 이러면 안 되지!' 했겠지만, 사라는 이렇게 주장합니다. "내 몸종을 줄 테니, 몸종으로부터 내가 아들을 얻으리라." 그래서 타협하여 이스마엘을 낳습니다. 기가 막히지 않습니까. 그 이스마엘이 14살이 되었습니다. 그렇다면, 하나님의 그 약속의 음성을 들은 뒤로부터 무려 25년이나 지난 시점입니다. 그런데, 바로 그때 하나님의 천사가 다시 나타나 이릅니다. "아브라함아, 내년 이때에 네 아내 사라가 아들을 낳으리라." 도대체 말이 되는 소리입니까. 25년이나 지날 때까지 잠잠하시다가 이제 와서요? 기가 막힐 노릇 아닙니까. 그런데, 천사는 이 말씀만 딱 하고는 떠나버립니다. 아브라함은 하나님을 믿었습니다. 그런데도 벌써 실수가 많았습니다. 때마다 휘청휘청했거든요. 벌써 잘못한 일이 너무나 많았습니다. 하나님 앞에 부족한 게 너무나 많습니다. 그런 아브라함이 오늘 주시는 하나님의 말씀에 대하여 여전히 서슴지 않고 "아멘!" 하고 응답합니다. 이런 아브라함을 하나님께서는 의로 여기십니다. "아브라함이 하나님을 믿으매 이 것을 의로 여기시고……" 아브라함은 자기 실수를 잘 압니다. 부족함도 압니다. 그래도 하나님의 은혜는 그보다 크다는 것을 믿었습니다. 이것이 아브라함의 믿음입니다.

　유명한 에피소드가 전해집니다. 마르틴 루터는 아침마다 두 시간 동안 성경을 읽으면서 기도했다고 합니다. 그런데도 늘 마귀가 와서 그를 시험했다고 합니다. "너한테 이런 죄가 있지 않느냐? 네가 실수를 저지르지 않았느냐? 너는 이런 부족함이 있지 않느냐?" 이렇게 마귀는 하나같이 루터의 허물을 들추면서 정죄하고 시비를 벌이는 시험을 걸어왔습니다. 그리고 결론짓습니다. "그런고로 너는 하나님의 사람이 아니다!" 하지만, 그럴 때마다 루터는 이렇게 대답했다고 합니다. "Nevertheless!, 그럼에도 불구하고 나는 죄인이다. 그럼에도 불구하고 나는 쉴 수 있다. 그럼에도 불구하고 하나님께서는 나를 사랑하신다." 유명한 이야기입니다. 순간순간 우리는 우리의 부족함을 압니다. 믿음에서 떠나는 것도 압니다. 하나님의 은혜를 충분히 소화하지 못하고, 그 은혜에 보답하지 못하는 것도 압니다. 그럼에도 불구하고 하나님께서는 나를 사랑하십니다. 이걸 잊지 말아야 합니다.

믿음의 속성은 이렇습니다. 첫째, 하나님의 선택을 믿어야 합니다. 예수님께서 말씀하십니다. "너희가 나를 택한 것이 아니고, 내가 너희를 택했느니라. 내가 너를 알고 있다. 네 나약함도 알고, 네 부족함도 알고, 네 허물도 안다. 그러나 내가 너를 택했느니라." 선택적 신앙, 선택적 교리에 대한 응답입니다. 아주 중요합니다. 내가 하나님을 선택하는 것이 아닙니다. 하나님께서 나를 선택하시는 것입니다. 그런 전권적인 선택에 대한 믿음이 아브라함에게는 있었습니다. "하나님께서 나를 부르셨습니다. 하나님께서 나와 함께하셨습니다. 나는 실수가 많았습니다. 그럼에도 불구하고 오늘도 하나님께서는 나를 사랑하십니다." 거기에 응답하고 있는 아브라함의 믿음입니다.

하나님에 대한 신앙에서 가장 중요한 것은 약속입니다. 하나님의 말씀과 축복은 당장 현실로 나타나기보다는 항상 미래지향적인 약속으로 나타납니다. 오늘 되는 일이 아닙니다. 10년 뒤에, 20년 뒤에, 100년 뒤에 될 일입니다. 약속입니다. 이 약속에 대한 믿음이 중요합니다. 나는 흔들려도 하나님의 약속은 변함이 없습니다. 사랑의 약속은 변함이 없습니다. 영원한 약속은 흔들림이 없습니다. 이것이 믿음입니다. 내가 요만큼 실수했다고 하나님께서 나를 버리지는 않으십니다. 하나님께서는 영원한 약속으로 우리와 함께하고 계십니다.

유명한 장 칼뱅은 임종이 가까웠을 때 정신을 차리고 성경을 외우기 시작합니다. "생각건대, 현재의 고난은 장차 우리에게 나타날 영광과 족히 비교할 수 없도다." 스물일곱 번을 외웠습니다. 마지막까지 그렇게 외우다가 세상을 떠났습니다. 장차 나타날 영광과 비교할 수 없도다─약속을 믿는 신앙, 그것이 믿음입니다. 그럼 오늘의 모든 문제는 그 거룩한 약속 안에서 다 소화됩니다.

그런가 하면, 오직 은혜입니다. 사도 바울은 너무나 중요한 말을 합니다. 로마서 8장 32절입니다. "자기 아들을 아끼지 아니하시고 우리 모든 사람을 위하여 내어 주신 이가 어찌 그 아들과 함께 모든 것을 은사로 주지 아니하시겠느뇨." 십자가를 볼 때마다 자기 아들을 아끼지 아니하시고 내어 주신 그분을 꼭 잊지 말아야 합니다. 모든 것이 은혜의 선물입니다. 은사입니다. 왜입니까? 십자가 안에서, 십자가를 쳐다보면 모든 것이 은사입니다. 그것이 믿음입니다.

오직 은혜─예수님께서 말씀하셨습니다. "받은 줄로 믿으라!" 오늘 현실이 빗나가는 것 같습니까? 아닙니다. 오직 은혜입니다. 내 허물과 모든 것을 다 버리고, 율법의 관계가 아닌 은혜의 관계로─오직 은혜만이 나와 함께하십니다. 히브리서 11장에 유명한 말씀이 있습니다. "믿음이 없이는 하나님을 기쁘시게 못한다(6절)." 그렇습니다. 여러분, 누구하고 이야기합니까? 누구하고 같이 삽니까? 믿음이 없이는 상대방을 절대 기쁘게 못 합니다. 선물로 되는 일이 아닙니다. 믿음입니다. 그가 하는 말을 믿는 것입니다. 그의 행위를 믿는 것입니다. 그의 생각을 믿는 것입니다. 그의 뜻을 믿는 것입니다. 제일 고마운 사람이 누구입니까? 나를 믿어주는 사람입니다. 전적으로 믿어주는 사람, 그리고 기다리는 사람입니다. 믿음만이 관계를 온전케 할 수 있습니다. 성경은 말씀합니다. "믿음이 없이는 하나님을 기쁘시게 해드리지 못한다."

반대로, 하나님을 기쁘시게 해드리는 것은 무엇입니까? 전적으로 믿는 것입니다. 모든 것을 사랑으로, 모든 것을 축복으로, 모든 것을 은혜로 받아들이게 될 때 그것이 하나님을 기쁘시게 해드리는 일입니다. 믿음은 들음에서 납니다. 들음은 복음에 있습니다. 믿음은 성령의 역사요, 성령의 은사입니다. 믿음으로 말미암아 난 의인은 오직 믿음으로 함께하고, 하나님의 자녀 된 사람은 또 믿음으로 삽니다. 모든 것을 믿습니다. 이것은 하나님의 은사요, 하나님의 축복입니다. △

우리가 무엇을 얻으리이까

이에 베드로가 대답하여 이르되 보소서 우리가 모든 것을 버리고 주를 따랐사온대 그런즉 우리가 무엇을 얻으리이까 예수께서 이르시되 내가 진실로 너희에게 이르노니 세상이 새롭게 되어 인자가 자기 영광의 보좌에 앉을 때에 나를 따르는 너희도 열두 보좌에 앉아 이스라엘 열두 지파를 심판하리라 또 내 이름을 위하여 집이나 형제나 자매나 부모나 자식이나 전토를 버린 자마다 여러 배를 받고 또 영생을 상속하리라 그러나 먼저 된 자로서 나중 되고 나중 된 자로서 먼저 될 자가 많으니라

(마태복음 19 : 27 - 30)

우리가 무엇을 얻으리이까

　성도 여러분이 잘 아는 예수님의 수제자 베드로는 본래 어부입니다. 갈릴리라는 좁은 바다—바다라고 부르지만, 실은 호수입니다. 그는 그 작은 바다에 살면서 평생 그물을 가지고 물고기를 잡는 어부였습니다. 어부의 소원은 만선(滿船)입니다. 특별히, 그물을 가지고 물고기를 잡는 사람들은 정말로 운수 좋은 날을 기다릴 수밖에 없습니다. 왜냐하면, 물고기는 떼를 지어 이리로 가고, 저리로 가기 때문입니다. 마침맞게 딱 만나면 만선이지만, 못 만나면 완전히 공치는 것입니다. 그것이 어부들의 생활입니다. 그래서 어부들은 만선만 되면 팔자를 고친다는 마음으로 사는 것을 제가 인천에서 목회하면서 많이 보았습니다. 그런데, 가만히 보면 쓸쓸이가 너무나 큽니다. 그러면서 그저 바라느니 오로지 만선입니다. '만선만 되면 오케이다!' 이것입니다. 늘 그런 생각으로 사는 것입니다. 베드로 역시 마찬가지였습니다. 밤새껏 수고했는데, 한 마리도 못 잡았습니다. 이것이 어부의 생활입니다. 완전히 공친 것입니다. 그래 허탄한 가운데 그물을 씻고 있었습니다. 그때 예수님께서 나타나십니다. 그리고 말씀하십니다. "깊은 데 가서 그물을 던져라!" 어부인 베드로의 상식으로는, 아닙니다. 그러나 베드로는 말합니다. "밤새껏 수고해서 잡은 것이 없습니다. 그러나 말씀하시니, 그물을 내리겠습니다." 여기에 괄호를 치고 이렇게 딱 한 줄만 더 써넣으면 좋겠습니다. '못 잡을 것이 뻔하지만, 그물을 내리겠습니다. 말씀하시니, 그물을 내리겠습니다.' 그리고 그물을 내렸더니, 웬걸요? 가득히 잡았습니다.

그야말로 만선입니다. 베드로는 깜짝 놀라고 말았습니다. 오늘본문을 자세히 보면, 베드로는 그렇게 물고기를 하나 가득 잡아 만선이 되었으면서도 그걸 다 버려두고 예수님을 따랐습니다. 만선은 중요하지 않습니다. 만선이 되게 해주신 예수님이 중요하다, 이것입니다. 그래서 베드로는 모든 것을 버려두고 예수님을 따라 나선 것입니다. 이 얼마나 중요합니까. 베드로는 다 버렸습니다. 그리고 주님을 따랐습니다.

오늘본문 27절은 말씀합니다. "우리가 모든 것을 버리고 주를 따랐사온대 그런즉 우리가 무엇을 얻으리이까." 여러분, 다 버렸으면 끝나는 것입니다. 그렇게 다 버렸으니, 이제는 무엇을 얻겠습니까? 무엇인가 얻고자 하는 마음, 성취욕과 소유욕이 여전히 밑에 깔려 있었던 것입니다. 예수를 따른다는 것도 결국은 무엇을 얻기 위한 것이었습니다. 버리는 것이 아니었습니다. 버릴 것을 버리지 못하고 예수를 따랐습니다. 얻고자 하는 간절한 마음으로 예수님을 따랐습니다. 마태복음 16장에서 예수님께서는 베드로에게 이렇게 물어보십니다. "네가 나를 누구라 하느냐?" 베드로가 대답합니다. "주는 그리스도시요 살아계신 하나님의 아들이십니다." 예수님께서 그 베드로를 크게 칭찬하시고 이르십니다. "천국열쇠를 네게 주노라. 네가 땅에서 매면 하늘에서도 매일 것이고, 네가 땅에서 풀면 하늘에서도 풀릴 것이다." 엄청난 권세와 영광을 베드로에게 주신 것입니다. 그러나, 정작 베드로는 예수님을 따르면서도 버릴 것을 버리지 못했습니다. 이에 예수님께서 말씀하십니다. "네가 내 제자가 되려면 자기를 부인하고, 자기 십자가를 지고 나를 좇을 것이니라." 이 세 가지가 그리스도인 됨의 절대조건입니다. 베드로는 스스로 다 버렸다고 생각했습니다. 그러나 아니었습니다. 정작 자기 자신은 버리지 못했던 것입니다.

마태복음 26장 31절 이하에 참 처절한 말씀이 있습니다. 예수님께서 말씀하십니다. 십자가 사건을 몇 시간 앞두고 하시는 말씀입니다. "오늘 밤에 너희가 다 나를 버리리라……" 너희가 다 나를 떠나겠다―그때 베드로가 말합니다. "모두 주를 버릴지라도 나는 결코 버리지 않겠나이다(33절)." 장담하는 것입니다. 저는 아닙니다―거기다 주를 달아보면, 베드로는 이렇게 말한 것입니다. "예수님, 저를 모르시겠습니까? 제가 어떤 사람입니까? 다 버릴지라도 저는 안 버리겠습니다. 죽을지언정 부인하지 않겠습니다." 그런데, 성경의 맥락을 잘 살펴보면, 다른 제자들은 예수님께서 십자가에 돌아가실 때 다 도망가고 말았습니다. 그때 예수를 세 번이나 부인한 사람은 바로 베드로입니다. 자기만은 부인하지 않겠다고 하더니, 자기만 부인하는 자가 되었습니다. 이것이 베드로의 모습입니다. 얼마나 비참합니까. 오늘도 베드로는 예수님 앞에 나와서 말합니다. "무엇을 얻으리이까?" 다 버렸습니다. 이제 우리가 무엇을 얻을 것입니까?―얻겠다는 생각까지 버려야 버린 것입니다. 다 버렸습니다. 무엇을 어떻게 얻을 것입니까?

누가복음 24장 21절 이하에 보면, 엠마오로 가는 제자들이 예수님을 만나고도 그분이 예수님이신 줄 모를 때 그가 하는 말입니다. "우리 가운데 예수님이라는 분이 계셨는데, 많은 능력을 행하셨습니다. 우리는 그가 이스라엘을 회복하실 분이라고 믿었습니다. 그러나 그분은 비참하게 십자가에 죽으시고 말았습니다." 그러면서 낙심하여 엠마오로 내려갑니다. 그런가 하면, 사도행전 1장에서는 예수님께서 십자가를 지시고 부활하신 다음, 그때까지도 끈질기게 그 부활하신 예수님을 앞에 놓고 하는 말입니다. "주의 나라가 임하실 때가 이때입니까?" 또다시 그들의 깊은 욕망, 메시아사상을 통해서 나라의 독립, 나라의 번영, 이스라엘의 영광, 그리고 나 자신에게 주는 영광, 열두 보좌에 앉는 영광 등등에 대한 욕망을 다 가지고 있었습니다. 버리지 못한 것입니다. 그런 깊은 이야기가 이 속에 있습니다.

그러나 예수님께서는 마태복음 20장에서 이렇게 말씀하십니다. "나는 섬기러 왔노라. 섬김을 받으려 함이 아니요, 섬기러 왔노라. 대속물로 주려 왔노라." 깊은 뜻이 있습니다. "다른 사람을 의롭게 하기 위해서 내가 죄인이 되고, 다른 사람을 살리기 위해서 내가 죽으려고 왔노라!" 이렇게 예수님께서 말씀하십니다. 제자들은 다 버렸다고 생각했습니다. 아닙니다. 버린 것이 아니었습니다. 그러면서도 끈질기게 물어봅니다. 어느 정도 세속적 욕망에서 벗어나지 못한 질문입니다. "무엇을 얻겠습니까? 다 버렸는데, 우리가 무엇을 얻겠습니까?" 예수님께서 말씀하십니다. 아주 신비로운 말씀입니다. 요약하면, 단 두 마디입니다. 하나는 이것입니다. "영생을 주마. 영생을 상속하리라. 네가 바라는 것은 세속적이고 세상적이며 물질적인 것들이지만, 그런 것들이 아니고, 영생을 상속하리라. 영생을 얻으리라." 여러분, 영생 지향적 신앙, 영생 중심적 신앙, 영생 목적적 신앙을 정비해야 합니다. 왜 그렇습니까? 어차피 우리는 세상을 떠나야 하기 때문입니다. 잘살아봐도 그렇고, 못 살아봐도 그렇습니다. 요사이 보니, 재벌들이 하나둘씩 돌아가고 있습니다. 죽는 데는 재벌들도 별 재간이 없습니다. 여러분, 어떻습니까? 이것이 남의 일입니까? 그러므로 우리는 무엇을 얻겠습니까? 예수 믿어서 얻을 것이 무엇입니까? 영생입니다. 영원한 생명, 영원한 축복, 영생을 상속하리라—이걸 잊지 말아야 합니다.

　요한복음에서 예수님 말씀하십니다. "너희는 하나님을 믿으니, 또 나를 믿으라. 내 아버지 집에 거할 곳이 많도다. 그렇지 않으면 너희에게 일렀으리라." 내 아버지 집에 거할 곳이 많도다—그리로 인도하시는 것, 또 그리로 가야 하는 것이 지상 목적입니다. 이것이 예수 믿는 궁극적 목적이 되겠습니다. 그러나 오늘본문에는 아주 중요하고 신비로운 말씀이 있습니다. 거듭 읽어보시기 바랍니다. 알아듣기 어렵고, 증거하기 어려운 중요한 말씀이 감추어져 있습니다. "버린 자마다 여러 배를 받고……(29절)" 누가복음 18장 30절에 보면, 내세가 아닙니다. "현세에서 여러 배를 받고……" 이 두 말씀이 우리에게 깊은 감동을 줍니다. 여러분, 잊지 마시기 바랍니다. 영생의 문제를 해결한 사람, 영생을 보장받은 사람은 현실 속에서도, 세상에서도 복을 받을 것입니다. 이걸 잊어서는 안 됩니다. 주께서 약속하신 것입니다. 세상에서도 여러 배를 받고— 놀라운 말씀 아닙니까.

　미국 석유산업의 대명사로 유명한 록펠러는 1930년대에 세계 최고의 갑부 가운데 한 사람이었습니다. 그는 젊었을 때 사업을 잘해서 돈을 많이 벌었습니다. 그래 37세에 세계적인 갑부가 되었습니다. 그가 어느 날 몸이 좋지 않아서 병원에 갔더니, 의사가 이렇게 사형 선고를 내렸습니다. "이것은 의학적으로 못 고치는 병입니다. 당신은 2년 안에 죽을 것입니다." 록펠러는 이 말을 듣고 "알았습니다!" 하고는 돌아와 기도하며 생각했습니다. '나한테는 이제 2년이라는 시간이 있다. 2년이 내게 주어진 것이다. 이 얼마나 소중한 시간이냐!" 그러고는 그동안 번 돈을 베풀기 시작합니다. 교회를 2천 개 세우고, 대학을 5개 세웠습니다. 그 밖에도 수많은 학교와 고아원과 양로원을 세웠고, 열심히 봉사했습니다. 그렇게 살다 보니, 어느덧 97세까지 살았습니다. 이것이 오늘 본문에 나오는 이야기입니다. "여러 배를 받을 것이다. 여러 배를 땅에서도 받을 것이다."

제가 인천에서 목회하던 시절에는 심방을 많이 했습니다. 많게는 하루에 무려 27가정이나 심방을 했으니까요. 지금 돌이켜보면, 놀라운 기록입니다. 날마다 새벽기도회를 마치고 바로 나가서 심방을 시작합니다. 그리고 밤 10시에 집에 돌아옵니다. 그렇게 하루종일 심방하며 목회하던 시절입니다. 그러다 보면, 국제시장을 가끔 가봅니다. 거기에는 똑같은 것들을 파는 가게들이 나란히 죽 늘어서 있습니다. 거기에서 전해지는 재미있는 이야기가 있습니다. 꼭 같은 가게이고, 거의 같은 자본으로 일하는데, 어떤 분이 저한테 털어 놓기를, 참 이상하다는 것입니다. 꼭 같은 물건을 파는데도 누구는 예수 믿기 때문에 주일에는 문을 닫는다는 것입니다. 그리고 목사님 심방이 있다고 또 문을 닫는다는 것입니다. 심지어는 교회에 무슨 일이 있다고 또 문을 닫습니다. 그렇게 걸핏하면 문을 닫아 가면서 장사를 하는데도 그 집이 한 주일 내내 하루도 쉬는 날 없이 장사하느라고 애를 쓰는 자기보다 더 부자인 것이 이상하다, 이것입니다. "예수 믿는 사람들은 주일을 지키고, 밤낮 문을 닫고 교회 일 한다고 다니지만, 오히려 일주일 내내 일하는 우리보다 더 잘 삽디다." 그래 그게 이상해서 예수 믿게 되었노라고 말하는 것입니다. 이걸 알아야 합니다.

여러분, 십일조의 신비를 경험해보셨습니까? 십일조를 바칠 때 깨끗하게 십일조를 바쳐보시기 바랍니다. 물질로부터 자유로울 수 있습니다. 욕망으로부터 벗어날 수 있습니다. 뿐만이 아닙니다. 그 물질을 통해서 이루어지는 모든 일을 하나님께서 보증해주신다고 하는 담대함이 있습니다. 십일조를 바치는 자에게 하나님께서 주시는 넘치는 은혜가 있는 것입니다. 경험해보지 않고는 알기 어렵습니다. 누구나 경험할 수 있습니다. 오늘 예수님께서 말씀하십니다. "다 버리고 예수 믿는 사람에게는 영생을 상속으로 준다. 어느 땐가 세상 떠나면 천당 갈 것이다. 그런 자들에게 영생을 약속해주마. 동시에 이 세상에서도 자기가 버린 것의 여러 배를 받을 것이다."

저는 이 시간에 효도하는 마음으로 조심스럽게 자랑을 해볼까, 합니다. 저희 할아버지는 한 해에 몇 차례나 거지 잔치를 베푸셨습니다. 옛날에는 동네마다 거지들이 많았습니다. 그래 집집이 와서 밥을 달라고 합니다. 그러면 밥도 주고, 쌀도 주고 합니다. 동리에 있는 모든 거지를 다 모아서 마당에 천막을 쳐놓고, 음식을 넉넉하게 장만하여 일주일 내내 잔치를 베푸는 것입니다. 온 동네 거지가 다 모여듭니다. 잔치를 베풀어 그들을 즐겁게 합니다. 그걸 제가 보았습니다. 뿐입니까. 할아버지는 건강하게 지내시다가 86세에 세상을 떠나셨는데, 그때 누우신 채로 제 손을 잡으시고 식구들을 다 모아놓고서 하신 말씀입니다. 제 아버지에게 말씀하셨습니다. "애야." "예!" "내가 죽은 다음에 거지 잔치 한 번 더 해라." "예, 아버님. 그러겠습니다!" 그리고 정말로 돌아가신 다음에 관을 마당에다 모셔놓고 그대로 거기서 잔치를 일주일 동안 했습니다. 마지막 장례식 때 그 거지들이 와서 할아버지의 상여를 메고 산으로 올라갔습니다. 그걸 제가 따라가면서 보았습니다. 여러분, 잊지 말아야 합니다. 이렇게 해서 오늘 제가 여기 있는 것입니다.

영생을 주실 뿐만이 아니라, 땅에서도 여러 배를 받을 것이다— 기억하십시오. 버린 자에게 여러 배를 주신다— 신비롭고 의미심장한 말씀입니다. 그리스도인들은 다 경험하고 삽니다. 죽어야 삽니다. 버려야 얻습니다. 버린 자에게 주십니다. 넘치도록 주십니다. 날마다 날마다 그걸 확증하면서 살아가는 그리스도인들이 되어야 할 것입니다. △

모르기 때문입니다

또 다른 두 행악자도 사형을 받게 되어 예수와 함
께 끌려 가니라 해골이라 하는 곳에 이르러 거기서
예수를 십자가에 못 박고 두 행악자도 그렇게 하니
하나는 우편에, 하나는 좌편에 있더라 이에 예수께서
이르시되 아버지 저들을 사하여 주옵소서 자기들이
하는 것을 알지 못함이니이다 하시더라 그들이 그의
옷을 나눠 제비 뽑을새 백성은 서서 구경하는데 관리
들은 비웃어 이르되 저가 남을 구원하였으니 만일 하
나님이 택하신 자 그리스도이면 자신도 구원할지어
다 하고 군인들도 희롱하면서 나아와 신 포도주를 주
며 이르되 네가 만일 유대인의 왕이면 네가 너를 구
원하라 하더라 그의 위에 이는 유대인의 왕이라 쓴
패가 있더라

(누가복음 23 : 32 - 38)

모르기 때문입니다

성도 여러분, 〈벤허〉라는 유명한 영화가 있지 않습니까. 그 영화 끝부분에 보면 누가 벤허에게 이렇게 질문합니다. "당신은 일생토록 억울하게 학대받는 극심한 고통 속에서도 검을 쓰지 않으며 무저항주의와 박애정신으로 일관했습니다. 그렇게 희생하며 살다가 마침내 최후의 승리를 거두었습니다. 어떻게 그럴 수 있었습니까?" 이에 벤허가 대답합니다. "저는 예수님께서 십자가를 지실 때 골고다 언덕에 있었습니다. 그 모진 십자가를 지고 죽어 가시는 예수님께서 처음으로 십자가에서 말씀하시기를 '아버지여, 저들의 죄를 사하여주옵소서. 자기들이 하는 것을 모르기 때문입니다'라고 하셨습니다. 그 말씀이 제 귀에 들려올 때 저는 가슴이 무너지고, 제 손에서 검이 떠나가는 것을 느꼈습니다. 그 뒤로 저는 일생을 손에 검을 쥐지 않고 살았습니다." 그렇습니다. 최고의 승리는 용서입니다. 최고로 강한 것도 용서입니다. 프레드 러스킨 교수의 「용서」라는 유명한 책이 있습니다. 이 책에서 그는 말합니다. '첫째, 용서하지 못하면 그 사람은 과거에 사는 사람이다. 과거에 묶여 사는 사람이다. 용서함으로써만 미래로 갈 수 있다. 둘째, 용서하지 못하면 미래가 보이지 않는다. 약속된 미래의 하나님 나라가 보이지 않는다. 그런고로, 용서하고야 미래를 볼 수 있다. 셋째, 용서하고서만 자유인이다. 아직도 무엇인가 용서하지 못 한 것이 있다면 그는 절대 정신적으로 자유인이 아니다. 깨끗한 자유인은 다 용서한 사람을 말한다.' 용서는 역시 아는 자가 모르는 자를 용서하는 것입니다. 강한 자가 약한 자를 긍휼히 여기며 용서하는 것입니다. 만일에 약한 자가 용서했다고 합시다. 그것은 용서가 아니라, 버티는 것입니다. 참는 것입니다. 용서가 아닙니다. 여러분, 용서하고도 여전히 내 속에 증오와 한이 들어 있다면, 그것은 용서가 아닙니다. 사랑하지 않는다면 용서가 아닙니다. 나를 핍박하는 자를 위하여 기도하지 못한다면 그는 아직도 용서한 것이 아닙니다. 마음속 그 어두운 구석에라도 한이 있고, 증오가 있다면 결코 그것은 용서가 아닙니다. 그런고로 자유인이 될 수 없는 것입니다. 호세아 4장 6절에서 하나님 말씀하십니다. "내 백성이 지식이 없으므로 망하는도다 네가 지식을 버렸으니 나도 너를 버려⋯⋯" 지식이 없기 때문입니다. 아직도 모르기 때문입니다. 안다고 하지만 모르기 때문입니다.

요한복음 11장에는 아주 드라마틱한 이야기가 있습니다. 예수님께서 십자가를 지시기 전입니다. '예수를 십자가에 못박아야 하느냐 말아야 하느냐, 체포해야 히느냐 말아야 하느냐?' 이 문제로 산헤드린 공회가 모여서 회의를 하고 있을 때 당시의 제사장인 가야바가 아주 유명한 말을 합니다. "너희는 아무것도 모르는구나." 무엇입니까? 자기는 안다는 것입니다. 너희는 모르고, 나는 안다는 것입니다. 그리고 이어지는 말이 이것입니다. "한 사람이 죽어서 온 민족이 평안할 수 있다면 죽는 게 마땅하지." 이런 중요한 이야기를 합니다. 무엇을 의미하는 말입니까? 공리주의에 의한 정치적 판단입니다. 공리주의란 작은 희생을 통해서 많은 이를 이롭게 하는 것입니다. 옳으냐 그르냐? 정의냐 불의하냐? 이런 것은 묻지 않습니다.

여러분, 진리가 먼저입니다. 하나님의 의가 먼저입니다. 평화가 먼저가 아닙니다. 번영이 먼저가 아닙니다. 공의입니다. 먼저 진리와 공의가 있어야 번영이 있는 것입니다. 공의와 정의가 다 무너졌는데, 번영과 자유? 아닙니다. 참으로 잘못된 우상입니다. 이걸 알아야 합니다. 그래서 당시 2천 년 전에 벌써 가야바가 공리주의를 말하고 있습니다. "예수가 누구인지 아리송하다. 그가 하나님의 아들인지 아닌지 모르겠다. 내 알 바가 아니다. 오히려 예수로 말미암아 지금 온 사람들이 소동을 일으키고 있고, 또 앞으로 어떤 정치적인 시위가 일어날지 모른다. 그러면 이 민족이 어렵게 된다. 그런고로 예수가 하나님의 아들인지 아닌지는 알 바가 아니다. 그 한 사람이 죽어서 온 민족이 편할 수 있다면 죽는 것이 마땅하지 않느냐." 여기서 예수님께서 십자가에 돌아가시는 사건의 명분이 서게 되는 것입니다. 근본적으로 잘못된 지식입니다. 의가 먼저고, 진리가 먼저입니다. 번영과 평안이 먼저가 아닙니다. 참으로 사람들은 모르고 있습니다.

철학자 프란시스 베이컨의 유명한 '우상론'이라는 이론이 있습니다. 사람들이 이렇게나 어리석다, 이것입니다. 첫째, 극장의 우상입니다. 추상과 철학을 추구하고, 향락을 추구하며, 극장에서 많은 사람이 와와 소리 지르는 떠들썩한 분위기에서 들떠 돌아가는 우상입니다. 둘째, 시장의 우상입니다. 이것은 돈이요 이기주의입니다. 그저 실리만 따지고, 손익계산만 하고, 돈에만 매여 있으면 그것도 절대 자유인이 아닙니다. 감옥입니다. 셋째, 동굴의 우상입니다. 이것은 자기 주관입니다. 객관성을 잃어버리는 자기 집착을 말합니다. 깊고 어두운 동굴에 들어간 것처럼 세상을 볼 수 없는 인간들이 있다는 것입니다. 넷째, 종족의 우상입니다. "우리 민족이 제일!"이라고 하면서 민족주의적이고 집단적인 의를 내세우니, 어느새 동굴

속에 빠져들어가 아무것도 보이지 않는 신세가 됩니다. 그렇게 자유를 잃어버린 인간이 된다, 이것입니다. 이 모든 것으로 말미암아 사람은 점점 모르게 됩니다. 모르는 것이 사실이고, 또 알 수가 없게 되어버렸습니다. 그런고로, 예수님께서 모르는 저들을 향해서 말씀하십니다. "하나님이시여, 저들의 죄를 사하소서. 모르기 때문입니다." 그렇습니다. 모르기 때문입니다. 여기에 신학적으로 중요한 의미가 있습니다. "저들을 사하소서. 모르기 때문입니다."

심각한 말씀을 드립니다. 남을 용서하기 전에 먼저 내가 나를 용서해야 합니다. 하나님 앞에 죄를 회개하고, 십자가의 은혜를 확인하며, 성령 안에서 죄 사함을 받은 나를 생각하고 감사하면서 자기를 용서해야 합니다. 늘 회개한다면서도 계속 자책하고, 자기를 정죄하고 있다면, 그는 자유인이 아닙니다. 십자가의 은혜를 모독하는 것입니다. 이걸 잊지 말아야 합니다. 먼저 내가 나를 용서해야 합니다. 십자가의 은혜 앞에서 죄 사함을 받은 나를 생각하며, 어떤 죄를 지었든지 내가 나를 용서하는 자유, 자유인이 되어야만 주의 음성을 들을 수 있습니다.

예수님께서 오늘 주신 말씀에는 신학적으로 중요한 의미가 있습니다. 회개하지 않는 자를 용서하고 계시니까요. "하나님이시여, 저들의 죄를 사하여주옵소서." 왜 그들이 죄를 저지르고 있습니까? 모르기 때문입니다. 그러면서 회개하지 않는 자를 용서하고 계시지 않습니까. 만일에 이것이 "사하여주시옵소서!"가 아니고, "하나님이시여, 저들의 죄를 심판하여주시옵소서!"라고 말씀하셨다면, 그날로 구원의 역사는 끝나는 것입니다. 이걸 알아야 합니다. 심판이 아닙니다. 은총의 길, 구원의 길, 회개할 수 있는 길을 열어놓으셨습니다. 그것이 바로 이 기도입니다. "하나님이시여, 저들의 죄를 사하여주시옵소서. 모르기 때문입니다." 심판하시면 벌써 율법적으로 끝난 것입니다. 그러나 예수님께서는 용서하시기 위한 기도를 하셨습니다. "하나님이시여, 저들의 죄를 사하여주시옵소서." 이것이 먼저입니다. 왜요? 모르기 때문입니다. 회개의 문을 열어놓으신 것입니다. 그 결과는 하나님께 있습니다. 곧, 하나님의 사랑에 근거하여 말씀하시는 것입니다. 그런고로, 회개의 문을 열어놓으셨습니다. 언젠가 알게 되면 돌아올 것이기 때문입니다. 그렇습니다. 이제 알게 되면 돌아오겠지요.

그렇다면, 알게 하는 것이 무엇입니까? 전도입니다. 전도로써 모르는 자를 아는 자로 만드시는 것입니다. 복음을 전하시어 모르는 자로 알게 하시는 것입니다. 자신을 알고, 자기 죄를 알고, 하나님을 알고, 예수님을 알고, 십자가를 알고, 주 앞으로 돌아오게 하는 것입니다. 그런 문을 열어놓으시는 것입니다. "하나님이시여, 저들의 죄를 사하소서." 뿐만이 아니라, 이것을 자세히 연구해 보면, 이 용서는 일방적인 용서입니다. 아직 회개하지도 않았습니다. 예수님을 십자가에 못박았을 뿐만 아니라, "십자가에서 내려오라! 그리하면 우리가 믿겠노라!" 하고 조소까지 하고 있습니다. 그런데도 예수님께서는 말씀하십니다. "하나님이시여, 저들의 죄를 사하여주옵소서." 기도하고 계십니다. 이것은 예언적이며 거대한 하나님의 은사입니다. 가령 '회개하면 용서하겠다'라고 한다면, 이것은 거래입니다. 하나의 율법일 뿐입니다. '잘못했다고 하면 용서하겠다.' 이것은 율법입니다. 은총이 아닙니다. 이걸 잊지 말아야 합니다. 그런고로, 용서란 용서가 먼저입니다. 그리고 복음이 전해지는 것입니다.

　여러분, 누가복음 15장에 있는 탕자의 비유를 아십니까? 탕자가 집을 나갔습니다. 저는 나가는 것 자체가 마음에 들지 않습니다. 그 아버지가 어쩌자고 그를 내보냈나 싶기도 합니다. 돈 안 주면 못 나갈 것 아닙니까. 그런데도 왜 기어이 내보냈을까요? 그래놓고는 또 기다립니다. 오늘이나 내일이나 꼭 돌아올 것이라고 믿고 하염없이 기다립니다. 아버지가 집 나간 아들이 돌아오기를 기다리는 것입니다. 그리고 마침내 아들이 돌아올 때 이 아버지는 너무너무 기뻐서 크게 잔치를 베풉니다. 돌아온 아들은 말합니다. "저는 하나님과 아버지께 죄를 지었습니다. 그러니, 저를 아들이라고 부르지 마시고, 그저 머슴으로 대하여주시기 바랍니다." 이 아들, 굶어서 다 죽게 되어서야 집으로 돌아왔는데, 가만히 그 자세를 보면, 정확한 회개도 아니고, 정확한 아들의 모습도 아닙니다. 그러나 아버지는 그저 기뻐합니다. 여러분, 돌아왔기 때문에 용서했습니까? 아닙니다. 먼저 용서하고, 그리고 기다리는 것입니다. 벌써 용서하고 '언제라도 돌아와라!' 하는 마음으로 기다리는 것입니다. 이걸 잊지 말아야 합니다. 이것이 진정한 의미에서의 은총입니다.

　그런고로, 예수님께서 말씀하십니다. "하나님이시여, 저들의 죄를 사하여주옵소서. 그들이 모르기 때문입니다. 그런고로, 누군가가 알게 할 것입니다. 이제 알게 되면 돌아올 것입니다." 이것은 예수님의 기도이자, 확실히 예언적이고 엄청난 복음적 의미가 있는 내용입니다. 여기에 신앙적이고 복음적인 승리가 있습니다. 예수님 자신을 생각해보면, 이것이 바로 승리입니다. "너희는 나를 죽인다. 하지만 나는 너를 용서한다. 너는 나를 십자가에 못박고 있다. 그러나 나는 너를 용서한다. 너희는 모르고 행하고 있다. 그러나 나는 알고 싶자가를 지노라, 너희를 위하여." 엄청난 승리입니다. 엄청난 승리에 대한 선포입니다. 이걸 잊지 말아야 합니다. 그런고로, 예수님은 마음이 자유로우셨습니다. 승전가를 부르셨습니다. 자유하셨습니다. 만약 예수님께서 십자가를 지시면서 그 모진 고난을 당하시다가 "이놈들, 두고 보자. 지옥으로 떨어져라!" 하셨다면 어떻게 되었겠습니까. 예수님의 모든 역사는 그날로 다 망가지는 것입니다. 이 한마디가 중요합니다. 용서입니다. "저들의 죄를 사하소서!" 하심으로써 승리하신 것입니다. 용서하심으로써 세상을 이기신 것입니다. 죄악을 이기신 것입니다. 이걸 잊지 말아야 합니다.

여러분 마음속에 어둠이 있습니까? 아직도 낙심합니까? 근심이 있습니까? 자세히 생각해보기 바랍니다. 아직도 용서하지 못하는 것이 있기 때문입니다. 풀지 못한 것이 있기 때문입니다. 여러분, 섭섭하게 생각하거나, 원망스럽게 생각하지 마시고, 이제 엎드려 기도해야 합니다. 나를 괴롭힌 자를 위해서 기도하시기 바랍니다. 한평생 나를 괴롭힌 자를 위하여 이제 진정으로 기도하시기 바랍니다. "하나님이여, 저들의 죄를 사하소서. 모르기 때문입니다!" 예수님처럼 이와 같은 기도를 하시기 바랍니다. 그러면 이제 자유인이 될 것입니다. 내 영혼이 깨끗해질 것입니다. 하늘이 열리는 은총을 누리게 될 것입니다.

여러분, 꼭 잊지 마시기 바랍니다. 하나님께서 하실 일이 있고, 내가 할 일이 있습니다. 하나님께서 하실 일은 심판입니다. 내가 할 일은 용서입니다. 나는 누구도 심판해서는 안 됩니다. 심판할 자격도 없을 뿐만 아니라, 그것이 가능하지도 않습니다. 그런 순간 외려 내가 정죄되기 때문입니다. 아무도 심판하지 마십시오. 내가 할 일은 사랑과 용서뿐입니다. "원수를 사랑하고, 원수를 위해 기도하고, 원수가 주리거든 먹이라!" 이걸 잊지 말아야 합니다. 온전한 용서가 있을 때 온전한 자유인이 될 수 있습니다. 온전히 용서하고, 원수를 위해 기도할 수 있을 때 내 영혼이 자유로워집니다. 그리고 하늘이 열리는 것을 보게 될 것입니다.

주님께서 십자가를 지시는 바로 그 순간에 "아버지여, 저들의 죄를 사하소서!"라고 우리를 위해 기도하셨습니다. 우리 또한 같은 기도를 할 수 있어야 합니다. 그 기도의 응답으로 내가 있고, 여러분이 있는 것입니다. 내가 나를 용서하고, 내가 이웃을 깨끗이 용서할 때만 주님을 볼 수 있습니다. 히브리서는 말씀합니다. "너희는 화평을 좇으라. 이것이 없이는 아무도 주를 보지 못하리라!" 용서하지 않고는 주님을 볼 수 없습니다. 주님의 음성을 들을 수 없습니다.

여러분, 기도 제목이 많으시지요? 세상을 위해서, 경제를 위해서, 정치를 위해서, 문화를 위해서…… 하지만, 아닙니다. 내 심령을 위한 바른 기도가 있어야 합니다. "하나님이시여, 제가 저 자신을 용서하게 하여주시기 바랍니다. 그리고 제가 주 안에서 모든 사람을 용서할 수 있게 하여주시기 바랍니다. 그리고 제 영혼의 자유함을 주시옵소서." △

곽선희목사 설교집·강해집·기타

〈설교집〉

〈강해집〉

(빌립보서 강해) 희락의 복음

(갈라디아서 강해) 은혜의 복음

(고린도전서 사랑장 강해) 진정한 사랑의 의미

(예수님의 이적 강해) 이적으로 계시된 말씀

(사도신경 강해) 사도들의 신앙고백

(야고보서 강해) 참믿음 참경건

(예수님의 잠언 강해) 예수의 잠언

(사도행전 강해)(상) 교회의 권세

(사도행전 강해)(하) 교회의 권세

(로마서 강해) 믿음에서 믿음으로

(고린도전서 강해) 복음의 능력

(고린도후서 강해) 생명에로의 길

(예수님의 비유강해)(상) 하나님의 나라/(중) 이 세대를 보라/(하) 생명
에로의 초대

(에베소서 강해) 내게 주신 은혜의 선물

(골로새서 강해) 위엣것을 찾으라

(데살로니가서 강해) 사도의 정체의식

(디모데서 강해) 네 직무를 다하라

〈기타〉

행복한 가정/참회의 기도/영성신학/종말론의 신학적 이해/생명의 길